JN034024

改訂版

学校法人税務の取扱い Q&A

日本公認会計士協会東京会 編

 日本公認会計士協会出版局

は し が き（改訂版の発刊にあたって）

　日本公認会計士協会東京会では、公認会計士の専門分野である監査及び会計のみならず公認会計士が行う税理士業務の参考に資するため、税務に関する調査研究を行っております。その成果は研究報告書として取りまとめて会員である公認会計士に公表しておりますが、社会に広く公表することが有用と思われるものについては編纂のうえ書籍として刊行してまいりました。

　今般、弊会学校法人委員会では、かかる税務に関する調査研究の一環としまして、平成28年に刊行して好評を博しました『学校法人税務の取扱いＱ＆Ａ』の改訂を実施し、最新の法令等への対応を図りました。

　学校法人については、その公共性・公益性を考慮して種々の税制上の優遇措置が講じられていることから、学校法人特有の税務上の取扱いが多くあります。本書では、令和２年度分の税務申告を前提として税目別に取扱いの概要をまとめるとともに、Ｑ＆Ａ形式で設例し、実務上注意すべき事項や学校法人特有の税務上の取扱いを中心に解説しました。

　また、学校法人特有ではなくとも学校法人に適用されている税務上の取扱いや、学校法人特有の取扱いを理解するうえで必要と思われる税務上の取扱いについても触れており、通達等で明確な判断がなされていない事項についても判断材料や情報を提供するため、適宜コラムを設けて解説いたしました。さらに巻末には学校法人に関係する判例や国税不服審判所における裁決事例を掲載しています。

　日本公認会計士協会の会員・準会員はもちろん、学校法人関係者の方々、学校法人の税務に携わる専門家や研究者におかれましても本書をご活用いただければ幸いです。

　本書の刊行に当りまして、ご尽力いただいた学校法人委員会関係者、事務局の皆様に対し深く感謝の意を表します。

　令和４年６月

日本公認会計士協会東京会

会長　峯岸　芳幸

•●●●もくじ●●●•

第2部　所得税

第3部　消費税

第4部　その他の税

第5部　学校法人への寄附

巻末付録　裁決事例・判例集

は じ め に

　私立学校を設置する学校法人については、その公共性・公益性を考慮して種々の税制上の優遇措置が講じられていることから、学校法人特有の取扱いが多数設けられています。そのため学校法人に関与する公認会計士は、税務における学校法人特有の取扱いについても十分に理解し、適切な判断ができるようにしておくことが望まれます。そこで東京会会員の税務知識習得に資するものとして、また、実務上の一助として、『学校法人税務の取扱いＱ＆Ａ』を作成し、東京会会員に公表することは有用なことと考えられます。

　本書では、税目別にその税目の取扱いの概要をまとめるとともに、Ｑ＆Ａ形式で例を設け、実務上注意すべき事項について解説しました。本書は学校法人特有の税務上の取扱いを中心にまとめていますが、本書の有用性を考慮して、学校法人特有の取扱いではないが学校法人に適用されるもの、学校法人特有の取扱いを理解する上で必要と思われる税務上の取扱いについても取り上げることとしました。全体を通しては、会員の実務に役立つようできるだけ具体例を提示するように努めていますが、設例自体はあくまでも例示であり、例えば共通経費の収益事業への按分などの考え方を示した箇所があり、必ずしも実務を拘束するものではない点にご注意下さい。

　また、通達等で明確な判断がなされていない事項についても、判断材料や情報を提供するため適宜コラム欄を設けました。巻末には学校法人に関係する、判例や国税不服審判所における裁決事例を掲載しています。これらについては参考資料、あるいは研究材料としてご活用ください。

　なお、本書では、2020年度（令和２年度）における学校法人の税務申告を前提として研究を行っています。

　作成にあたっては、たくさんの刊行物を参考にさせていただいています。巻末に参考資料一覧を掲載しており、ここに感謝の意を表します。

　今後、学校法人の監査あるいは税務に携わる会員の方にとって、本書が実務上の一助となりましたら幸いです。

執筆者一同

省略用語例

本報告書で使用している法令等の略称は、次のとおりです。

（所法）	所得税法	（地法）	地方税法
（所規）	所得税法施行規則	（地令）	地方税法施行令
（所基通）	所得税基本通達	（地特法）	地方法人特別税等に関する暫
（法法）	法人税法		定措置法
（法令）	法人税法施行令	（措法）	租税特別措置法
（法規）	法人税法施行規則	（措令）	租税特別措置法施行令
（法基通）	法人税基本通達	（措規）	租税特別措置法施行規則
（消法）	消費税法	（措通）	租税特別措置法通達
（消令）	消費税法施行令	（通則法）	国税通則法
（消規）	消費税法施行規則	（登法）	登録免許税法
（消基通）	消費税法基本通達	（印基通）	印紙税法基本通達
（相法）	相続税法	（助成法）	私学振興助成法
（相令）	相続税法施行令	（学教法）	学校教育法
（相規）	相続税法施行規則	（私学法）	私立学校法
（評基通）	財産評価基本通達		

（基準）	学校法人会計基準
（学委）	日本公認会計士協会学校法人委員会公表物

・引用例

消法30②二：消費税法第30条第2項第二号

利用上の注意

当報告書は、当委員会の研究成果として公表するものであり、日本公認会計士協会の公式見解ではございません。

記載内容の利用に伴い結果として発生した不利益については、日本公認会計士協会及び同東京会並びに当委員会では一切の責任を負いかねますのであらかじめご承知おきください。

第 **1** 部

法人税

1. 学校法人に対し法人税を課するための規定

> **Q** 学校法人は、どのような場合に法人税が課税されるのでしょうか。

 学校法人などの公益法人等は、各事業年度の所得のうち収益事業から生じた所得のみについて法人税が課税されます。この法人税が課税される収益事業は、法人税法及び同施行令において物品販売業などの34業種が限定列挙されており、学校法人において法人税が課税されるか否かは、この法人税法上の収益事業に該当するかで判定されます。

解　説

　国内に本店又は主たる事務所を有する法人である内国法人は、各事業年度の所得に対して法人税を課されるのが原則です（法法5）が、学校法人などの公益法人等については、各事業年度の所得のうち収益事業から生じた所得以外の所得については、法人税は課されません（法法7、同2、同別表第二）。

　そもそも学校法人をはじめ公益法人等は、公益を目的として設立されたものであって営利を目的とするものではありません。普通法人のように全所得に法人税を課することは必ずしも適当ではないと考えられていることから、公益法人等については収益事業から生じた所得についてのみ課税することとなっています。

　法人税法上、普通法人との競争関係の有無や課税上の公平の維持など、専ら税制固有の理由から、公益法人等の営む事業のうち法人税法上の収益事業として限定列挙されている34業種に限り、課税の対象となっているのです。つまり、公益法人等がこの34業種のいずれかに該当する事業を行う場合には、たとえその行う事業が当該公益法人等の本来の目的たる事業であっても、当該事業から生ずる所得については法人税が課税されることになります。

　収益事業課税の対象となる事業は、現在、34業種に限定されています（法

令5①各号（以下「特掲事業」という。））。

　収益事業の範囲は、34業種に限定されていますが、学校法人が収益事業を行うにあたり、その性質上その事業に付随して行われる行為も収益事業に含まれます（法令5①）。

　その性質上その事業に付随して行われる行為とは、通常その収益事業の事業活動の一環として、又はこれに関連して行われる行為のことをいいます。

　代表的な例としては、次に掲げるような行為をいいます（法基通15-1-6）。

１．出版業を行う学校法人が行うその出版に係る業務に関係する講演会の開催又は当該業務に係る出版物に掲載する広告を引き受ける行為

２．技芸教授業を行う学校法人が行うその技芸の教授に係る教科書その他これに類する教材の販売及びバザーの開催

　　学校法人が、教科書、参考書、問題集等の学校の指定に基づいて授業において教材として用いるために当該学校の学生、生徒等を対象として販売する場合や、年１，２回程度バザーを開催する場合は、収益事業に該当しません。

　　しかし、収益事業に該当する技芸教授に関連して、上記のような行為を行った場合は、技芸教授業に含まれ、法人税が課されることになります。

３．学校法人が収益事業から生じた所得を預金、有価証券等に運用する行為

　　ただし、学校法人が、収益事業から生じた所得を預金、有価証券等に運用する場合においても、当該預金、有価証券等のうち当該収益事業の運営のために通常必要と認められる金額に見合うもの以外のものにつき収益事業以外の事業に属する資産として区分経理したときは、その区分経理に係る資産を運用する行為は、収益事業に付随して行われる行為に含めないことができます（法基通15-1-7）。

４．学校法人が収益事業に属する固定資産等を処分する行為

　　ただし、相当期間（おおむね10年以上）にわたり固定資産として保有していた不動産を譲渡した場合の損益や収益事業の全部又は一部を廃止してその廃止に係る事業に属する固定資産につき譲渡、除却その他の処分をし

た場合におけるその処分をしたことによる損益は、収益事業の損益に含めないことができます（法基通15-2-10）。

上記の他にも、法人税基本通達15-1-6には、付随行為について例示されているので参考にしてください。

2. 収益事業（私立学校法）と収益事業（法人税法）との相違

 Q 私立学校法上の収益事業と法人税法上の収益事業との相違点について教えてください。

A 私立学校法と法人税法は別の法律であるため、同じ「収益事業」という文言でも、事業内容が異なります。

学校法人ができる収益事業は、無制限に認められるものではなく一定の事業に限定し所轄庁の認可事項となっています。文部科学大臣所轄の場合は、現在18業種が定められています（「文部科学大臣の所轄に属する学校法人の行うことのできる収益事業の種類を定める件」平28.6.23　文部科学省告示第96号）。知事所轄学校法人では、おおむねこの告示に従った通知類を別途、公表しています。

これに対して、法人税法の収益事業は「販売業、製造業その他の政令で定める事業で、継続して事業場を設けて行われるもの」（法法2⑬）をいい、現在34業種あります（法令5）。

私立学校法上の収益事業と法人税法上の収益事業の相違のまとめ

	私立学校法上の収益事業	法人税法上の収益事業
定義	収益を上げることを目的とする事業 要件（私学法26①） ①その設置する私立学校の教育に支障がないこと、 ②その収益を私立学校の経営に充てること	「販売業、製造業その他の政令で定める事業で、継続して事業場を設けて行われるもの」（法法2①十三）

	私立学校法上の収益事業	法人税法上の収益事業
業種	大臣所轄学校法人：日本標準産業分類の18業種（H28文部科学省告示96） ①農業、林業 ②漁業 ③鉱業、採石業、砂利採取業 ④建設業 ⑤製造業（「武器製造業」を除く） ⑥電気・ガス・熱供給・水道業 ⑦情報通信業 ⑧運輸業、郵便業 ⑨卸売業、小売業 ⑩保険業（「保険媒介代理業」、「保険サービス業」に限る） ⑪不動産業（「建物売買業、土地売買業」を除く）、物品賃貸業 ⑫学術研究、専門・技術サービス業 ⑬宿泊業、飲食サービス業（「料亭」、「バー、キャバレー」等を除く） ⑭生活関連サービス業、娯楽業（「遊戯場」を除く） ⑮教育、学習支援業 ⑯医療、福祉 ⑰複合サービス事業 ⑱サービス業（他に分類されないもの） 知事所轄学校法人：都道府県の通知などで公示されている	現在34業種 （法令5） ①物品販売業 ②不動産販売業 ③金銭貸付業 ④物品貸付業 ⑤不動産貸付業　⑥製造業 ⑦通信業　⑧運送業 ⑨倉庫業　⑩請負業 ⑪印刷業　⑫出版業 ⑬写真業　⑭席貸業 ⑮旅館業 ⑯料理店業その他の飲食店業 ⑰周旋業　⑱代理業 ⑲仲立業　⑳問屋業 ㉑鉱業　㉒土石採取業 ㉓浴場業　㉔理容業 ㉕美容業　㉖興行業 ㉗遊技所業　㉘遊覧所業 ㉙医療保健業 ㉚技芸教授業 ㉛駐車場業　㉜信用保証業 ㉝無体財産権提供業 ㉞労働者派遣業
所轄庁の認可	必要	不要
区分経理	必要（私学法26③）	必要（法令6）

•——— **解　説** ———•

　学校法人が行う学校教育事業に対しては、法人税法上課税はされないこととされています（法法7）が、法人税法上の収益事業を行う場合には、一般の営利法人や個人事業者との課税の公平の観点から課税されます。

　学校法人の事業と法人税課税の関係は、以下のようになります。

事業の種類	教育研究事業	収益事業
法人税の取扱い	非課税	課税
根拠	法法7	法法4①、同5、同7

私立学校法上の収益事業と法人税法上の収益事業の関係を具体例で判定すると次のようになります。

		法人税法	
		非収益事業 （非課税）	収益事業 （課税）
私立学校法	学校会計（一般会計）	ａ．教育研究事業	ｂ．売店、食堂等
	収益事業会計（特別会計） （私学法26）	ｃ．農林漁業	ｄ．駐車場経営等

※「特別会計」は私学法の用語

ａ．教育研究事業：学校会計本来の教育研究事業で学生生徒納付金収入、手数料収入などが該当し、法人税法上は非課税となります（法法７）。

ｂ．売店、食堂等：学校会計の売店や食堂、制服の販売手数料などの補助活動収入が入りますが、そのうち一部の事業は法人税法第2条で定める要件を満たした事業は課税になります。

ｃ．農林漁業：学校が私立学校法上の収益事業（私学法26）を行う場合でも、農業や漁業を収益事業として行う場合は、法人税法施行令が定める34業種に入らないので原則、法人税は非課税になります。ただし、学校が直接不特定多数の者に販売する事業の場合は、小売業に近いので物品販売業となり、課税の対象となります。

ｄ．駐車場経営等：学校が私立学校法上の収益事業（私学法26）を行う場合、駐車場経営（不動産）、物品の販売（小売業）など多くの事業が法人税法上の収益事業に当たります。

なお、法人税の課税所得の計算では、ｂ、ｄの利益にｂ、ｄの経費のうち、学校会計への寄附金（繰入金）の損金算入限度超過額を加えます。

学校法人会計基準の別表第一を利用して、学校法人会計で見られる代表的な収益事業（法人税法上）を整理すると次のようになります。

学校法人会計基準 別表第一		取引の内容	法人税法の取扱い
大科目	小科目		
付随事業・収益事業収入	補助活動収入	食堂、売店、寄宿舎等教育活動に付随する活動に係る事業収入	物品販売業、飲食店業などで課税される場合が多い。
	附属事業収入	附属機関（病院、農場、研究所等）の事業の収入	原則、非課税。ただし、課税の場合もある。
	受託事業収入	外部から委託を受けた試験、研究等による収入	請負業などで課税されることがある。
雑収入	施設設備利用料収入	家賃収入、駐車場収入など	不動産、物品貸付業などで課税される場合が多い。
		保険手数料、制服販売の受取手数料	代理業、仲立業などで課税される。

3. 法人税法が定める各種事業分類に関する通達

Q 法人税法が定める事業分類に関する通達にはどのようなものがありますか。

A 法人税法施行令第5条に基づいた各種事業分類について、以下のような通達があります。

	業種	関連通達
1	物品販売業	法基通15-1-9（物品販売業の範囲） 法基通15-1-10（宗教法人、学校法人等の物品販売）
2	不動産販売業	法基通15-1-12（不動産販売業の範囲）
3	金銭貸付業	法基通15-1-14（金銭貸付業の範囲） 法基通15-1-15（金銭貸付業に該当しない共済貸付け）
4	物品貸付業	法基通15-1-16（物品貸付業の範囲）
5	不動産貸付業	法基通15-1-17（不動産貸付業の範囲） 法基通15-1-18（非課税とされる墳墓地の貸付け） 法基通15-1-19（非課税とされる国等に対する不動産の貸付け） 法基通15-1-20（非課税とされる住宅用地の貸付け） 法基通15-1-21（低廉貸付けの判定）

	業種	関連通達
6	製造業	法基通15-1-22（製造業の範囲） 法基通15-1-23（研究試作品等の販売）
7	通信業	法基通15-1-24（通信業の範囲）
8	運送業	法基通15-1-25（運送業の範囲）
9	倉庫業	法基通15-1-26（倉庫業の範囲）
10	請負業	法基通15-1-27（請負業の範囲） 法基通15-1-28（実費弁償による事務処理の受託等） 法基通15-1-29（請負業と他の特掲事業との関係）
11	印刷業	法基通15-1-30（印刷業の範囲）
12	出版業	法基通15-1-31（出版業の範囲） 法基通15-1-32（特定の資格） 法基通15-1-33（会報に準ずる出版物） 法基通15-1-34（出版物を主として会員に配布すること） 法基通15-1-35（会報を専らその会員に配布すること） 法基通15-1-36（代価に代えて会費を徴収して行う出版物の発行）
13	写真業	法基通15-1-37（写真業の範囲）
14	席貸業	法基通15-1-38（席貸業の範囲） 法基通15-1-38の2（会員に準ずる者） 法基通15-1-38の3（利用の対価の額が実費の範囲を超えないもの）
15	旅館業	法基通15-1-39（旅館業の範囲） 法基通15-1-40（公益法人等の経営に係る学生寮） 法基通15-1-41（学校法人等の経営する寄宿舎） 法基通15-1-42（低廉な宿泊施設）
16	料理店業その他の飲食店業	法基通15-1-43（飲食店業の範囲）
17	周旋業	法基通15-1-44（周旋業の範囲）
18	代理業	法基通15-1-45（代理業の範囲）
19	仲立業	法基通15-1-46（仲立業の範囲）
20	問屋業	法基通15-1-47（問屋業の範囲）
21	鉱業	法基通15-1-48（鉱業及び土石採取業の範囲）
22	土石採取業	法基通15-1-48（鉱業及び土石採取業の範囲）
23	浴場業	法基通15-1-49（浴場業の範囲）
24	理容業	法基通15-1-50（理容業の範囲）
25	美容業	法基通15-1-51（美容業の範囲）
26	興行業	法基通15-1-52（興行業の範囲） 法基通15-1-53（慈善興行等）
27	遊技所業	法基通15-1-54（遊技所業の範囲）

	業種	関連通達
28	遊覧所業	法基通15-1-55（遊覧所業の範囲）
29	医療保健業	法基通15-1-56（医療保健業の範囲） 法基通15-1-57（日本赤十字社等が行う医療保健業） 法基通15-1-58（病院における給食事業） 法基通15-1-60（診療所の範囲）
30	技芸教授業	法基通15-1-66（技芸教授業の範囲） 法基通15-1-67（公開模擬学力試験） 法基通15-1-67の2（授業時間数の判定） 法基通15-1-67の3（大学入試のための学力の教授の範囲） 法基通15-1-71（学校法人等が実習の一環として行う事業）
31	駐車場業	法基通15-1-68（駐車場業の範囲）
32	信用保証業	法基通15-1-69（低廉保証料の判定）
33	無体財産権の提供業	－
34	労働者派遣業	法基通15-1-70（労働派遣業の範囲）
	その他	法基通15-1-71（学校法人等が実習の一環として行う事業） 法基通15-1-72（神前結婚等の場合の収益事業の判定）

4. 法人税の税率

 Q 法人税の税率について説明してください。

A 学校法人は、普通法人に比べて法人税率が優遇されています。具体的には、年800万円以下の所得に対して15%の税率が適用され、年800万円を超える部分の所得に対して19%の所得が適用されます。

—————————— 解 説 ——————————

法人税率について、他の法人の場合も含めてまとめると、下記のようになります。

税 率 法 人	所得	
	年800万円以下	年800万円超
資本金1億円超の普通法人	23.2%	

法　人 ＼ 税率	所得	
	年800万円以下	年800万円以上
資本金１億円以下の普通法人	15%（19%）（※1）	23.2%
その他の公益法人等 （学校法人が含まれる）	15%	19%

（※1）　適用除外事業者（直前３事業年度の所得平均が15億円を超える法人等）は19%

5. 「継続」して行われるもの

Q 当学校法人は、所属教員の研究活動に関連する用語等の事典を出版して、生徒や父兄等に販売することとしています。この出版は一回限りのもので、以後においても類似する計画はありませんので、収益事業の要件である「継続」して行われているものには該当しないと考えてよいでしょうか。

　なお、当学校法人は、これ以外には収益事業となる事業を行っていません。

A 事典を出版し販売する行為が、一つの事業計画に基づくもので、この事業の遂行に相当期間を要するものであれば、ここでいう「継続」して行われるものに該当し、収益事業課税の対象となります。ただし、一回限りの出版であって、その準備に相当の期間を要するものでなければ収益事業に該当しません。

― **解　説** ―

　学校法人などの公益法人等については、収益事業を営む場合に限り法人税が課税されることになっています（法法４①）。そして、収益事業とは、販売業、製造業その他の法人税法施行令第５条第１項に規定されている特掲事業で、継続して事業場を設けて行われるものをいいます（法法２①十三）。

　この「継続して……行われるもの」には、各事業年度の全期間を通じて継

続して事業活動を行うもののほか、例えば、土地の造成及び分譲、全集又は事典の出版等のように、通常一の事業計画に基づく事業の遂行に相当期間を要するものや、海水浴場における席貸しや縁日における物品販売のように、通常相当期間にわたって継続して行われるもの又は定期的に、若しくは不定期に反復して行われるものも含まれます（法基通15-1-5）。

　また、学校法人などの公益法人等が特掲事業とこれに類似する事業で特掲事業に該当しないものとを行っている場合には、その行う特掲事業が継続して行われているかどうかは、これらの事業が全体として継続して行われているかどうかを勘案して判定します（法規通15-1-5注）。

　本件の場合、出版による事業は単発であるかもしれませんが、その企画から、執筆依頼、原稿の取りまとめ、編集、校正等まで、その性質上相当期間にわたって事業活動が行われるものであれば、「継続」して行われるものに該当し、出版業（法令5①十二）として収益事業課税の対象となるものと考えられます。ただし、一回限りの出版であって、その準備に相当の期間を要するものでなければ、ここでいう「継続」して行われるものに該当せず、収益事業課税の対象とはならないと考えられます。

6. 校舎等の一時貸付

> **Q** 当学校法人は、先日、たまたま当学校法人の校舎等を映画の撮影のために貸付けて、その際謝礼を受け取りました。この謝礼については、法人税が課税されるでしょうか。
>
> 　なお、この校舎等は、これまでに他に貸付けたことはなく、今後も貸付ける予定はありません。

A 一時貸付けは、収益事業に該当しません。

━━━━━━ 解 説 ━━━━━━

　学校法人などの公益法人等が建物の一部について他者に貸付けた場合には、不動産貸付業（法令5①五）として収益事業に該当し、原則として法人税の課税対象となります。ただし、不動産貸付業というためには、「継続」して不動産の賃貸を行う必要がありますので、一時的なものは収益事業とはいえないこととなっています（法法2①十三）。

　本件は、たまたま校舎等を映画の撮影のため、他者に貸付け、謝礼を収受したということですので、不動産貸付業には該当しません。

7. 公開模試

 学校法人が公開模擬試験のため予備校に教室を貸出す場合、収益事業として課税されますか。

 貸付の回数が収益事業の要件である「継続」して行われているものに該当する場合には収益事業として課税されます。

━━━━━━ 解 説 ━━━━━━

　法人税法施行令第5条第1項第十四号において、収益事業に該当する席貸業を以下のように定めています。

　イ　不特定又は多数の者の娯楽、遊興又は慰安の用に供するための席貸業
　ロ　イに掲げる席貸業以外の席貸業（次に掲げるものを除く）
　⑴　国又は地方公共団体の用に供するための席貸業
　⑵　社会福祉法第2条第1項に規定する社会福祉事業として行われる席貸業
　⑶　私立学校法第3条に規定する学校法人若しくは同法第64条第4項（私立専修学校等）の規定により設立された法人又は職業能力開発促進法（昭和44年法律第64号）第31条（職業訓練法人）に規定する職業訓練法

人がその主たる目的とする業務に関連して行う席貸業

(4) 法人がその主たる目的とする業務に関連して行う席貸業で、当該法人の会員その他これに準ずる者の用に供するためのもののうちその利用の対価の額が実費の範囲を超えないもの

公開模擬試験は、上記のうち「娯楽、遊興又は慰安の用に供する」ものではありませんのでイには該当しませんが、ロで定めている除外される席貸業に該当するのかが問題になります。

具体的にはロ(3)に該当するかどうかですが、学校法人がその主たる目的とする業務に関連して行う席貸業とは、専ら学生、生徒や教職員が自ら行う教育、研究、研修等、あるいは、地域住民等が自ら行う社会教育、スポーツ、文化活動等に使用される場合のように、本来の公益的活動を支援し、推進するための席貸業をいうものと解すべきであって、学校法人等がその所有する講堂、体育館等の施設をその所有目的に沿って使用するために行う席貸業であっても、その施設を使用して営利事業その他の事業活動を行うためのものは、ここにいう収益事業たる席貸業から除かれるものには該当しないものと解すべきであるとの裁決があります（巻末付録　裁決事例・判例集③参照）。

貸付先である予備校では公開模擬試験を収益事業を含む事業活動として行われますので、この貸付は収益事業から除かれる席貸業には該当しません。

よって、貸付の回数が収益事業の要件である「継続」して行われているものに該当しないもの以外は収益事業として課税されます。課税の判断にあたっては貸付の頻度について十分注意する必要があります。

8. 「事業場を設けて行われるもの」

> **Q** 当学校法人は、生徒を対象として文房具の販売を行っていますが、その事務は当学校法人の職員が兼務しており、特に店舗などは設けていません。このような場合でも収益事業の要件である「事業場を設けて行われるもの」に該当するのでしょうか。

A 事業場とは、機能的にみてその事業活動の拠点となるべき場所をいいますので、具体的に特定した事務所や店舗がなくてもその拠点となる場所があれば事業場を設けて行われるものに該当します。

—————————— **解　説** ——————————

　学校法人などの公益法人等の営む事業の性質や内容が特掲事業に該当する場合であっても、その事業が事業場を設けて行われるものでなければ収益事業には該当しないことになります（法法2①十三）。この場合の事業場とは、その事業活動の拠点となるべき場所と考えられますので、学校法人など公益法人等が常設の店舗、工場、事業所等の固定的な施設を設けて事業を営んでいる場合のその施設のほか、必要に応じて随時その事業活動を行うための場所を設け、又は既存の施設を利用してその事業活動を行う場合のこれら施設も事業場に含まれます。

　したがって、例えば、移動販売、移動演劇興行等のようにその事業活動を行う場所が転々と移動するものであっても、「事業場を設けて行われるもの」に該当します（法基通15-1-4）。

　このように、事業場とは、具体的な施設ではなく、その事業を行う場合の拠点となる場所という考え方です。事業を行う以上、その事業活動を行うためには何らかの拠点があるはずですから、一般的には、事業を行っていれば、事業場を設けてその事業を行っていることになるものと考えます。

9. 地方公共団体に賃貸し、さらに転貸された不動産からの収益

Q 当学校法人は、使用していない校舎の一部を市町村へ有料で貸付けています。当該市町村は、これを一般財団法人へ転貸し、一般財団法人は自己の職員の研修用施設として使用しています。このような場合にも、収益事業として法人税が課されるのでしょうか。

A 最終的な利用者が国又は地方公共団体以外である本件の場合には、収益事業として法人税の課税対象となります。

● ────── 解　説 ────── ●

　不動産貸付業は、法人税法施行令第5条第1項第五号で収益事業として法人税法上の課税事業とされていますが、国又は地方公共団体に対し直接貸付けられる不動産の貸付業については、非課税の不動産貸付業とされています（法令5①五ホ）。

　ここにいう収益事業とされない国又は地方公共団体に対する不動産の貸付けは、国又は地方公共団体によって、直接使用されることを目的として当該国又は地方公共団体に対して直接貸付けられるものに限られます。したがって、たとえ直接の貸付先が国又は地方公共団体であっても、最終の利用者が国又は地方公共団体でない以上、非課税の適用はありません（法基通15-1-19）。

　本件も、最終の利用者が一般財団法人である以上、非課税の適用はなく、収益事業として法人税が課されることになります。

10. テニスコートの貸付

Q 当学校法人は、公益財団法人が主催するテニス大会のために、所有するテニスコートを公益財団法人へ有料で貸付ける予定です。この場合、テニスコートの貸付は、法人税法施行令第5条第1項第十四号にいう席貸業として法人税法上課税されるでしょうか。
　なお、当該公益財団法人が主催するテニス大会は、当該公益財団法人の収益事業には該当していません。

A 興行を目的とした利用者に対する本件の場合には、収益事業として法人税が課税されることになります。

─── 解　説 ───

　法人税法施行令第5条第1項第十四号イ「席貸業」に規定する「不特定又は多数の者の娯楽、遊興又は慰安の用に供するための席貸業」には、興行（法基通15-1-53により興行業に該当しないものとされるものを含む。）を目的として集会場、野球場、テニスコート、体育館等を利用する者に対してその貸付けを行う事業（不動産貸付業に該当するものを除く。）が含まれます（法基通15-1-38）。

　したがって、本件のように、たとえ収益事業に該当しないテニス大会を主催する公益財団法人へテニスコートを貸出す場合でも、その席貸しについては、収益事業として法人税法上課税されることになります。

11. 校舎と駐車場の貸付

> **Q** 当学校法人は、市が企画した地元住民説明会のために、校舎の一部である講堂と教室を有料で利用させることにしました。
>
> 　また、この説明会に参加するために自動車で来校する市民のために、学校敷地内の空きスペースを区分して駐車場用地とし、今後継続して別途、市に貸出し駐車料を徴収する予定でおります。
>
> 　この場合、市から受け取る校舎の利用料や駐車料には、法人税が課税されるのでしょうか。

A 国や地方公共団体から受け取る校舎の利用料に対しては法人税は課税されませんが、駐車料は、収益事業として法人税が課税されます。

─── 解　説 ───

　「不特定又は多数の者の娯楽、遊興又は慰安の用に供するための席貸業」に該当しない国又は地方公共団体の用に供される席貸しは収益事業からは除外されます（法令5①十四ロ(1)）。

この他、国や地方公共団体に対して土地や建物を直接貸付けた場合には、収益事業としての不動産貸付業からも除外されます（法令5①五ホ）。

本件のように、地元住民説明会の用途で校舎の利用料として受け取った市からの席貸料は、娯楽、遊興又は慰安の用ではなく、収益事業の除外規定に該当するため法人税は課税されません。

一方で、当説明会に参加する目的であっても、多数の訪問者に対して法人の敷地を駐車場用地として有料で市に提供する場合には、駐車に適する場所を提供し、その対価を得る事業であるため、「駐車場業」（法令5①三十一）に該当することとなりますが、当該「駐車場業」についても国や地方公共団体に対する貸付けとして非課税の特例が適用されるのか問題となります。

この点、国又は地方公共団体に対する貸付けにおいて、収益事業から除外されるケースは、「席貸業」と「不動産貸付業」の場合に限られ、本件のように駐車スペースを設け、今後継続的に市より「駐車場業」として駐車料を徴収する場合には、「席貸業」と「不動産貸付業」に認められている非課税の特例はなく、原則として収益事業として法人税が課税されることになります。

12. 国又は地方公共団体に対する不動産の貸付

Q 当学校法人は、土地の一部を駐車場として都道府県に貸付けています。これは、国又は地方公共団体に対する不動産の貸付として、法人税法上非課税と考えてよいのでしょうか。

A 当該不動産の貸付は、法人税法上課税取引となります。

───── 解　説 ─────

　法人税法施行令第5条第1項第三十一号「駐車場業」の駐車場業には、駐車場所としての土地の貸付が含まれています（法基通15-1-68）。駐車場業には、不動産貸付業のような除外規定は存在しないため、たとえ国又は地方公共団体に対する不動産の貸付であっても駐車場業に該当し、法人税法上課税取引となります。

13. 教職員に対する貸付金

> **Q** 教職員に対して福利厚生の一環として金銭の貸付を行いたいのですが、税務上の取扱いはどのようになりますか。

 A 一定の要件を満たさなければ法人税法上の収益事業に該当しますので、教職員に対する融資に関する規定を制定してから実施することが望まれます。

───── 解　説 ─────

　法人税法上の収益事業とされる金銭貸付業には、消費貸借契約によって不特定多数の者を対象とした貸付けに限らず、特定の者や少数の者を対象とした場合も含まれます（法基通15-1-14）。そのため、学校法人の教職員だけを対象にした金銭の貸付である場合も原則として収益事業に該当します。

　しかしながら、法人の構成員が拠出した資金の範囲内で、低利でその構成員に対して貸付ける場合には、あえて課税しなくても他の営利企業との課税の公平性が害されるわけではないので、収益事業に該当しないものとされています。

　法人税法上の収益事業とならない金銭の貸付は、①学校法人の教職員の拠出に係る資金を主たる原資とし、②当該法人の教職員を対象とした金銭の貸付けで、③貸付金の利率が全て年7.3%[※1]以下であるときとなっています（法

基通15-1-15)。

（※１）　契約日の属する年の租税特別措置法第93条第２項に規定する特例基準割合が年7.3％未満
　　　　　である場合には、当該特例基準割合になります。

14. 教育実習の一環としての理容サービスの提供

> **Q** 理容学校を営んでいる当学校法人は、現在、教育実習の一環とし
> て、理容所を設けて不特定多数の者に対して理容サービスを提供
> しています。
>
> 　当該理容サービスの提供は、収益事業として法人税法上申告が必要で
> しょうか。
>
> 　なお、当理容学校における技芸の教授は、法人税法施行令第５条第１
> 項第三十号ニ「非課税とされる理容又は美容の教授」の規定により収益
> 事業には該当していません。

A 当該理容サービスの提供は、法人税法施行令第５条第１項第二十四号
の理容業に該当します（法基通15-1-50）。

─────────── **解　説** ───────────

　収益事業となる「技芸の教授」には、「理容の教授」が規定されていますが、
一定の要件を満たすものについては、「技芸の教授」に含めないこととされ
ています（法令５①三十二）。そのため、このような非課税である理容学校
を営む学校法人が、非課税である技芸の教授の一環として、利用サービスの
提供を行う場合は、非課税である技芸の教授の付随した行為として、非課税
にならないかという疑問が生じます。

　しかし、理容学校が営んでいる理容所は、他の民間の理容業者と競合関係
にあり、料金面等の実態からして非課税にするということには公平を欠きま
す。

　そのため、たとえ理容学校における技芸の教授が一定の要件を満たし、法人税法施行令第5条第1項第三十号ニ「非課税とされる理容又は美容の教授」の規定により収益事業には該当しない場合であっても、当該理容サービスの提供は、法人税法施行令第5条第1項第二十四号の理容業に該当します（法基通15-1-50）。

15. 請負業として収益事業課税がされない場合

 学校法人において請負業として法人税が課税されないのは、どういう要件を満たした場合でしょうか。

　私立大学が企業等からの要請に基づいた受託研究・共同研究を行う場合で一定の要件を満たすものについては、請負業として法人税が課税されることはありません。また、法令の規定に基づいて国又は地方公共団体の事務処理を委託された学校法人の行うその委託に係るもので、その委託の対価がその事務処理のために必要な費用を超えないことが法令の規定により明らかなことその他一定の要件に該当するものについては、請負業として法人税が課税されることはありません。さらに、実費弁償による事務処理の受託等で一定の要件を満たすものについても請負業として法人税が課税されることはありません。

———————————— 解　説 ————————————

私立大学の非課税特例

　平成14年度の法人税法施行令の一部改正により、私立大学（短期大学を含む。以下同じ。）に対する他の者の委託に基づいて行う研究（以下「受託研究」という。）について、一定のもの（受託研究に係る実施期間が3か月以上のもの、かつ、受託研究に係る契約又は協定において研究の成果の帰属及び公表に関する事項が定められているもの）が法人税法施行令第5条第十号

に規定する請負業の範囲から除外されていました。

　平成29年度の税制改正により、請負業の範囲から除外する要件の緩和がされています。すなわち、その委託に係る契約又は協定において、次の①又は②の要件を満たす場合となったのです（法令5①十 二）。

　　①　当該研究の成果の全部もしくは一部が当該学校法人に帰属する旨が定められているもの。

　　②　当該研 の成果について学術研究の発展に資するため適切に公表される旨が定められているもの。

　なお、私立大学において受託研究を実施する上での留意点は以下のとおりです。

１．受託研究に要する経費は、学校法人の会計を通して経理すること。

２．受託研究に要する経費を明確にし、受託研究に係る契約又は協定（以下「受託研究契約書等」という。）に明記すること。なお、受託研究の受入れに当たっては、当該研究遂行に関連し直接経費以外に必要となる間接経費を受け入れることができること。

３．請負業の範囲から除外される受託研究は、民間の研究と競合することのない、私立大学本来の教育研究活動と密接に関連するものであることに鑑み、新たな知見を創造する研究活動とは認められない、単なるデータや、単純な労務の提供等に関わる成果を意味なく帰属させることは厳に慎むこと。

４．「学術研究の発展に資するため適切に公表される」とは、例えば論文や学会発表等の手段により、「研究活動によって得られた成果を、客観的で検証可能なデータ・資料を提示しつつ、科学コミュニティに向かって公開し、その内容について吟味・批判を受けること」（「研究活動における不正行為への対応等に関するガイドライン」（平成26年8月26日文部科学大臣決定）より抜粋）をいうこと。公表の方法は必ずしも論文及び学会発表に限るものではないが、例えば、インターネット上の限られた者が閲覧する場への投稿のみをもって「学術研究の発展に資す るため適切に公表」し

たということはできないこと。

5．税制優遇措置を受けるに足る十分な公益性を担保するため、各研究者に
　対し、「研究活動における不正行為への対応等に関するガイドライン」等
　を遵守し、研究活動を適正に行うよう改めて徹底すること。

出典：「私立大学における受託研究について（通知）平成14年4月4日14文科高第26号高等教育局
　　　私学部長通知、「私立大学が行う受託研究に係る法人税の非課税措置に関する税制改正につ
　　　いて（通知）」平成29年4月3日29文科高第10号高等教育局私学部長通知

国等からの委託業務で一定のもの

　法令の規定に基づき国又は地方公共団体の事務処理を委託された学校法人
の行うその委託に係るもので、その委託の対価がその事務処理のために必要
な費用を超えないことが法令の規定により明らかで、かつ以下に定める要件
に該当するものは、請負業として法人税を課税しないものとしています（法
令5①十イ、法規4の2）。

　1．その委託の対価がその事務処理のために必要な費用を超えないことが
　　法令の規定により明らかなこと。
　2．その委託の対価がその事務処理のために必要な費用を超えるに至った
　　場合には、法令の規定により、その超える金額を委託者又はそれに代わ
　　るべき者として主務大臣の指定する者に支出することとされていること。
　3．その委託が法令の規定に従って行われていること。

実費弁償による事務処理の受託等で一定のもの

　学校法人が、事務処理の受託の性質を有する業務を行う場合においても、
次の要件を満たしていることについて、所轄税務署長（国税局の調査課所管
法人にあっては、所轄国税局長）の確認を受けたときは、その確認を受けた
期間については、当該業務は、その委託者の計算に係るものとして当該学校
法人の収益事業としないものとされています（法基通15-1-28）。

1．当該業務が法令の規定、行政官庁の指導又は当該業務に関する規則、規
　約若しくは契約に基づき実費弁償（その委託により委託者から受ける金額

が当該業務のために必要な費用の額を超えないことをいう）により行われるものであること

2．そのことにつきあらかじめ一定の期間（おおむね5年以内の期間とする）を限って所轄税務署長の確認を受けたとき

　また、ここで言う実費弁償とは、その事業によって剰余金が生じないような仕組みになっているという趣旨ですから、個々の契約ごとにその都度実費精算が行われるもののほか、ごく短期間に実費精算が行われるものも「実費弁償」に該当するものと考えられます。なお、実費弁償の判断において、何が実費に該当するかですが、直接の経費のほか、その受託業務に供される固定資産の減価償却費、修繕費、租税公課、人件費などの間接経費も実費の範囲に含まれると考えられます。

実費弁償方式による事務処理の受託等の確認申請書例

令和○年○月○日

麹町税務署長殿

東京都千代田区○○○
学校法人　○○学園
理事長　××　××　㊞

実費弁償方式による事務処理の受託等の確認申請書

　当法人が行っている下記の○○にかかわる受託業務は、「実費弁償による事務処理の受託等」（法人税基本通達15-1-28）に該当するものと思われますので、確認いただきたく申請いたします。

記

1．○○法の規定に基づく○○に係る受託業務

添付書類

(1)
(2)
(3)

以上

16. 英会話教室等の技芸の教授

> **Q** 当学校法人では、課外授業として生花、茶道、英会話、算盤及びサッカーの各教室を開いていますが、これらの教室の収益は、法人税の課税対象になるのでしょうか。

また、生徒に対して、生花、茶器、英会話のテキスト、算盤などの教材を頒布したことによる収益についてはどうでしょうか。

A 生花及び茶道の教授並びに生花、茶器の頒布は技芸教授業として法人税の課税対象となります。また、英会話のテキスト、算盤などの教材の頒布は、物品販売業として法人税の課税対象となります。

───────── **解　説** ─────────

　学校法人が次に掲げる「技芸」の教授（通信教育による技芸の教授及び技芸に関する免許の付与その他これに類する行為を含む。）を行う事業は、「技芸教授業」として収益事業課税の対象となります（法令5①三十）が、ここにおいて特掲されている技芸以外の教授については、収益事業の対象となりません。

①洋裁　　　　②和裁　　　　③着物着付け

④編物　　　　⑤手芸　　　　⑥料理

⑦理容　　　　⑧美容　　　　⑨茶道

⑩生花　　　　⑪演劇　　　　⑫演芸

⑬舞踊　　　　⑭舞踏　　　　⑮音楽

⑯絵画　　　　⑰書道　　　　⑱写真

⑲工芸　　　　⑳デザイン（レタリングを含む）

㉑自動車操縦　　㉒小型船舶の操縦

　なお、この場合の「技芸の教授」には、自らは技芸の習得に関する教授を行わないで、特掲されている技芸に関する免許の付与等のみを行う行為が含まれますが、特掲されている技芸以外の技芸に関する免許の付与等はこれに該当しないものとして取り扱われています（法基通15-1-66）。

　「免許の付与その他これに類する行為」には、卒業資格、段位、級、師範、名取り等の一定の資格、称号等を付与する行為が含まれます。なお、技芸の

教授若しくは免許の付与等の一環として、又はこれらに付随して行われる講習会等は、たとえ一般教養の講習をその内容とするものであっても、同号の「技芸の教授」に該当します。

したがって、生花及び茶道の教授は、技芸教授業として収益事業に該当し、法人税の課税対象となりますが、英会話、算盤及びサッカーの教授は技芸教授業に該当しませんので、法人税は課税されません。なお、受講料を支払えばその施設を自由に使用させるという趣旨で生徒から金銭を収受していた場合には、遊技所業（法令5①二十七）として法人税が課税される可能性があります。

次に、技芸教授業に該当する生花及び茶道の教材となる生花、茶器等の頒布については、技芸教授業の付随行為として法人税が課税されます（法基通15-1-6(2)）。また、英会話のテキスト、算盤などの教材については、英会話等の教授が収益事業に該当しなくても物品販売業として収益事業に該当し、法人税の課税対象となります。

17. 教科書等の物品販売

> 学校法人で教科書や教材、文房具などの物品を販売しているのですが、法人税法上課税されるのでしょうか。

A 学校法人等が行う教科書それに類する教材の販売、学校の指定に基づいて授業において教材として用いるために当該学校の学生、生徒等を対象として販売される教科書、参考書、問題集等を販売する部分については「教育事業」に該当しますので、法人税法上課税されることはありません。（法基通15-1-10(2)、15-1-10(2)注）

しかし、学校法人等が行う教科書その他これに類する教材以外の出版物の販売や、学校法人等が行うノート、筆記具等の文房具、布地、糸、編糸、食料品等の材料又はミシン、編物機械、厨房用品等の用具の販売、及び学校法

人等が行う制服、制帽等の販売は、これらの物品が仮に学校の指定に基づいて授業において用いられるものであっても、物品販売業に該当し、法人税法上課税されることになります。（法基通15-1-10(3)～15-1-10(4)）

<hr />

解　説

　物品販売業でいう物品には、動植物やその他通常物品といわないものまで含まれることとなります（法令5①一）。具体的には、物品は、動植物のほか、郵便切手、収入印紙、物品引換券等が含まれるが、有価証券や手形は含まれないとされています。（法基通15-1-9注1）

　物品販売業ではなく他の事業として整理すべき事業（例えば、鉱業、土石採取業、農林業や漁業、水産養殖業）や、物品の提供と財貨の支払いとの間に対価関係のないもの（会費による物品の頒布）についてはそもそも物品販売業に該当せず、除かれます。

　物品販売業の範囲については法人税基本通達15-1-9、15-1-10にて明確になっています。

18. 学校法人が営む学生寮

 当学校法人は、留学生向けに学生寮を営んでおりますが、法人税法上課税されるのでしょうか。

　本件の在籍する留学生向けの学生寮の経営は「旅館業」に該当せず、法人税法上収益事業としては課税されません。

<hr />

解　説

　旅館業は、法人税法施行令第5条第1項第十五号で収益事業として法人税法上の課税事業とされています。

　旅館業とは、ホテル営業、旅館営業、簡易宿所営業及び下宿営業をいうが、

法人税上はこれらの旅館業のほか、旅館業法による旅館業の許可を受けないで宿泊させ、宿泊料を受ける事業も含まれます。

　しかしながら、学生又は生徒の就学を援助することを目的とする公益法人等の経営する学生寮のうち、下記の要件を満たすものについては収益事業である旅館業に該当しないものと規定されています。（法基通15-1-40）

地方税法施行令第51条の 8 第 1 項各号（固定資産税が非課税とされる寄宿舎）に掲げる要件

１．専ら学校教育法第 1 条に規定する学校の学生又は生徒（同条に規定する学校において修学する外国人留学生を含む。 2 ．において「学生等」という。）を入居させることを目的として設置されたものであること。

２．学生等の居室の用に供する部分の床面積の合計を、当該寄宿舎の定員の数値で除して得た床面積が20㎡を超えないこと。

３．寮費その他これに類する入居の対価が 1 か月当たり35,000円を超えないこと。

４．当該寄宿舎の全部又は一部が旅館業法第 2 条第 1 項に規定する旅館業の用に供されているものでないこと。

　また、学校法人等が専らその学校に在学する者を対象として行う寄宿舎の経営は、本来の教育事業の付随行為であり、その教育事業が収益事業でない限り寄宿舎の経営も「旅館業」には該当しないとされています（ただし、技芸教授業を営む公益法人等が当該技芸教授業に付随して行う寄宿舎の経営を除く）。（法基通15-1-41）

　したがって、本件の在籍する留学生向けの学生寮の経営は「旅館業」に該当せず、法人税法上収益事業として課税されません。

19. 学校法人が営む医療保健業

> **Q** 当学校法人は附属病院を経営しておりますが、法人税法上の課税関係はどのようになるのでしょうか。

A 学校法人が行う医療保健業は、収益事業とならないこととなっています。

━━ 解　説 ━━

　医療保健業は、法人税法施行令第5条第1項第二十九号では収益事業に該当し、医療保健業には、療術業、助産師業、看護業、歯科技工業、獣医業等が含まれるとされています。

　しかし、学校法人が行う医療保健業は、収益事業とならないこととなっています。

　ただし、学校法人が営む医療保健業に係る患者に対する種々のサービス業務について、それが当該医療保健業の付随行為と認められる限り、医療保健業に含まれ収益事業にあたらないのですが、その性質上医療保健業の付随行為とは見られないものについてはそれぞれ独立の事業として収益事業に該当することとなっています。

学校法人が営む医療保健業に係る種々のサービス内容例
（法基通15-1-58、法人税基本通達逐条解説）
1．その医療保健業の一環として行う患者の為の給食
　　　　　　　……………医療保健業に含まれるため、収益事業に非該当
2．病院内の日用品の販売……………収益事業の「物品販売業」に該当
3．病院内のクリーニングの取り次ぎ……収益事業の「請負業」に該当
4．病院内の公衆電話サービス業務………収益事業の「通信業」に該当
5．病院内の寝具などの貸付………………収益事業の「物品貸付業」に該当

20. 学生食堂の運営収益

> **Q** 当学校法人は中高一貫教育を実施している学校法人で、このたび学生食堂を設置しようと考えております。学生食堂の運営収益に関する法人税法上の取扱いはどうなるのでしょうか。

A 1. 自ら調理しないで他の業者に経営を委せ、売上額の一定割合を徴収する方式をとっている場合には、そもそも「料理店業その他の飲食店業」ではなく「仲立業」として、収益事業に該当することになり、法人税が課税されます。

2. 自ら調理又は他の調理業者などからの仕出しを受けて飲食の提供をしている場合には、学校給食法等の規定に基づいて行う学校給食事業でない限り、「料理店業その他の飲食店業」として収益事業に該当し、法人税が課税されます。

― **解　説** ―

料理店業その他の飲食店業は、自ら調理したものを提供するもののほか、他の調理業者などから仕出しを受けて飲食物の提供をするものも含めて、法人税法上の収益事業に該当します（法令5①十六）。

ただし、学校法人がその設置する小学校、中学校、特別支援学校などにおいて営む、学校給食法等（「夜間課程を置く高等学校における学校給食に関する法律」「特別支援学校の幼稚部及び高等部における学校給食に関する法律」なども含むと解される）の規定に基づいて行う学校給食事業は、料理店業その他の飲食店業には該当せず、法人税法上の課税はありません（法基通15-1-43）。

21. 幼稚園が行う補助活動事業

 Q 幼稚園を新規に開設した学校法人です。幼稚園が行う以下の補助活動について法人税法上の取扱いを説明してください。

1．絵本・ワークブックの頒布
2．工作道具や文房具・楽器・道具箱等の販売
3．制服・制帽・スモック等の販売
4．園児のうち希望者を対象として外部の教師が行う音楽教室のための教室等の席貸し
5．園児に対して課外授業として実施する音楽教室等の開設
6．スクールバスの運行
7．給食の提供
8．園児を対象とするもので実費弁償方式によって行われる事業

 A 「幼稚園が行う各種事業の収益事業の判定について」（昭和58.6.3 直法2-7）に基づいて判定します。

● ─────── 解　説 ─────── ●

1．絵本、ワークブックの頒布

　絵本、ワークブックは、園の指定に基づいて保育中において教材として用いるため、学校法人等が行う教育事業の一環としての「教科書その他これに類する教材」の販売に該当し、物品販売業には当たらず、法人税は課されません。(法基通15-1-10(2))

　ただし、その幼稚園の園児以外の一般の人への絵本やワークブックの販売や、本来の教育事業に使用しない絵本やワークブックの販売については、物品販売業に該当し、収益事業課税の対象となります。

2．工作道具や文房具・楽器・道具箱等の販売

　たとえこれらの物品が園の指定に基づいて保育中に用いられるものであ

っても、収益事業の「物品販売業」に該当し、法人税が課されます（法基通15-1-10(3)）。

　ただし、物品の頒布のうち原価（又は原価に所要の経費をプラスした程度の価格）によることが明らかなものについては、収益事業から外すことができます。

3．制服・制帽・スモック等の販売

　たとえこれらの物品が園の指定に基づいて保育中に用いられるものであっても、収益事業の「物品販売業」に該当し、法人税が課されます。（法基通15-1-10(4)）

　ただし、物品の頒布のうち原価（又は原価に所要の経費をプラスした程度の価格）によることが明らかなものについては、収益事業から外すことができます。

4．園児のうち希望者を対象として外部の教師が行う音楽教室のための教室等の席貸し

　園児のうち希望者を対象としているので、「学校法人等が主たる目的とする業務に関連して行う席貸業」となり、いわゆる収益事業の「席貸業」から除外され、法人税は課税されません。（法令5①十四ロ(3)）

5．園児に対して課外授業として実施する音楽教室等の開設

　音楽教室や絵画教室は、収益事業に該当する22種類の技芸の教授に含まれており、法人税は課税されます。（法令5①三十）

6．スクールバスの運行

　学校教育法に基づく教育事業に付随するものとして行われるスクールバスの運行事業は、収益事業の「運送業」には当たらず、収益事業課税はありません。

7．給食の提供

　学校給食法等の規定に基づいて行う学校給食の事業に準ずるものとなり、収益事業の「料理店業」に当たらず、収益事業課税はありません。

8．園児を対象とするもので実費弁償方式によって行われる事業

収益事業となる事業であっても、当該事業がその幼稚園の園児（その関係者を含む）を対象とするもので実費弁償方式によっているものと認められるものについては、「実費弁償による事務処理の受託等」（法基通15-1-28）と同様、税務署長の確認を条件として、収益事業課税から外すことができます。

22. みなし寄附金の支出と経理

> **Q** 当学校法人では、毎事業年度末に総勘定元帳から法人税法上の収益事業に該当するものを抽出して収益事業に係る決算書を作成し、法人税等の税務申告を行っており、その決算書上、利益分相当の資金を教育事業（非収益事業）への内部寄附金として費用（損金）に含めています。また、当学校法人は、教育事業（非収益事業）と収益事業との預金口座をそれぞれ保有していますが、収益事業の預金口座から教育事業（非収益事業）の預金口座へ寄附金相当額の実質的な資金移動（仕訳処理）を行わず決算書上だけで寄附金相当額を計上した場合でも、みなし寄附金は認められるでしょうか。

A 実際の資金移動（仕訳処理）を行わないと、みなし寄附金として認められない可能性があります。

―――――――― **解　説** ――――――――

みなし寄附金は、収益事業に属する資産のうちから収益事業以外の事業のために「支出した金額」と規定されています（法法37⑤）。この点、法人税法37条7項の寄附金の意義に規定する寄附金の支出は、各事業年度の所得の金額の計算については、その支払がされるまでの間、なかったものとすると定められています（法令78）。ここにいう7項の寄附金は、1項から6項までの各項に規定する寄附金であるから、5項のみなし寄附金についても、そ

の支払いがされるまでの間、なかったものとされることとなります。寄附金について、法人税はいわゆる現金主義をとっており、たとえ債務が確定していても、現実に支出するまでは損金算入を認めないという考え方をしています。したがって、未払経理が認められないのはもちろん、支払手形による寄附金の計上も認めていません（法基通9-4-2の4）。逆に、仮払経理した寄附金についてはその支払った事業年度において損金算入することを認めています（法基通9-4-2の3）。

　したがって、みなし寄附金といえども、その事業年度のうちに支出することが原則となりますので、実際の資金移動（仕訳処理）をせずに決算書上だけで寄附金相当額を計上する処理は、みなし寄附金として認められない可能性があります。

　なお、教育研究事業に属する金銭その他の資産を収益事業のために使用した場合に、これにつき収益事業から教育研究事業へ賃借料、支払利子等を支払うこととしてその額を収益事業に係る費用又は損失として経理することはできず、これらの支出がみなし寄附金となることに留意する必要があります（法基通15-2-5）。収益事業から教育研究事業への利子や賃借料などを支払っても、それは単なる学校法人内の内部取引であって、外部に費用を支払うこととは全く異質のものなので、法人税法上はみなし寄附金となり申告書上、加算されます。

23. 地方法人税（国税）の学校法人への課税

Q 平成26年10月1日以後に開始する事業年度から、地方交付税の財源を確保するための地方法人税（国税）が創設されましたが、この地方法人税についても、法人住民税同様、収益事業により得た所得の90％以上を学校の経営に充てていれば、非課税となるのでしょうか。

$\overset{\text{A}}{}$ 地方法人税は、法人税住民税法人税割の一部を原資とした税金ではありますが、「国税」として扱われるので、地方税法上の学校法人等の法人住民税非課税特例（地令7の4）は適用されず、法人税が生じていれば学校法人であっても地方法人税は課税されます。

解　説

　平成26年10月1日以後に開始する事業年度から、法人住民税法人税割の一部を「国税化」した「地方法人税」が導入され、地域間の財政格差を埋める交付税の原資に充てられることとなりました。この地方法人税の課税標準は法人税額であり、税率は10.3％（令和元年10月1日前に開始した課税事業年度は4.4％、令和元年10月1日以後に開始する課税事業年度は10.3％）となっています。これにより、法人住民税法人税割の標準税率は、地方法人税の創立当初は17.3％から12.9％に、地方法人税率が引き上げられる令和元年10月1日以後に開始する課税事業年度では12.9％から7％にそれぞれ引き下げられました。なお、法人税住民税が課税される通常の法人においては、法人住民税と地方法人税の総和に変動はなく、従来と比較して租税負担に違いが生じることはありません。

　一方で、学校法人や社会福祉法人などは収益事業により所得を得たとしても、その90％以上を学校の経営や社会福祉事業に充てている場合には、法人住民税は課されないことになっていますが（地令7の4）、法人税は原則として課税されます。この点、法人住民税が課税されない法人において、この地方法人税が課税されるのか問題となりますが、地方法人税は、法人税住民税法人税割の一部を振り替えたものとは言え、あくまでも「国税」の一つとして扱われるので、学校法人等の法人住民税が課されていない法人であっても、法人税が生じていれば地方法人税も課税されることとなります。したがって、法人住民税について非課税特例を適用していた学校法人においては、この地方法人税相当額だけ増税となり、租税負担が増すこととなります。

　地方自治体では、学校法人について均等割を含む法人住民税について非課

税制度を設けていますが、この地方法人税の創設により法人住民税が課されていない学校法人であっても、法人税の負担があれば地方法人税は課税されると言えます。地方法人税は元々、法人住民税の一部であるだけに、法人住民税が課されないのであれば地方法人税も課されないと誤解しがちですから、この点注意が必要です。

24. 共通経費の按分

 Q 教育研究事業と収益事業に水道光熱費、減価償却額といった経費が共通してかかった場合、留意すべき点がありますか。

A 教育研究事業と収益事業に水道光熱費、減価償却額といった経費が共通してかかった場合、合理的な基準によりそれぞれに按分することが必要となります。

―――――――――― 解 説 ――――――――――

　法人税法では、費用又は損失は、収益事業に属する部分と収益事業以外とに合理的に区分することになっています（法令6）。合理的な区分のガイドラインとして、法人税基本通達15-2-5があります。その通達では、学校法人が収益事業を行う場合に、「収益事業と収益事業以外の事業とに共通する費用又は損失の額は、継続的に、資産の使用割合、従業員の従事割合、資産の帳簿価額の比、収入金額の比その他当該費用又は損失の性質に応ずる合理的な基準により収益事業と収益事業以外の事業とに配賦し、これに基づいて経理する。」としています。

共通費と配分基準の例

共通費の科目	配分基準
給料手当、福利厚生費	従業員の従事割合
光熱水費	資産の使用割合、収入金額の比
減価償却額	資産の使用割合

25. 具体的な事例（私立学校法上の収益事業を行っている場合）

> **Q** 学校法人東京会第一学園（以下、第一学園）は、収益事業（小売業）として文房具・食料品・図書などを販売する売店を経営しており、私立学校法の手続に従って、収益事業（小売業）を行うことを寄附行為に記載し、所轄庁の認可を受けております（私学法26①、26②）。また、売店の会計処理は、学校部門とは別の収益事業部門として特別会計として区分経理しています（私学法26③）。下記の前提条件、資料のような取引等の状況の場合の法人税申告書はどのようになりますか。

【前提条件】

　計算に当たっては、次の事項を前提として行うものとする。

1．消費税は免税事業者である。（税込処理）

2．第一学園は継続して青色申告によって法人税申告を行っている。また、青色欠損金額の繰越はない。

3．前期の未納法人税はない。

4．住民税については、所得金額の90％以上を教育事業に充てており、法人税割及び均等割とも非課税になっている。

5．法人税法上の収益事業は、特別会計として区分経理された私立学校法上の収益事業のみ（小売業）である。

【資料】

収益事業（私学法26）を特別会計として一般会計と区分経理している。

Ⅰ．貸借対照表

令和 3 年 3 月31日現在

（単位：円）

科　目	金額	科　目	金額
資産の部		負債の部	
流動資産		流動負債	
現金預金	300,000	買掛金	280,000
商品	400,000	預り金	20,000
流動資産合計	700,000	流動負債合計	300,000
固定資産		負債合計	300,000
有形固定資産			
工具器具備品	1,000,000	純資産の部	
減価償却累計額	△ 200,000	元入金	1,300,000
有形固定資産合計	800,000	剰余金	△ 100,000
固定資産合計	800,000	純資産合計	1,200,000
資産合計	1,500,000	負債及び純資産合計	1,500,000

Ⅱ．損益計算書

自 令和 2 年 4 月 1 日　至 令和 3 年 3 月31日

(単位：円)

1．売上高		9,000,000
2．売上原価		
(1)期首商品棚卸高	300,000	
(2)当期仕入高	6,100,000	
計	6,400,000	
(3)期末商品棚卸高	400,000	6,000,000
売上総利益		3,000,000
3．販売費及び一般管理費		2,250,000
営業利益		750,000
4．営業外費用		50,000
雑損失		50,000
経常利益		700,000
学校会計への繰入支出(※1)		800,000
税引前当期損失		△ 100,000
法人税、住民税及び事業税		0
当期損失		△ 100,000

（※1）　特別会計より一般会計へ年度末に支払い済み。

Ⅲ．販売費及び一般管理費の明細

科目	金額（円）	摘要
給料手当	1,200,000	職員1名
消耗品費	50,000	
水道光熱費	200,000	一般会計と配分後の金額(※2)
通信費	100,000	
賃借料	600,000	一般会計への支出ではない。
減価償却費	100,000	減価償却超過額なし
合計	2,250,000	

（※2） 水道光熱費の配分

	全体	学校部門	収益事業部門
使用量割合	100%	90%	10%
金額	2,000,000	1,800,000	200,000

次の金額がみなし寄附金とみられます。（別表十四（二））

勘定科目	取引内容	金額（円）
学校会計への繰入支出	一般会計への支払	800,000

A 令和2年4月1日から令和3年3月31日までの事業年度分の確定申告書は以下のようになります。

令和　　年　　月　　日

税務署長殿

納税地	電話（　　）　　－	
（フリガナ）	ガッコウホウジントウキョウカイダイイチガクエン	
法人名	学校法人　東京会第一学園	
法人番号		
（フリガナ）		
代表者記名押印	印	
代表者住所		

法人区分	
事業種目	
期末現在の資本金の額又は出資金の額	円
同上が1億円以下の普通法人のうち中小法人に該当しないもの	非中小法人
同非区分	特定同族会社　同族会社　非同族会社
旧納税地及び旧法人名等	
添付書類	

※青色申告　一連番号

整理番号	
事業年度（至）	
売上金額	
申告年月日	

平成・令和	0 2	年	0 4	月	0 1	日	事業年度分の法人税　確定申告書
令和	0 3	年	0 3	月	3 1	日	課税事業年度分の地方法人税　確定申告書

中間申告の場合の計算期間　令和　　年　　月　　日　令和　　年　　月　　日

この申告書による法人税額の計算			
所得金額又は欠損金額（別表四「48の①」）	1	△100000	
法人税額（53）+（54）+（55）	2	0	
法人税額の特別控除額（別表六（六）「4」）	3		
差引法人税額（2）-（3）	4	0	
連結納税の承認を取り消された場合等における既に控除された法人税額の特別控除額の加算額	5		
土地譲渡税額　課税土地譲渡利益金額（別表三（二）「24」+（別表三（二の二）「26」+（別表三（三）「21」	6	000	
同上に対する税額（22）+（23）+（24）	7		
留保金　課税留保金額（別表三（一）「4」）	8	000	
同上に対する税額（別表三（一）「8」）	9		
法人税額計（4）+（5）+（7）+（9）	10	0	
分配時調整外国税相当額及び外国関係会社等に係る控除対象所得税額等相当額の控除額（別表六（五の二）「7」＋別表十七（三の十二）「3」）	11		
仮装経理に基づく過大申告の更正に伴う控除法人税額	12		
控除税額（（10）-（11）-（12））と（19）のうち少ない金額	13		
差引所得に対する法人税額（10）-（11）-（12）-（13）	14	0	
中間申告分の法人税額	15		
差引確定法人税額（中間申告の場合はその税額とし、マイナスの場合は、（14）-（15）（16）へ記入）	16	0	

この申告書による地方法人税額の計算			
課税標準法人税額の計算　所得の金額に対する法人税額（4）+（5）+（7）+（10の外書）	33	0	
課税留保金額に対する法人税額（9）	34		
課税標準法人税額（33）+（34）	35	000	
地方法人税額（58）	36		
課税留保金額に係る地方法人税額（59）	37		
所得地方法人税額（36）+（37）	38	0	
分配時調整外国税相当額及び外国関係会社等に係る控除対象所得税額等相当額の控除額（別表六（二）「56」+別表十七（三の十二）「3」）	39		
外国税額の控除額（別表六（二）「50」）	40		
仮装経理に基づく過大申告の更正に伴う控除地方法人税額	41		
差引地方法人税額（38）-（39）-（40）-（41）	42	00	
中間申告分の地方法人税額	43		
差引確定地方法人税額（中間申告の場合はその地方法人税額とし、マイナスの場合は、（42）-（43）（45）へ記入）	44	00	

控除税額の計算			
所得税の額（別表六（一）「6の③」）	17		
外国税額（別表六（二）「20」）	18		
計（17）+（18）	19		
控除した金額（13）	20		
控除しきれなかった金額（19）-（20）	21		
土地譲渡税額の内訳　土地譲渡税額（別表三（二）「27」）	22	0	
同上（別表三（二の二）「28」）	23	0	
同上（別表三（三）「23」）	24	0	
この申告による還付金額　所得税額等の還付金額（21）	25		
中間納付額（15）-（14）	26		
欠損金の繰戻しによる還付請求税額	27		
計（25）+（26）+（27）	28		
この申告が修正申告である場合この申告により納付すべき法人税額又は減少する還付請求税額（60）	29		
欠損金又は災害損失金等の当期控除額（別表七（一）「4の計」+別表七（二）「9」若しくは「21」又は別表七（三）「10」）	30	00	
翌期へ繰り越す欠損金又は災害損失金（別表七（一）「5の合計」）	31		
	32	100000	

この申告による還付金額（43）-（42）	45		
この申告が修正申告である場合　この申告により納付すべき地方法人税額（68）	46		
課税留保金額に係る地方法人税額（69）	47		
課税標準法人税額（70）	48	00	
この申告により納付すべき地方法人税額又は減少する還付請求税額（74）	49		

剰余金・利益の配当（剰余金の分配）の金額		
残余財産の最後の分配又は引渡しの日　令和　年　月　日	決算確定の日　令和　年　月　日	
還付を受けようとする金融機関等	銀行・本店・支店　金庫・組合・出張所　農協・漁協・本所・支所	郵便局名等　預金　ゆうちょ銀行の貯金記号番号
口座番号		

※税務署処理欄

税理士署名押印	印

事業年度等	令和 2・4・1 令和 3・3・31	法人名	学校法人　東京会第一学園

法 人 税 額 の 計 算

(1)のうち中小法人等の年800万円相当額以下の金額 ((1)と800万円×$\frac{12}{12}$のうち少ない金額)	50	000	(50) の 15 ％ 相 当 額	53	0
(1)のうち特例税率の適用がある協同組合等の年10億円相当額を超える金額 (1)−10億円×$\frac{12}{12}$	51	000	(51) の 22 ％ 相 当 額	54	
その他の所得金額 (1)−(50)−(51)	52	000	(52) の 19 ％ 相 当 額	55	

地 方 法 人 税 額 の 計 算

所得の金額に対する法人税額 (33)	56	000	(56) の 10.3 ％ 相 当 額	58	0
課税留保金額に対する法人税額 (34)	57	000	(57) の 10.3 ％ 相 当 額	59	

こ の 申 告 が 修 正 申 告 で あ る 場 合 の 計 算

法人税額の計算	この申告前の	所得金額又は欠損金額	60		地方法人税額の計算	この申告前の	所得の金額に対する法人税額	68	
		課税土地譲渡利益金額	61				課税留保金額に対する法人税額	69	
		課 税 留 保 金 額	62				課税標準法人税額 (68) + (69)	70	000
		法 人 税 額	63				確定地方法人税額	71	
		還 付 金 額	64	外			中 間 還 付 額	72	
		この申告により納付すべき法人税額又は減少する還付請求税額 ((16)−(63))若しくは((16)+(64))又は(64)−(28))	65	外 00			欠損金の繰戻しによる還付金額	73	
	この申告前の	入損金又は災害損失金等の当期控除額	66				この申告により納付すべき地方法人税額 ((44)−(71))若しくは((44)+(72)+(73))又は(((72)−(45))+((73)−(45の外書)))	74	00
		翌期へ繰り越す欠損金又は災害損失金	67						

43

所得の金額の計算に関する明細書（簡易様式）

| 事業年度 | 令和 2・4・1
令和 3・3・31 | 法人名 | 学校法人　東京会第一学園 |

別表四（簡易様式）令二・四・一以後終了事業年度分

区　分		総　額 ①	処　分	
			留　保 ②	社　外　流　出 ③
当 期 利 益 又 は 当 期 欠 損 の 額	1	円 △100,000	円 △100,000	配 当 その他	円
損金経理をした法人税及び地方法人税 （附帯税を除く。）	2			
損 金 経 理 を し た 道 府 県 民 税 及 び 市 町 村 民 税	3			
損 金 経 理 を し た 納 税 充 当 金	4			
損金経理をした附帯税（利子税を除く。）、 加算金、延滞金（延納分を除く。）及び過怠税	5			その他
減 価 償 却 の 償 却 超 過 額	6			
役 員 給 与 の 損 金 不 算 入 額	7			その他
交 際 費 等 の 損 金 不 算 入 額	8			その他
	9			
	10			
小　　計	11	0	0	0
減価償却超過額の当期認容額	12			
納税充当金から支出した事業税等の金額	13			
受 取 配 当 等 の 益 金 不 算 入 額 （別表八（一）「13」又は「26」）	14			※
外国子会社から受ける剰余金の配当等の益金不算入額 （別表八（二）「26」）	15			※
受 贈 益 の 益 金 不 算 入 額	16			※
適格現物分配に係る益金不算入額	17			※
法人税等の中間納付額及び過誤納に係る還付金額	18			
所得税額等及び欠損金の繰戻しによる還付金額等	19			※
	20			
小　　計	21	0	0	外 ※	0 0
仮　　計 (1)+(11)-(21)	22	△100,000	△100,000	外 ※	0 0
関連者等に係る支払利子等又は対象純支払利子等の損金不算入額 （別表十七（二の二）「29」若しくは「34」又は別表十七（二の三）「10」）	23			その他
超 過 利 子 額 の 損 金 算 入 額 （別表十七（二の三）「10」）	24	△		※	△
仮　　計 （(22)から(24)までの計）	25	△100,000	△100,000	外 ※	0 0
寄 附 金 の 損 金 不 算 入 額 （別表十四（二）「24」又は「40」）	27			その他
法 人 税 額 か ら 控 除 さ れ る 所 得 税 額 （別表六（一）「6の③」）	29			その他
税 額 控 除 の 対 象 と な る 外 国 法 人 税 の 額 （別表六（二の二）「7」）	30			その他
分配時調整外国税相当額及び外国関係会社等に係る控除対象所得税額等相当額 （別表六（五の二）「5の②」＋別表十七（三の十二）「1」）	31			その他
合　　計 (25)+(27)+(29)+(30)+(31)	34	△100,000	△100,000	外 ※	0 0
契 約 者 配 当 の 益 金 算 入 額 （別表九（一）「13」）	35			
中間申告における繰戻しによる還付に 係る災害損失欠損金額の益金算入額	37			※
非適格合併又は残余財産の全部分配等に よる移転資産等の譲渡利益額又は譲渡損失額	38			※
差　引　計 (34)+(35)+(37)+(38)	39	△100,000	△100,000	外 ※	0 0
欠損金又は災害損失金等の当期控除額 （別表七（一）「4の計」＋（別表七（二）「9」若しくは「21」又は別表七（三）「10」）	40	△		※	△
総　　計 (39)+(40)	41	△100,000	△100,000	外 ※	0 0
新鉱床探鉱費又は海外新鉱床探鉱費の特別控除額 （別表十（三）「43」）	42	△		※	△
残余財産の確定の日の属する事業 年度に係る事業税の損金算入額	47	△	△	
所 得 金 額 又 は 欠 損 金 額	48	△100,000	△100,000	外 ※	0 0

㊙

44

利益積立金額及び資本金等の額の計算に
関する明細書

事業年度	令和 2・4・1 令和 3・3・31	法人名	学校法人　東京会第一学園

I　利益積立金額の計算に関する明細書

区　　分		期首現在 利益積立金額 ①	当期の増減		差引翌期首現在 利益積立金額 ①−②+③
			減 ②	増 ③	④
利　益　準　備　金	1	円	円	円	円
積　立　金	2				
	3				
	4				
	5				
	6				
	7				
	8				
	9				
	10				
	11				
	12				
	13				
	14				
	15				
	16				
	17				
	18				
	19				
	20				
	21				
	22				
	23				
	24				
	25				
繰越損益金（損は赤）	26			△100,000	△100,000
納　税　充　当　金	27				
未納法人税等（退職年金等積立金に対するものを除く。）	未納法人税及び未納地方法人税 （附帯税を除く。）	28		中間 確定	
	未納道府県民税 （均等割額を含む。）	29		中間 確定	
	未納市町村民税 （均等割額を含む。）	30		中間 確定	
差　引　合　計　額	31	()	0	△100,000	△100,000

II　資本金等の額の計算に関する明細書

区　　分		期首現在 資本金等の額 ①	当期の増減		差引翌期首現在 資本金等の額 ①−②+③
			減 ②	増 ③	④
資本金又は出資金	32	円	円	円	円
資　本　準　備　金	33				
	34				
	35				
差　引　合　計　額	36				

45

⑤ **欠損金又は災害損失金の損金算入等に関する明細書**

事業年度	令和 2・4・1 令和 3・3・31	法人名	学校法人　東京会第一学園

控除前所得金額 (別表四「39の①」)−(別表七(二)「9」又は「21」)	1	円	所得金額控除限度額 (1) × $\frac{100}{100}$	2	円

事業年度	区　分	控除未済欠損金額 3	当期控除額 (当該事業年度の(3)と((2)−当該事業年度前の(4)の合計額))のうち少ない金額 4	翌期繰越額 ((3)−(4))又は(別表七(三)「15」) 5
・　・ ・　・	青色欠損・連結みなし欠損・災害損失	円	円	
・　・ ・　・	青色欠損・連結みなし欠損・災害損失			円
・　・ ・　・	青色欠損・連結みなし欠損・災害損失			
・　・ ・　・	青色欠損・連結みなし欠損・災害損失			
・　・ ・　・	青色欠損・連結みなし欠損・災害損失			
・　・ ・　・	青色欠損・連結みなし欠損・災害損失			
・　・ ・　・	青色欠損・連結みなし欠損・災害損失			
・　・ ・　・	青色欠損・連結みなし欠損・災害損失			
・　・ ・　・	青色欠損・連結みなし欠損・災害損失			
計			0	0

当期分	欠損金額(別表四「48の①」)	100,000	欠損金の繰戻し額	
	同上のうち 災害損失金			
	同上のうち 青色欠損金	100,000		100,000
	合計			100,000

災害により生じた損失の額の計算

災害の種類		災害のやんだ日 又はやむを得ない事情のやんだ日	・　・
災害を受けた資産の別		棚卸資産 ①	固定資産 (固定資産に準ずる繰延資産を含む。) ②	計 ① + ② ③

			①	②	③
当期の欠損金額 (別表四「48の①」)	6				円
災害により生じた損失の額	資産の滅失等により生じた損失の額	7	円	円	
	被害資産の原状回復のための費用等に係る損失の額	8			
	被害の拡大又は発生の防止のための費用に係る損失の額	9			
	計 (7) + (8) + (9)	10			
保険金又は損害賠償金等の額	11				
差引災害により生じた損失の額 (10) − (11)	12				
同上のうち所得税額の還付又は欠損金の繰戻しの対象となる災害損失金額	13				
中間申告における災害損失欠損金の繰戻し額	14				
繰戻しの対象となる災害損失欠損金額 ((6の③)と((13の③)−(14の③)))のうち少ない金額	15				
繰越控除の対象となる損失の額 ((6の③)と((12の③)−(14の③)))のうち少ない金額	16				

③ 寄附金の損金算入に関する明細書

事業年度	令和 2・4・1 令和 3・3・31	法人名	学校法人　東京会第一学園

公益法人等以外の法人の場合

一般寄附金の損金算入限度額の計算	支出した寄附金の額	指定寄附金等の金額 (41の計)	1	円
		特定公益増進法人等に対する寄附金額 (42の計)	2	
		その他の寄附金額	3	
		計 (1)+(2)+(3)	4	
		完全支配関係がある法人に対する寄附金額	5	
		計 (4)+(5)	6	
	所得金額仮計 (別表四「25の①」+「26の①」)		7	
	寄附金支出前所得金額 (6)+(7) (マイナスの場合は0)		8	
	同上の $\frac{2.5}{100}$ 相当額		9	
	期末の資本金等の額 (別表五(一)「36の④」) (マイナスの場合は0)		10	
	同上の月数換算額 (10)×$\frac{12}{12}$		11	
	同上の $\frac{2.5}{1,000}$ 相当額		12	
	一般寄附金の損金算入限度額 ((9)+(12))×$\frac{1}{4}$		13	
特定公益増進法人等に対する寄附金の特別損金算入限度額の計算	寄附金支出前所得金額の $\frac{6.25}{100}$ 相当額 (8)×$\frac{6.25}{100}$		14	
	期末の資本金等の額の月数換算額の $\frac{3.75}{1,000}$ 相当額 (11)×$\frac{3.75}{1,000}$		15	
	特定公益増進法人等に対する寄附金の特別損金算入限度額 ((14)+(15))×$\frac{1}{2}$		16	
	特定公益増進法人等に対する寄附金の損金算入額 ((2)と((14)又は(16))のうち少ない金額)		17	
	指定寄附金等の金額 (1)		18	
	国外関連者に対する寄附金額及び本店等に対する内部寄附金額		19	
損金不算入額	(4)の寄附金額のうち同上の寄附金以外の寄附金額 (4)-(19)		20	
	同上のうち損金の額に算入されない金額 (20)-((9)又は(13))-(17)-(18)		21	
	国外関連者に対する寄附金額及び本店等に対する内部寄附金額 (19)		22	
	完全支配関係がある法人に対する寄附金額 (5)		23	
	計 (21)+(22)+(23)		24	

公益法人等の場合

損金算入限度額の計算	支出した寄附金の額	長期給付事業への繰入利子額	25	円
		同上以外のみなし寄附金額	26	800,000
		その他の寄附金額	27	
		計 (25)+(26)+(27)	28	800,000
	所得金額仮計 (別表四「25の①」)		29	△100,000
	寄附金支出前所得金額 (28)+(29) (マイナスの場合は0)		30	700,000
	同上の $\frac{50}{100}$ 相当額 [$\frac{50}{100}$ 相当額が年200万円に満たない場合 (当該法人が公益社団法人又は公益財団法人である場合を除く。)は、年200万円]		31	2,000,000
	公益社団法人又は公益財団法人の公益法人特別限度額 (別表十四(二)付表「3」)		32	
	長期給付事業を行う共済組合等の損金算入限度額 ((25)の懸賞者額の年5.5%相当額のうち少ない金額)		33	
	損金算入限度額 (31)、((31)と(32)のうち多い金額)又は((31)と(33)のうち多い金額)		34	2,000,000
	指定寄附金等の金額 (41の計)		35	
	国外関連者に対する寄附金額及び完全支配関係がある法人に対する寄附金額		36	
損金不算入額	(28)の寄附金額のうち同上の寄附金以外の寄附金額 (28)-(36)		37	800,000
	同上のうち損金の額に算入されない金額 (37)-(34)-(35)		38	0
	国外関連者に対する寄附金額及び完全支配関係がある法人に対する寄附金額 (36)		39	
	計 (38)+(39)		40	

指定寄附金等に関する明細

寄附した日	寄附先	告示番号	寄附金の使途	寄附金額 41
・・				円
・・				
・・				
			計	

特定公益増進法人若しくは認定特定非営利活動法人等に対する寄附金又は認定特定公益信託に対する支出金の明細

寄附した日又は支出した日	寄附先又は受託者	所在地	寄附金の使途又は認定特定公益信託の名称	寄附金額又は支出金額 42
・・				円
・・				
・・				
		計		

その他の寄附金のうち特定公益信託(認定特定公益信託を除く。)に対する支出金の明細

支出した日	受託者	所在地	特定公益信託の名称	支出金額
				円

① 旧定額法又は定額法による減価償却資産の償却額の計算に関する明細書							

事業年度又は連結事業年度	令和 2・4・1　令和 3・3・31	法人名	学校法人　東京会第一学園（　　　）

資産区分	種類	1	器具及び備品					合計
	構造	2						
	細目	3	陳列棚					
	取得年月日	4	平31・4・1	・・	・・	・・	・・	・・
	事業の用に供した年月	5	平31年 4月	年 月	年 月	年 月	年 月	年 月
	耐用年数	6	10 年	年	年	年	年	年
取得価額	取得価額又は製作価額	7	外 1,000,000 円	外 円	外 円	外 円	外 円	外 1,000,000 円
	圧縮記帳による積立金計上額	8						
	差引取得価額 (7)−(8)	9	1,000,000					1,000,000
帳簿価額	償却額計算の対象となる期末現在の帳簿記載金額	10	800,000					800,000
	期末現在の積立金の額	11						
	積立金の期中取崩額	12						
	差引帳簿記載金額 (10)−(11)−(12)	13	外△ 800,000	外△	外△	外△	外△ 800,000
	損金に計上した当期償却額	14	100,000					100,000
	前期から繰り越した償却超過額	15	外	外	外	外	外
	合計 (13)+(14)+(15)	16	900,000					900,000
当期分の普通償却限度額等	平成19年3月31日以前取得分	残存価額	17					
		差引取得価額×5% (9)×5/100	18					
		(16)>(18) の場合	旧定額法の償却額計算の基礎となる金額 (9)−(17)	19				
			旧定額法の償却率	20				
			算出償却額 (19)×(20)	21	円	円	円	円	円
			増加償却額 (21)×割増率	22	( )	( )	( )	( )	( )
			計 (21)+(22)又は((16)−(18))	23					
		(16)≦(18) の場合	算出償却額 ((18)−1円)×12/60	24				
	平成19年4月1日以後取得分	定額法の償却額計算の基礎となる金額 (9)	25	1,000,000				1,000,000
		定額法の償却率	26	0.100				
		算出償却額 (25)×(26)	27	100,000 円	円	円	円	100,000 円
		増加償却額 (27)×割増率	28	( )	( )	( )	( )	( )
		計 (27)+(28)	29	100,000				100,000
	当期分の普通償却限度額等 (23)、(24)又は(29)	30	100,000				100,000
当期分の償却限度額	特別償却限度額	租税特別措置法適用条項	31	条 項 ( )	条 項 ( )	条 項 ( )	条 項 ( )	条 項 ( )
		特別償却限度額	32	外 円	外 円	外 円	外 円	外 円
	前期から繰り越した特別償却不足額又は合併等特別償却不足額	33					
	合計 (30)+(32)+(33)	34	100,000				100,000
当期償却額	35	100,000				100,000
差引	償却不足額 (34)−(35)	36					
	償却超過額 (35)−(34)	37					
償却超過額	前期からの繰越額	38	外	外	外	外	外
	当期損金認容額	償却不足によるもの	39					
		積立金取崩しによるもの	40					
	差引合計翌期への繰越額 (37)+(38)−(40)	41					
特別償却不足額	翌期に繰り越すべき特別償却不足額 ((36)−(39))と((32)+(33))のうち少ない金額	42					
	当期において切り捨てる特別償却不足額又は合併等特別償却不足額	43					
	差引翌期への繰越額 (42)−(43)	44					
	翌期への繰越額の内訳	・・	45					
		当期分不足額	46					
適格組織再編成により引き継ぐべき合併等特別償却不足額 ((36)−(39))と(32)のうち少ない金額	47					

備考

26. 具体的な事例2（私立学校法上の収益事業は行っていないが、法人税法上の収益事業を行っている場合）

> **Q** 私立学校法上の収益事業は行っていませんが、法人税法上の収益事業を行っている学校法人です。次の前提条件、資料のような場合の法人税申告書はどのようになりますか。

A 学校法人東京会第二学園（以下「第二学園」という。）の令和2年4月1日から令和3年3月31日までの当期における取引等の状況は次の【資料】のとおりです。

【前提条件】

1. 会計帳簿による経理は、全て消費税及び地方消費税込みの金額により処理している。

2. 住民税については、所得金額の90%以上を教育事業に充てており、法人税割及び均等割とも非課税になっている。

3. 確定申告により納付すべき法人税額・住民税額・事業税額・地方法人特別税額・地方法人税額（以下、法人税額等）の計算に当たって、適用される計算方法が2以上ある事項については、当期の納付すべき法人税額等が最も少なくなる計算方法を用いるものとする。

4. 前期（平成31年4月1日から令和2年3月31日までの事業年度）以前からの青色欠損金額の繰越はない。なお、前期において課税所得は発生していない。

5. 毎期継続して青色申告書を提出している。

【資料】

1. 第二学園の当事業年度の事業活動収支計算書（一部抜粋）は次のとおりである。なお、予算及び差異については、記載を省略している。

事業活動収支計算書（一部抜粋 税額計算前）

自令和2年4月1日　至令和3年3月31日

（単位：円）

		科目	決算
教育活動収支	事業活動収入の部	学生生徒等納付金	2,276,622,207
		授業料	1,177,370,263
		入学金	293,450,000
		実験実習料	47,266,667
		施設設備資金	161,143,317
		教育充実費	432,129,000
		維持費	165,262,960
		手数料	66,320,092
		入学検定料	60,927,000
		試験料	576,000
		証明手数料	4,817,092
		寄付金	66,553,437
		特別寄付金	55,120,000
		一般寄付金	11,433,437
		経常費等補助金	1,041,275,713
		国庫補助金	91,274,000
		地方公共団体補助金	949,623,000
		結核予防補助金	378,713
		付随事業収入	279,961,604
		補助活動収入	259,489,504
		受託事業収入	15,232,000
		預り保育料	1,971,800
		免許状更新講習料	3,268,300
		雑収入	64,223,551
		施設設備利用料	50,549,715
		私大退職金財団交付金収入	3,500,000
		その他の雑収入	10,173,836
		教育活動収入計	3,794,956,604

科目	決算
人件費	2,339,933,063
教員人件費	1,869,056,609
職員人件費	464,162,704
役員報酬	2,713,750
退職給与引当金繰入額	4,000,000
教育研究経費	904,906,634
消耗品費	29,450,785
光熱水費	72,901,250
車両燃料費	34,663,310
旅費交通費	3,368,883
奨学費	118,790,800
福利費	6,975,667
通信費	6,221,383
印刷製本費	8,942,134
研究費	14,463,552
修繕費	89,223,027
損害保険料	6,050,299
賃借料	41,714,735
諸会費	1,802,177
会議費	328,185
報酬委託手数料	80,785,040
減価償却額	388,269,861
雑費	955,546
管理経費	445,651,504
消耗品費	11,578,854
光熱水費	20,125,320
旅費交通費	7,223,551
福利費	4,974,740
通信費	6,096,127
印刷製本費	15,561,630
修繕費	10,302,603
損害保険料	1,469,141

事業活動支出の部

		科目	決算
		賃借料	2,859,545
		公租公課	8,731,100
		諸会費	3,304,430
		会議費	287,085
		報酬委託手数料	29,337,050
		広報費	21,952,503
		減価償却額	50,625,301
		補助活動収入原価	250,942,524
		雑費	223,000
		寄付金	57,000
		教育活動支出計	3,690,491,201
	教育活動収支差額		104,465,403
教育活動外収支	事業活動収入の部	科目	決算
		受取利息・配当金	2,319,698
		その他の受取利息・配当金	2,319,698
		その他の教育活動外収入	0
		教育活動外収入計	2,319,698
	事業活動支出の部	科目	決算
		借入金等利息	0
		その他の教育活動外支出	0
		教育活動外支出計	0
	教育活動外収支差額		2,319,698
	経常収支差額		106,785,101
特別収支	事業活動収入の部	科目	決算
		資産売却差額	420,000
		車両売却差額	420,000
		その他の特別収入	0
		特別収入計	420,000
	事業活動支出の部	科目	決算
		資産処分差額	0
		その他の特別支出	0
		特別支出計	0
	特別収支差額		420,000

(以下省略)

2．事業活動収支計算書（一部抜粋）のうち収益事業の判定上必要となる事項は次のとおりである。

(1) 教育活動収支　事業活動収入の部

① 「預り保育料」は全額在園児に関する保育料である。

② 「補助活動収入」の内訳は以下のとおりである。

内容	金額 (円)	収益事業の判定
制服、文房具などの販売による収入	159,694,481	物品販売業（法令5①一、法基通15-1-10(2)(3)(4)）に該当する。
教科書の販売による収入	4,411,975	収益事業に該当しない（法基通15-1-10(2)）。
参考書、問題集（授業で教材として使用）の販売による収入	18,661,718	収益事業に該当しない（法基通15-1-10(2)）。
学校給食法の規定に基づいて行う学校給食事業による収入	14,142,060	収益事業に該当しない（法基通15-1-43）。
学生生徒等を宿泊させるための寄宿舎経営による収入	47,432,700	収益事業に該当しない（法基通15-1-41）。
保険事務手数料の収入	4,646,570	請負業（法令5①十、法基通15-1-45）に該当する。
夏期集中公開講座による収入（学生向けの課外夏季講習）	10,500,000	技芸教授業（法令5①三十）に該当する。参考：（法基通15-1-67の2）
合計	259,489,504	

③ 「受託事業収入」は、大学が他の者の委託を受けて行う研究に係るものであり、当該研究に係る契約において当該研究の全部又は一部が第二学園に帰属する旨が定められているものであるため、収益事業に該当しない（法令5①十二）。

④ 「施設設備利用料」は、全額席貸業（法令5①十四）による収入に該当する。

⑤ 「その他の雑収入」のうち、2,905,536円は請負業（法令5①十）に該当する手数料の収受によるものである。これ以外は収益事業に該当しない。

(2) **教育活動収支　事業活動支出の部**

① 「職員人件費」の収益事業への配賦は、対象補助金控除後の人件費実質負担額に収益事業収入比（簡便的に当該比率を採用する。）を乗ずることにより算定する。

② 「管理経費」の収益事業への配賦は、以下のとおり算定する。

ア．「消耗品費」、「光熱水費」、「旅費交通費」、「通信費」、「印刷製本費」、「修繕費」、「損害保険料」、「賃借料」は、決算額の各費目に対象補助金控除後の経費実質負担率と収益事業収入比を乗ずることにより算定する。

イ．「公租公課」のうち、消費税額は収益事業収入と課税売上高との比率で按分した金額を収益事業へ配賦する。

ウ．「会議費」は、対象補助金がないため、決算額に収益事業収入比を乗ずることにより算定する。

エ．「報酬委託手数料」は、決算額に経費実質負担率と収益事業収入比を乗ずることにより算定する。

オ．「減価償却額」は使用面積割合により算定する。

カ．「補助活動収入原価」は、収益事業部分を個別抽出する。

3．収益事業損益計算書（税額計算前）

自　令和2年4月1日
至　令和3年3月31日

（単位：円）

1．売上高		225,390,766
2．売上原価		
(1)期首商品棚卸高	202,085	
(2)当期仕入高	164,520,113	
計	164,722,198	
(3)期末商品棚卸高	146,245	164,575,953
売上総利益		60,814,813
3．販売費及び一般管理費		64,888,800
営業利益又は営業損失（△）		△4,073,987
4．営業外収益		2,905,536
雑収入		2,905,536
経常利益又は経常損失（△）		△1,168,451
当期利益又は当期損失（△）		△1,168,451

4．販売費及び一般管理費の明細（税額計算前）

科目	金額（円）	摘要
給料手当	9,589,655	
消耗品費	578,915	
光熱水費	1,006,217	
旅費交通費	361,160	
通信費	304,792	
印刷製本費	778,044	
修繕費	515,105	
損害保険料	73,454	
賃借料	142,970	
公租公課	7,011,138	
会議費	17,258	
報酬委託手数料	1,466,782	
減価償却額	3,043,310	
学校会計繰入金	40,000,000	※1
合計	64,888,800	

※1　収益事業から非収益事業に支出した金額

法人都民税の課税・非課税の判定票

法 人 名	学校法人　東京会第二学園
事業年度	令和2年　4月　1日から 令和3年　3月　31日まで

収益事業から生じた所得金額の計算	加算欄	法人税の課税標準となる所得金額 （法人税明細書別表四（48）「所得金額又は欠損金額」欄）	1	19,415,775
		収益事業から収益事業以外の事業に支出した金額	2	40,000,000
		受取配当金で益金とされなかった金額	3	0
		還付法人税額等	4	0
			5	
			6	
			7	
		加算欄計（2＋3＋4＋5＋6＋7）	8	40,000,000
	減算欄	寄附金の損金算入限度超過額	9	20,584,226
		法人税明細書別表四において損金不算入とした法人税額	10	0
		法人税明細書別表四において損金不算入とした附帯税額	11	0
			12	
			13	
			14	
		減算欄計（9＋10＋11＋12＋13＋14）	15	20,584,226
		収益事業から生じた所得金額（1＋8－15）	16	38,831,549
課非の判定		$(16) \times \dfrac{90}{100}$	17	34,948,394
		当期中において収益事業から収益事業以外の事業に支出した金額	18	40,000,000
		(18)の金額が(17)の金額　以上である場合…………非課税 未満である場合…………課　税		
添 付 書 類		1．決算書　　4．法人税明細書別表十四（二） 2．法人税申告書別表一　5． 3．法人税明細書別表四　6．		

この判定票は、申告書（第6号様式又は第6号様式（その2））に添付して提出してください。

都・法　20120-255

東京都の「法人都民税の課税・非課税の判定票」をもとに、加工して作成

収益・非収益区分表

科目	収益事業への配賦基準	決算額(A)	非収益(B)	収益(C)	共通分(D)	対象補助金(E)	実質的学園負担 金額 (D)−(E)=(F)	負担率 (F)/(D)*100=(G)	共通費の按分 非収益(H)	収益(I)
(収入)										
補助活動収入		259,489,504	84,648,453	174,841,051						
受託事業収入		15,232,000	15,232,000	0						
施設事業収入		50,549,715		50,549,715						
施設設備利用料		10,173,836	7,268,300	2,905,536						
その他の雑収入										
その他の収入		3,462,251,247	3,462,251,247	0						
収入合計		3,797,696,302	3,569,400,000	228,296,302	0		0	0	0	0
	収益事業収入比(J)			6.01%						
(支出)										
人件費										
職員人件費	対象補助金控除後の人件費実負担額に収益事業収入比を乗ずることにより算定(F)*(J)	464,162,704			464,162,704	304,639,321	159,523,383		454,573,049	9,589,655
管理経費	各費目に経費実負担率と収益事業収入比を乗ずることにより算定(D)*(J)	445,651,504			445,651,504	75,000,000	370,651,504	83.179%		
消耗品費	同上	11,578,854			11,578,854				10,999,939	578,915
光熱水費	同上	20,125,320			20,125,320				19,119,103	1,006,217
旅費交通費	同上	7,223,551			7,223,551				6,862,391	361,160
福利費		4,974,740	4,974,740		0					0
通信費	同上	6,096,127			6,096,127				5,791,335	304,792
印刷製本費	同上	15,561,630			15,561,630				14,783,586	778,044
修繕費	同上	10,302,603			10,302,603				9,787,498	515,105
損害保険料	同上	1,469,141			1,469,141				1,395,687	73,454
賃借料	同上	2,859,545			2,859,545				2,716,575	142,970
公租公課	消費税額は収益事業収入と課税売上高との比率で按分	8,731,100	1,719,962	7,011,138	0				0	0
諸会費		3,304,430	3,304,430		0				0	0
会議費	対象補助金がないため、決算額に収益事業収入比を乗ずることにより算定(D)*(J)	287,085			287,085				269,827	17,258
報酬委託手数料	各費目に経費実負担率と収益事業収入比を乗ずることにより算定(D)*(G)*(J)	29,337,050			29,337,050				27,870,268	1,466,782
広報費		21,952,503	21,952,503		0				0	0
減価償却額	使用面積割合	50,625,301	47,581,991	3,043,310	0				0	0
補助活動収入原価	個別抽出	250,942,524	86,366,571	164,575,953	0				0	0
雑費		223,000	223,000		0				0	0
寄附金		57,000	57,000		0				0	0
支出合計		909,814,208	166,180,197	174,630,401	569,003,610		530,174,887		554,169,258	14,834,352

(注) この表の計算は、あくまでも例であり、考え方の一つを示したものです。

FB0611

受付印	令和　年　月　日 税務署長殿	青色申告　一連番号

納税地　　電話（　　）　－

（フリガナ）ガッコウホウジントウキョウカイダイニガクエン

法人名　学校法人　東京会第二学園

法人番号

（フリガナ）

代表者記名押印

代表者住所

添付書類

法人区分

事業種目

同非区分　特定同族会社／同族会社／非同族会社

旧納税地及び旧法人名等

整理番号

事業年度（至）

売上金額

申告年月日

通信日付印　確認印　庁指定　局指定　指導等　区分

年月日

申告区分　中間　期限後　修正　中間　期限後　修正

平成・令和 02 年 04 月 01 日　事業年度分の法人税 確定 申告書

令和 03 年 03 月 31 日　課税事業年度分の地方法人税 確定 申告書

（中間申告の場合の計算期間　令和　年　月　日　令和　年　月　日）

翌年以降送付要否　否

適用額明細書提出の有無　有

税理士法第30条の書面提出有

税理士法第33条の2の書面提出有

項目	No.	金額
所得金額又は欠損金額（別表四「48の①」）	1	194,415,775
法人税額 (53)+(54)+(55)	2	33,668,850
法人税額の特別控除額（別表六(六)「4」）	3	
差引法人税額 (2)-(3)	4	33,668,850
	5	
課税土地譲渡利益金額	6	0 0 0
同上に対する税額 (22)+(23)+(24)	7	
課税留保金額（別表三(一)「4」）	8	0 0 0
同上に対する税額（別表三(一)「8」）	9	
法人税額計 (4)+(5)+(7)+(9)	10	33,668,850
	11	
仮装経理に基づく過大申告の更正に伴う控除法人税額	12	
控除税額	13	
差引所得に対する法人税額 (10)-(11)-(12)-(13)	14	33,668,800
中間申告分の法人税額	15	
差引確定／中間申告の場合はその法人税額（14）-（15）	16	33,668,800
所得の金額に対する法人税額 (4)+(5)+(7)+(10)の外書	33	33,668,850
	34	
課税標準法人税額 (33)+(34)	35	33,668,000
地方法人税額 (58)	36	3,469,04
課税留保金額に係る地方法人税額 (59)	37	
所得地方法人税額 (36)+(37)	38	3,469,04
	39	
税額控除額（別表六(二)「50」）	40	
仮装経理に基づく過大申告の更正に伴う控除地方法人税額	41	
差引地方法人税額 (38)-(39)-(40)-(41)	42	3,469,00
中間申告分の地方法人税額	43	
差引確定／中間申告の場合はその地方法人税額（42）-（43）	44	3,469,00

項目	No.	金額
所得税の額（別表六(一)「6の③」）	17	
外国税額（別表六(二)「20」）	18	
計 (17)+(18)	19	
控除した金額 (13)	20	
控除しきれなかった金額 (19)-(20)	21	
土地譲渡税額（別表三(二)「27」）	22	0
（別表三(二の二)「28」）	23	0
（別表三(三)「23」）	24	0 0
所得税額等の還付金額 (21)	25	
中間納付額 (15)-(14)	26	
欠損金の繰戻しによる還付請求金額	27	
計 (25)+(26)+(27)	28	
	29	
	30	
	31	
	32	
この申告による還付金額 (43)-(42)	45	
所得の金額に対する法人税額 (68)	46	
課税留保金額に対する法人税額 (69)	47	
課税標準法人税額 (70)	48	0 0 0
この申告が修正申告である場合の地方法人税額 (74)	49	0 0 0

剰余金・利益の配当（剰余金の分配）の金額

残余財産の最後の分配又は引渡しの日　令和　年　月　日　　決算確定の日　令和　年　月　日

還付を受けようとする金融機関等　　銀行／金庫・組合／農協・漁協　　本店・支店／出張所／本所・支所　　預金　　郵便局名等

口座番号　　ゆうちょ銀行の貯金記号番号　　－

※税務署処理欄

税理士署名押印

事業年度等	令和 2・4・1 令和 3・3・31	法人名	学校法人　東京会第二学園

法　人　税　額　の　計　算

(1)のうち中小法人等の年800万円相当額以下の金額 ((1)と800万円×$\frac{12}{12}$のうち少ない金額)	50	8,000,000	(50) の 15 ％ 相 当 額	53	1,200,000
(1)のうち特例税率の適用がある協同組合等の年10億円相当額を超える金額 (1)−10億円×$\frac{12}{12}$	51	000	(51) の 22 ％ 相 当 額	54	
そ の 他 の 所 得 金 額 (1)−(50)−(51)	52	11,415,000	(52) の 19 ％ 相 当 額	55	2,168,850

地　方　法　人　税　額　の　計　算

所得の金額に対する法人税額 (33)	56	3,368,000	(56) の 10.3 ％ 相 当 額	58	346,904
課 税 留 保 金 額 に 対 す る 法 人 税 額 (34)	57	000	(57) の 10.3 ％ 相 当 額	59	

こ の 申 告 が 修 正 申 告 で あ る 場 合 の 計 算

法人税額の計算	この申告前の	所 得 金 額 又 は 欠 損 金 額	60		地方法人税額の計算	この申告前の	所 得 の 金 額 に 対 す る 法 人 税 額	68	
		課 税 土 地 譲 渡 利 益 金 額	61				課 税 留 保 金 額 に 対 す る 法 人 税 額	69	
		課 税 留 保 金 額	62				課 税 標 準 法 人 税 額 (68) ＋ (69)	70	000
		法 人 税 額	63				確 定 地 方 法 人 税 額	71	
		還 付 金 額	64	外			中 間 還 付 額	72	
	この申告により納付すべき法人税額又は減少する還付請求税額 ((16)−(63))若しくは((16)＋(64))又は((64)−(28))	65	外 00			欠 損 金 の 繰 戻 し に よ る 還 付 金 額	73	
	この申告前の	欠 損 金 又 は 災 害 損 失 金 等 の 当 期 控 除 額	66			この申告により納付すべき地 方 法 人 税 額 ((44)−(71))若しくは((44)＋(72)＋(73))又は(((72)−(45))＋((73)−(45の外書)))	74	00
		翌 期 へ 繰 り 越 す 欠 損 金 又 は 災 害 損 失 金	67						

60

所得の金額の計算に関する明細書（簡易様式）

事業年度	令和 2・4・1 令和 3・3・31	法人名	学校法人 東京会第二学園

区　　　分		総　　額 ①	処　　　分		
			留　保 ②	社　外　流　出 ③	
当 期 利 益 又 は 当 期 欠 損 の 額	1	△1,168,451 円	△1,168,451 円	配当	円
				その他	
加	損金経理をした法人税及び地方法人税（附帯税を除く。）	2				
	損金経理をした道府県民税及び市町村民税	3				
	損 金 経 理 を し た 納 税 充 当 金	4				
	損金経理をした附帯税(利子税を除く。)、加算金、延滞金(延納分を除く。)及び過怠税	5			その他	
	減 価 償 却 の 償 却 超 過 額	6				
	役 員 給 与 の 損 金 不 算 入 額	7			その他	
	交 際 費 等 の 損 金 不 算 入 額	8			その他	
		9				
		10				
算	小　　　計	11	0	0		0
減	減 価 償 却 超 過 額 の 当 期 認 容 額	12				
	納税充当金から支出した事業税等の金額	13				
	受取配当等の益金不算入額（別表八(一)「13」又は「26」）	14			※	
	外国子会社から受ける剰余金の配当等の益金不算入額（別表八(二)「26」）	15			※	
	受 贈 益 の 益 金 不 算 入 額	16			※	
	適格現物分配に係る益金不算入額	17			※	
	法人税等の中間納付額及び過誤納に係る還付金額	18				
	所得税額等及び欠損金の繰戻しによる還付金額等	19			※	
		20				
算	小　　　計	21	0	0	外※	0
						0
仮　　計 (1)+(11)-(21)	22	△1,168,451	△1,168,451	外※	0
						0
関連者等に係る支払利子等又は対象純支払利子等の損金不算入額（別表十七（二の二）「29」又は別表十七（二の三）「34」）	23			その他	
超 過 利 子 額 の 損 金 算 入 額（別表十七(二の三)「10」）	24	△		※	△
仮　　計 ((22)から(24)までの計)	25	△1,168,451	△1,168,451	外※	0
						0
寄 附 金 の 損 金 不 算 入 額（別表十四(二)「24」又は「40」）	27	20,584,226		その他	20,584,226
法人税額から控除される所得税額（別表六(一)「6の③」）	29			その他	
税額控除の対象となる外国法人税の額（別表六(二の二)「7」）	30			その他	
分配時調整外国税相当額及び外国関係会社等に係る控除対象所得税額等相当額（別表六(五の二)「5の②」＋別表十七(三の十二)「1」）	31			その他	
計 (25)+(27)+(29)+(30)+(31)	34	19,415,775	△1,168,451	外※	0
						20,584,226
契 約 者 配 当 の 益 金 算 入 額（別表九(一)「13」）	35				
中間申告における繰戻しによる還付に係る災害損失欠損金額の益金算入額	37			※	
非適格合併又は残余財産の全部分配等による移転資産等の譲渡利益額又は譲渡損失額	38			※	
差　　引 (34)+(35)+(37)+(38)	39	19,415,775	△1,168,451	外※	0
						20,584,226
欠損金又は災害損失金等の当期控除額（別表七(一)「4の計」＋(別表七(三)「9」若しくは「21」又は別表七(四)「10」)	40	△		※	△
総　　計 (39)+(40)	41	19,415,775	△1,168,451	外※	0
						20,584,226
新鉱床探鉱費又は海外新鉱床探鉱費の特別控除額（別表十(三)「43」）	42	△		※	△
残余財産の確定の日の属する事業年度に係る事業税の損金算入額	47	△	△		
所 得 金 額 又 は 欠 損 金 額	48	19,415,775	△1,168,451	外※	0
						20,584,226

（簡）

利益積立金額及び資本金等の額の計算に関する明細書

事業年度	令和 2・4・1 令和 3・3・31	法人名	学校法人 東京会第二学園

I　利益積立金額の計算に関する明細書

区分		期首現在 利益積立金額 ①	当期の増減 減 ②	当期の増減 増 ③	差引翌期首現在 利益積立金額 ①-②+③ ④
利益準備金	1	円	円	円	円
積立金	2				
	3				
	4				
	5				
	6				
	7				
	8				
	9				
	10				
	11				
	12				
	13				
	14				
	15				
	16				
	17				
	18				
	19				
	20				
	21				
	22				
	23				
	24				
	25				
繰越損益金(損は赤)	26	3,207,468	3,207,468	2,039,017	2,039,017
納税充当金	27				
未納法人税等 (退職年金等積立金に対するものを除く。) 未納法人税及び未納地方法人税(附帯税を除く。)	28			中間 確定 △3,715,700	△3,715,700
未納道府県民税(均等割額を含む。)	29			中間 確定	
未納市町村民税(均等割額を含む。)	30			中間 確定	
差引合計額	31	3,207,468	3,207,468	△1,676,683	△1,676,683

II　資本金等の額の計算に関する明細書

区分		期首現在 資本金等の額 ①	当期の増減 減 ②	当期の増減 増 ③	差引翌期首現在 資本金等の額 ①-②+③ ④
資本金又は出資金	32	円	円	円	円
資本準備金	33				
	34				
	35				
差引合計額	36				

租税公課の納付状況等に関する明細書

| 事業年度 | 令和 2・4・1
令和 3・3・31 | 法人名 | 学校法人　東京会第二学園 |

別表五(二)　令二・四・一以後終了事業年度分

税目及び事業年度			① 期首現在未納税額	② 当期発生税額	当期中の納付税額			⑥ 期末現在未納税額 ①+②-③-④-⑤
					③ 充当金取崩しによる納付	④ 仮払経理による納付	⑤ 損金経理による納付	
法人税及び地方法人税		・　・	1	円		円	円	円	円
		・　・	2						
	当期分	中　間	3		円				
		確　定	4		3,715,700				3,715,700
		計	5	0	3,715,700	0	0	0	3,715,700
道府県民税		・　・	6						
		・　・	7						
	当期分	中　間	8						
		確　定	9						
		計	10	0	0	0	0	0	0
市町村民税		・　・	11						
		・　・	12						
	当期分	中　間	13						
		確　定	14						
		計	15	0	0	0	0	0	0
事業税		・　・	16						
		・　・	17						
	当期中間分		18						
		計	19	0	0	0	0		0
その他	損金算入のもの	利　子　税	20						
		延滞金（延納に係るもの）	21						
			22						
			23						
	損金不算入のもの	加算税及び加算金	24						
		延　滞　税	25						
		延滞金（延納分を除く。）	26						
		過　怠　税	27						
		源泉所得税等	28						
			29						

納税充当金の計算

期首納税充当金	30	円	取崩額 その他	損金算入のもの	36	円
繰入額	損金経理をした納税充当金	31			損金不算入のもの	37	
		32				38	
	計 (31)+(32)	33			仮払税金消却	39	
取崩額	法人税額等 (5の③)+(10の③)+(15の③)	34			計 (34)+(35)+(36)+(37)+(38)+(39)	40	
	事業税 (19の③)	35		期末納税充当金 (30)+(33)-(40)		41	

63

③ 寄附金の損金算入に関する明細書

事業年度	令和 2・4・1 令和 3・3・31	法人名	学校法人　東京会第二学園

公益法人等以外の法人の場合			公益法人等の場合		
一般寄附金の損金算入限度額の計算	支出した寄附金の額	指定寄附金等の金額 (41の計)	1	円	損金算入限度額の計算	支出した寄附金の額	長期給付事業への繰入利子額	25	円
		特定公益増進法人等に対する寄附金額 (42の計)	2			同上以外のみなし寄附金額	26	40,000,000
		その他の寄附金額	3			その他の寄附金額	27	
		計 (1)+(2)+(3)	4			計 (25)+(26)+(27)	28	40,000,000
		完全支配関係がある法人に対する寄附金額	5		所得金額仮計 (別表四「25の①」)	29	△1,168,451
		計 (4)+(5)	6		寄附金支出前所得金額 (28)+(29) (マイナスの場合は0)	30	38,831,549
	所得金額仮計 (別表四「25の①」+「26の①」)	7		同上の 50/100 相当額 (50/100 相当額が年200万円に満たない場合(当該法人が公益社団法人又は公益財団法人である場合を除く。)は、年200万円)	31	19,415,774
	寄附金支出前所得金額 (6)+(7) (マイナスの場合は0)	8		公益社団法人又は公益財団法人の公益法人特別限度額 (別表十四(二)付表「3」)	32	
	同上の 100/100 相当額	9		長期給付事業を行う共済組合等の損金算入限度額 (25)と融資額の年5.5%相当額のうち少ない金額	33	
	期末の資本金等の額 (別表五(一)「36の④」) (マイナスの場合は0)	10		損金算入限度額 (31)と(32)のうち多い金額)又は((31)と(33)のうち多い金額)	34	19,415,774
	同上の月数換算額 (10)× 12	11		指定寄附金等の金額 (41の計)	35	
	同上の 2.5/1,000 相当額	12		国外関連者に対する寄附金額及び完全支配関係がある法人に対する寄附金	36	
	一般寄附金の損金算入限度額 ((9)+(12))× 1/4	13		(28)の寄附金額のうち同上の寄附金以外の寄附金額 (28)-(35)	37	40,000,000
特定公益増進法人等に対する寄附金の特別損金算入限度額の計算	寄附金支出前所得金額の 6.25/100 相当額 (8)× 6.25/100	14		損金不算入額	同上のうち損金の額に算入されない金額 (37)-(34)-(35)	38	20,584,226
	期末の資本金等の額の月数換算額の 3.75/1,000 相当額 (11)× 3.75/1,000	15			国外関連者に対する寄附金額及び完全支配関係がある法人に対する寄附金 (36)	39	
	特定公益増進法人等に対する寄附金の特別損金算入限度額 ((14)+(15))× 1/2	16			計 (38)+(39)	40	20,584,226
	特定公益増進法人等に対する寄附金の損金算入額 ((2)と((14)又は(16))のうち少ない金額)	17					
	指定寄附金等の金額 (1)	18					
	国外関連者に対する寄附金額及び本店等に対する内部寄附金額	19					
	(4)の寄附金額のうち同上の寄附金以外の寄附金額 (4)-(19)	20					
損金不算入額	同上のうち損金の額に算入されない金額 (20)-((9)又は(13))-(17)-(18)	21					
	国外関連者に対する寄附金額及び本店等に対する内部寄附金額(19)	22					
	完全支配関係がある法人に対する寄附金額 (5)	23					
	計 (21)+(22)+(23)	24					

指定寄附金等に関する明細					
寄附した日	寄附先	告示番号	寄附金の使途	寄附金額 41	
・・				円
・・				
計				

特定公益増進法人若しくは認定特定非営利活動法人等に対する寄附金又は認定特定公益信託に対する支出金の明細

寄附した日又は支出した日	寄附先又は受託者	所在地	寄附金の使途又は認定特定公益信託の名称	寄附金額又は支出金額 42
・・				円
・・				
・・				
計				

その他の寄附金のうち特定公益信託(認定特定公益信託を除く。)に対する支出金の明細

支出した日	受託者	所在地	特定公益信託の名称	支出金額
・・				円

64

27. 所得税の税額控除

> **Q** 当学校法人では、収益事業の余裕資金を定期預金にしたところ、その利息について所得税の源泉徴収をされました。
>
> この受取利息については、収益事業の収益に含めておりますので、法人税の申告に当たり源泉所得税を法人税から控除して差し支えないでしょうか。

A 収益事業に区分経理された預金に係る受取利息の源泉所得税であっても、法人税額から控除することはできません。

――――― **解 説** ―――――

　所得税額控除の制度は、法人が利子及び配当等（所法174）の支払を受ける際に、利子については15.315％（所得税15％・復興特別所得税0.315％）、配当については20.315％（所得税15％・復興特別所得税0.315％・住民税 5 ％）の税率で徴収される所得税の額が法人税の前払いとされるところから、その額を納付すべき法人税の額から控除するというものです（法法68①）。

　しかしながら、公益法人等については、非営利型法人に該当する一般社団法人等を除き、所得税は課税されないこととされています（所法11①）ので、一般的には税額控除の規定も適用されないこととなります。

　ところで、本件のように学校法人が支払を受ける利子等に対して所得税が課税されたというのであれば、金融機関の間違いか、貴学校法人が公益法人等である旨の告知をしなかったかのいずれかと思われますので、源泉徴収された所得税相当額の利息の支払を別途金融機関に求めることとなりましょう。

第2部

所得税

28. 学校法人の源泉徴収義務

> Q 学校法人の源泉徴収義務について教えてください。

A 理事等の役員や職員等に給与を支払ったり、税理士などに報酬を支払ったりする場合には、その支払の都度支払金額に応じた所得税及び復興特別所得税を差し引き、差し引いた所得税及び復興所得税を原則として給与などを実際に支払った月の翌月の10日までに国に納めなければなりません。

この所得税及び復興特別所得税を差し引いて、国に納める義務のある者を源泉徴収義務者といいますが、学校法人も源泉徴収義務者となります。

解 説

学校法人の支出の中で源泉徴収義務が発生するものとしては以下の様なものがあります。

1．給与等

俸給、給料、賃金、歳費、賞与その他これらの性質を有するもの。現物給与や特に有利な条件での金銭の貸付等の経済的利益もこれに含まれます。

2．退職手当等

退職手当、一時恩給その他これらの性質を有するもの。

3．報酬・料金等

⑴ 原稿料、デザイン料、講演料、工業所有権の使用料等

試験問題の出題料又は各種答案の採点料は源泉徴収の対象外とされています（所基通204-6表6）。

⑵ 弁護士、公認会計士、税理士、社会保険労務士、不動産鑑定士等の報酬・料金

⑶ 司法書士、土地家屋調査士、海事代理士の報酬・料金

(1)、(2)は、同一人に対して一回に支払う金額が100万円以下の場合は支払額の10％、100万円を超える場合は超えた部分については20％を源泉徴収します。

(3)は、源泉徴収すべき所得税の額を、同一人に対し、1回に支払われる金額から1万円を差し引いた残額に10％の税率を乗じて算出します。

謝金、取材費、調査費、車代などの名目で支払をする場合でも、実態が原稿料や講演料と同じ場合は報酬・料金等として源泉徴収の対象となります。

旅費や宿泊費などの支払も原則的には報酬・料金等に含まれますが、通常必要な範囲の金額で、報酬・料金等の支払者が直接ホテルや旅行会社等に支払った場合は、報酬・料金等に含めなくてもよいとされています。

報酬・料金等の額の中に消費税及び地方消費税の額（以下「消費税等の額」という。）が含まれている場合は、原則として、消費税等の額を含めた金額を源泉徴収の対象としますが、請求書等において報酬・料金等の額と消費税等の額が明確に区分されている場合には、その報酬・料金等の額のみを源泉徴収の対象とする金額として差支えないとされています。

なお、平成25年1月1日から令和19年12月31日までの間に生ずる所得について源泉所得税を徴収する際には、復興特別所得税を併せて源泉徴収する必要があります（復興財源確保法28）。

源泉徴収すべき所得税及び復興特別所得税の額は、源泉徴収の対象となる支払金額等に対して合計税率（※）を乗じた額となります。

※合計税率の算式

合計税率（％）＝ 所得税率（％）× 102.1％

また、所得税及び復興特別所得税の端数精算は、所得税及び復興特別所得税の合計額によって行うこととされており、源泉徴収の対象となる支払金額等に対して合計税率を乗じた金額について、1円未満の端数を切り捨てた金額を源泉徴収します。

29. 学資に充てるために給付される金品等の取扱い

 Q 学資に充てるために給付される金品等の取扱いについて教えてください。

A 学資に充てるために給付される金品等の取扱いは、所法9①十五において、「学資に充てるため給付される金品（給与その他対価性の性質を有するものを除く。）及び扶養義務者相互間において扶養義務を履行するため給付される金品」は非課税所得と規定されています。

─── 解 説 ───

　まず、学資に充てるため給付される金品（以下「学資金」といいます。）については、給与その他対価の性質を有するものを除き、非課税とされています（所法9①十五）。ここで、国税庁質疑応答事例「従業員に貸与した奨学金の返済を免除した場合の経済的利益」によれば、学資金とは、一般に、学術又は技芸を習得するための資金として父兄その他の者から受けるもので、かつ、その目的に使用されるものをいうものとされています。そして学資金には、金品として給付される場合だけでなく、金銭を貸与し、その後に一定の条件によりその返済を免除する場合の経済的利益も含むものとされています。また、「給与その他対価の性質を有するもの」については非課税とされる学資金から除かれますが、給与所得者がその使用者から受ける学資金であっても、その学資金が通常の給与に加算して給付されるものであって、法人の役員や使用人の親族等の一定の者の学資に充てるもの以外のものであれば、「給与その他対価の性質を有するもの」に該当しないものとして、非課税とされています（所基通9-16）。

　次に、扶養義務者相互間において教育費に充てるために支出した金品のうち通常必要と認められるものについては、課税対象となりません。

　「扶養義務者」とは、次の者をいいます。

① 配偶者

② 直系血族及び兄弟姉妹

③ 家庭裁判所の審判を受けて扶養義務者となった三親等内の親族

④ 三親等内の親族で生計を一にする者

「通常必要と認められる教育費」とは、被扶養者の教育上通常必要と認められる学資、教材費、文具費、通学のための交通費、学級費、修学旅行参加費等をいい、義務教育に係る費用に限りません。

なお、個人から受ける入学祝等の金品は、社交上の必要によるもので贈与をした者と贈与を受けた者との関係等に照らして社会通念上相当と認められるものについては、課税対象となりません。

「教育資金の一括贈与」については、別途、「直系尊属から教育資金の一括贈与を受けた場合の贈与税の非課税（措法70の2の2）」が設けられています。

30. 教職員の子弟に支給する学資金の取扱い

> **Q** 当校では、教職員に修学中の子弟がある場合、その子弟に対して、その在学の程度に応じ、毎月、大学30,000円、高校20,000円、中学10,000円を学資金として支給しています。当該学資金は直接教職員の子弟に支給しています。この場合、非課税として取り扱えますか。

A 当該学資金は、所得税法上、非課税とされる「学資に充てるために給付される金品」には該当しないため、当該教職員に対する給与等として源泉徴収が必要となります。

●────────── **解　説** ──────────●

当該学資金は、支給を受ける子弟の父兄等が学校の教職員として勤務していることにより（雇用等関係にあることに起因して）支払われるものであり、家族手当の一種と認められます。したがって、支給を受ける人の名義が教職

員であるか、その子弟であるかを問わず、「学資に充てるため給付される金品」
には該当しません。その教職員に対する給与等として所定の源泉徴収が必要
となります（所法9①十五、所基通9-15）。

31. 教職員の子弟が入学した際の納付金減免額の取扱い

Q 当校では、当校に勤務する教職員の子弟が入学した場合、入学金500,000円について100％相当額を、授業料1,000,000円について50％相当額を免除することとしています。この場合の免除による経済的利益については、学資金として非課税として取り扱ってよいでしょうか。

A 所得税法上は学資に充てるために給付される金品には該当しませんので、非課税とはされません。

解　説

　学校が、教職員の子弟に係る授業料の額の一部を免除することにより、その教職員が受ける経済的利益については、教職員である（使用人である）ことを理由として免除するものであるので、給与の性質を有すると認められますので、その教職員に対する給与等として源泉徴収が必要になります。

　なお、学校が広く一般に奨学生を公募した結果、たまたまその支給を受けられる者の中に教職員等の子弟が含まれている場合には、役務の対価性がありませんので、本来の学資金として非課税とされます。

　納付金の減免等について学校法人会計上は、学校法人委員会報告第30号「授業料等の減免に関する会計処理及び監査上の取扱いについて」（昭和58.3.28、日本公認会計士協会）が公表され、これによれば、「授業料の減免を行った場合には、減免額控除前の金額を学生生徒等納付金収入に計上し、減免額は減免の理由に応じ教育研究経費（例えば「奨学費支出」）、ないし人件費支出として計上するものとする。」としています。当該報告によれば会

計上は人件費として計上することになります。

32. 学校医に支払う報酬の源泉徴収

Q 当校は学校医として開業医Xと契約を締結しています。Xの業務は次のとおりですが、Xに支払う報酬は源泉徴収する必要があるでしょうか。

① 当校が保健室を設置したうえ、Xが指示した診察器等を用意する。

② Xは年に一度全校生徒を対象として健康診断を行うほか、毎月第1水曜日の午後1時から午後4時まで診察を行う。

③ Xの報酬は月間50,000円とし、自宅から学校までの交通費を支給している。

A このケースでは、学校が保健室の設置や診察器等を用意し健康診断や日時を定めた定期的な診察が行われています。また、Xの出勤日と勤務時間はあらかじめ定められており、毎月一定額を報酬として支払っています。これらのことから当該契約は雇用契約に類する契約と判断できるため、Xに支払う報酬は、給与所得として源泉徴収する必要があります。

—————————————— **解　説** ——————————————

　学校医に支払われる報酬が事業所得になるか給与所得になるかは学校医として契約した者が開業医であるか勤務医であるかには関係せず、学校医としての業務内容を個別に検討して判断することになります。

　一般的に、事業所得とは、自己の計算と危険において独立して営まれ、営利性及び有償性を有し、かつ反復継続して遂行する意思と社会的地位とが客観的に認められる業務から生じる所得をいうものとされています。これに対して、給与所得は、雇用契約又はこれに類する原因に基づいて使用者の指揮命令に服して提供した労務の対価として使用者から受ける給付をいうもの

解されています。

33. 非居住者である扶養親族・配偶者に適用できる所得控除

> **Q** 学校法人の教職員の扶養親族や配偶者が、外国に居住している場合、扶養控除や配偶者控除の適用を受けられますか。

A 納税者が居住者である場合には、扶養親族や配偶者が、外国に居住している場合でも扶養控除や配偶者控除の適用を受けられる場合があります。

──────── **解 説** ────────

　所得税法では納税者が居住者か非居住者かによって受けられる所得控除の種類に違いがあり、居住者の場合は雑損控除、医療費控除、社会保険料控除、小規模企業共済等掛金控除、生命保険料控除、地震保険料控除、寄附金控除、障害者控除、寡婦（寡夫）控除、勤労学生控除、配偶者控除、配偶者特別控除、扶養控除、基礎控除が受けられますが（所法72〜79、所法81〜84、所法86）、非居住者の場合は雑損控除、寄附金控除、基礎控除のみが受けられる（所法165）ので、納税者が非居住者である場合は扶養控除や配偶者控除の適用を受けることはできません。したがって、以下では納税者が居住者である場合について説明します。

　扶養控除ですが、所得税法上、その納税者にとっての扶養親族とは、その年の12月31日（その納税者が年の中途で死亡し又は出国する場合には、その死亡又は出国の時）の現況で、次の全ての要件にあてはまる者をいいます（所法2①34）。

　①配偶者以外の親族（6親等内の血族及び3親等内の姻族）、都道府県知事から養育を委託された児童又は市町村長から養護を委託された老人であること。

②その納税者と生計を一にしていること。

③年間の合計所得額が38万円以下（令和2年分以降は48万円以下、給与のみの場合は給与収入が103万円以下）であること。

④青色申告者の事業専従者として、その年を通じて一度も給与の支払いを受けていないこと、又は白色申告者の事業専従者でないこと。

また、「生計を一にしていること」の意義について、所得税基本通達2-47において、必ずしも同一の家屋に起居していることをいうものではないとしており、勤務、修学、療養等の都合上他の親族と日常の起居を共にしていない親族がいる場合であっても、勤務、修学等の余暇には当該他の親族のもとで起居を共にすることを常例としている場合や、これらの親族間において、常に生活費、学資金、療養費等の送金が行われている場合には、これらの親族は生計を一にするものとするとしています。

ここで、扶養親族については、下表のように定義されており、納税者に所得税法上の控除対象扶養親族となる人がいる場合には、扶養控除として一定の所得控除が受けられます。

控除対象扶養親族	扶養親族のうち、その年12月31日現在の年齢が16歳以上の者
特定扶養親族	控除対象扶養親族のうち、その年12月31日現在の年齢が19歳以上23歳未満の者
老人扶養親族	控除対象扶養親族のうち、その年12月31日現在の年齢が70歳以上の者（そのうち同居老親等とは、老人扶養親族のうち、納税者又はその配偶者の直系の尊属で、納税者又はその配偶者と普段同居している者）

控除額は、扶養親族の年齢、同居の有無等により定められています（所法2①34の2～2①34の4）。

したがって、外国に住んでいる扶養親族についても上記控除対象扶養親族に該当する場合には扶養控除の適用を受けられます。

なお、令和2年度税制改正による国外居住親族に係る扶養控除等の見直しとして、令和5年分以後の所得税につき、留学生や障害者、送金関係書類において38万円以上の送金等が確認できる者を除く30歳以上70歳未満の成人について、扶養控除の対象にしないこととされました。

　次に配偶者控除についてですが、所得税法における配偶者（令和2年以降分）は、以下のように定められています（所法2①33～2①33の4）。

同一生計配偶者	居住者の配偶者でその居住者と生計を一にする者（青色事業専従者等を除く）のうち、合計所得金額が48万円以下である者
控除対象配偶者	同一生計配偶者のうち、合計所得金額が1,000万円以下である居住者の配偶者
老人控除対象配偶者	控除対象配偶者のうち、年齢70歳以上の者
源泉控除対象配偶者	居住者（合計所得金額が900万円以下である者に限る）の配偶者でその居住者と生計を一にする者（青色事業専従者等を除く。）のうち、合計所得金額が95万円以下である者

　ここで「生計を一にする」とは、必ずしも同居を要件とするものではないので、海外にいる配偶者も配偶者控除の対象となり得ます。

　なお、非居住者である親族（以下「国外居住親族」という。）に係る扶養控除、配偶者控除、配偶者特別控除又は障害者控除（以下、「扶養控除等」という。）の適用における書類の提出に関して、平成28年分から改正がありました。

　まず、所得税の確定申告において、国外居住親族に係る扶養控除、配偶者控除、配偶者特別控除又は障害者控除の適用を受ける場合は、親族関係書類[※1]及び送金関係書類[※2]を確定申告書に添付し、又は確定申告書の提出の際に提示しなければなりません。

　また、給与等又は公的年金等の源泉徴収及び給与等の年末調整において、国外居住親族に係る扶養控除等の適用を受ける居住者は、その国外居住親族に係る「親族関係書類」や「送金関係書類」を源泉徴収義務者に提出し、又は提示する必要があります。

（※1）　「親族関係書類」とは、次の①又は②のいずれかの書類（外国語で作成されている場合にはその翻訳文も必要です。）で、その国外居住親族がその納税者の親族であることを証するものをいいます。
　　　　①戸籍の附票の写しその他の国又は地方公共団体が発行した書類及びその国外居住親族の旅券の写し

②外国政府又は外国の地方公共団体が発行した書類（その国外居住親族の氏名、生年月日及び住所又は居所の記載があるものに限ります。）

（※2）「送金関係書類」とは、その年における次の①又は②の書類（外国語で作成されている場合にはその翻訳文も必要です。）で、その国外居住親族の生活費又は教育費に充てるための支払いを、必要の都度、各人に行ったことを明らかにするものをいいます（所法120③、所令262、所規47の2）。

①金融機関の書類又はその写しで、その金融機関が行う為替取引によりその納税者からその国外居住親族に支払いをしたことを明らかにする書類

②いわゆるクレジットカード発行会社の書類又はその写しで、そのクレジットカード発行会社が交付したカードを提示してその国外居住親族が商品等を購入したこと等及びその商品等の購入等の代金に相当する額をその納税者から受領したことを明らかにする書類

34. 非居住者に支給する通勤手当の取扱い

 所得税法上、通勤手当の取扱いについて居住者・非居住者とで違いがありますか。

A 所得税法上、給与所得を有する者の通勤手当の取扱いについて、居住者・非居住者とで違いはないと考えられます。

———————— 解　説 ————————

　所得税法上、給与所得を有する者で通勤するものがその通勤に必要な交通機関の利用又は交通用具の使用のために支出する費用に充てるものとして通常の給与に加算して受ける通勤手当（これに類するものを含む。）のうち、一般の通勤者につき通常必要であると認められる部分として政令で定めるものについては所得税を課さないとしています。

　給与所得の意義については所得税法第28条に定められており、通勤手当の一定限度について非課税扱いを受ける者は原則として給与所得を有する居住者と解されますが、非居住者の国内源泉所得について定めた所得税法第161条第1項第十二号イにいう給与は内容的に所得税法第28条にいう給与等と同じであることから、給与所得を有する非居住者の通勤手当についても給与所

得を有する居住者に準じて取り扱って差し支えないものと考えられます。

35. 大学教員に支給する研究費等の取扱い

Q 大学の教授等に支給する研究費等に関する所得税法上の取扱いについて、教えてください。

A 大学に勤務する教授、准教授、講師、助手等（以下これらを「教授等」という）が当該大学から支給を受ける研究費、出版助成金、表彰金等に対する所得税の課税に関しては、次のとおり取り扱うこととなっています。

項目	所得税の課税の取扱い
①個人研究費等の名目で、年額又は月額で支給され渡切のもの	教授等の給与所得とする
②大学から与えられた研究題目等の研究のために必要な金額としてあらかじめ支給される研究奨励金のようなもの	教授等の給与所得とする
③教授等がその研究成果を自費出版する場合の大学から支給を受ける出版助成金等	出版の実態に応じ、当該教授の雑所得又は事業所得の収入金額とする
④学術上の研究に特に成果を上げた教授等を表彰するものとして大学から支給する表彰金等	当該教授等の一時所得とする

●────── **解　説** ──────●

① 　個人研究費、特別研究費、研究雑費又は研究費補助等の名目で、教授等の地位又は資格等に応じ、年額又は月額により支給されるものについては、その教授等の給与所得として取り扱われることとなっています。ただし、大学が当該教授等からその費途の明細を徴し、かつ、購入した物品が全て大学に帰属するものである等、大学が直接支出すべきであったものを当該教授等を通じて支出したものと認められる場合には課税さ

れないこととなっています。なお、「大学が直接支出すべきであったもの」
となっていることから、当該物品である図書や備品の管理は、当然、学
校が行っていることが必要です。

② 大学から与えられた研究題目又は当該教授等の選択による研究題目の
研究のために必要な金額としてあらかじめ支給される研究奨励金のよう
なものについても、上記と同様の取扱いとなります。

③ 教授等がその研究の成果を自費出版しようとする場合に、大学から支
給を受ける出版助成金等については、当該出版の実態に応じ、当該教授
等の雑所得又は事業所得として取り扱われることとなっています。

④ 学術上の研究に特に成果を挙げた教授等又は教育実践上特に功績のあ
った教授等を表彰するものとして大学から支給される表彰金等は、その
教授の一時所得として取り扱われます。ただし、当該表彰は、外部にお
いて表彰される場合であって、学内審査等によって表彰される場合には、
給与所得になるものと考えられます。

参考：所得税個別通達（直所2-59　昭和33年8月20日）

36. 米国の大学教授に支払う講演料

> **Q** 当校では、2週間の予定で来日した米国の著名なA博士（米国の
> B大学教授）に講演を依頼し、講演料を支払うこととしました。
> 　A博士は、B大学とは関係なく個人の資格で来日したものですが、こ
> の場合、当校が講演料を支払うときには、所得税を源泉徴収しなければ
> ならないでしょうか。また、A博士に対しては、講演料として支払う金
> 額のほか、渡航に要する往復の航空運賃、日本に滞在中の宿泊費、食費
> を負担することになりますが、このような場合には、講演料として支払
> う金額だけについて所得税を源泉徴収すればよいのでしょうか。
> 　なお、A博士は、日本国内に恒久的施設を有しません。

A 人的役務の提供に対する報酬には、講演料のほか渡航に要する往復の航空運賃、日本に滞在中の宿泊費、食費も含まれると解されますから、これらの費用を含めた報酬の総額について、原則として所得税を源泉徴収することとなります。ただし、A博士は、個人の資格で来日しており、日本での講演は独立の資格で行う人的役務の提供と考えられますので、自由職業者に関する規定が適用されることとなります。そして、自由職業者であるA博士は米国の居住者であるため、日米租税条約が国内法に優先して適用されるので、源泉徴収の対象となる所得の最初に支払を受ける日の前日までに貴校の納税地の所轄税務署に租税条約に関する届出書を提出することで貴校の源泉徴収義務は免除されます。

解　説

原則的取扱い

　A博士（非居住者）は、個人の資格で来日しており、日本での講演は独立の資格で行う人的役務の提供と考えられますので、給与その他人的役務の提供に対する報酬に関する規定（所法161①十二イ）が適用されることとなります。そして、A博士に対し、日本において行った人的役務の提供に基づく報酬を支払うときであっても居住者への支払いと同様に、その支払いの際、支払金額の20.42％に相当する所得税を源泉徴収しなければならないことになっています。ここで、人的役務の提供に対する報酬の支払者が、当該人的役務を提供する者の当該役務を提供するために要する往復の旅費、国内滞在費等の費用を負担する場合には、その負担する費用も当該対価又は報酬に含まれると解されますから（所基通161-19）、これらの費用を含めた報酬の総額について、原則として所得税を源泉徴収することとなります。ただし、これらの費用のうち、報酬の支払者が航空会社等から購入したチケットを渡すとか、報酬の支払者がホテルからの請求に基づいてホテル代を直接ホテルに支払うというように航空会社等に直接支払った運賃又はホテル、旅館等に直接支払った宿泊費、食費で通常必要であると認められる範囲内のものである

ときは、当該金銭等については課税しなくて差し支えないことになっています（所基通161-19）。したがって、貴校もこのような形で負担すれば、講演料として送金する金額だけについて20.42％に相当する所得税を源泉徴収することになります。

租税条約に関する届出書を提出する場合

A博士は米国の居住者であるため、日米租税条約における自由職業者に関する規定が適用されれば、租税条約の国内法に対する優位性から、貴校の源泉徴収義務が免除されることが考えられます。この点、日米租税条約では、芸能人又は運動家以外の自由職業者について直接規定していませんが、同条約にいう「者」には法人のほか個人も含まれ（日米租税条約第3条第1項(e)）、また、「企業」はあらゆる事業の遂行について用いられますので（日米租税条約第3条第1項(g)）、芸能人又は運動家以外の自由職業者に係る所得については同条約第7条「事業所得」が適用されることになります。同条約第7条では、米国の企業は日本国内にある恒久的施設を通じて日本国内で事業を行わない限り国内源泉所得には該当せず、米国においてのみ課税することとしています。したがって、照会の場合には、原則として源泉徴収の対象となる所得の最初に支払を受ける日の前日までに、その所得の支払を受ける所得者（A博士）がその支払者（貴校）を経由して、支払者（貴校）の納税地の所轄税務署に租税条約に関する届出書を提出することで貴校の源泉徴収義務は免除されることとなります[※1]。

また、提出した届出書の内容に異動（変更）がある場合には、異動を生じた事項等を記載した届出書を、異動（変更）が生じた日以後最初に支払いを受ける日の前日までに提出することとなります。

ちなみに、条項の適用がある租税条約の規定に基づき所得税の軽減又は免除を受ける場合には、一定の例外を除き、原則として届出書に相手国の居住者証明書の添付が必要とされています。

そして支払者（貴校）は、提示を受けた居住者証明書の写しを作成し、こ

れを国内にある事務所、事業所その他これに準ずるものの所在地において提示の日から5年間保存する必要があります。

　なお、租税条約に関する届出書を提出しない場合には、たとえ租税条約の特例があるときでも源泉徴収の段階ではその特例は適用できないことになりますが、この届出書の提出は、単なる手続要件であり、租税条約の定める特例の適用を受けるための効力要件ではありませんので、後日この届出書を提出することにより納め過ぎとなった部分の税額の還付を受けることができます。

参考：国税庁質疑応答事例（源泉所得税）
　　　「米国の大学教授に支払う講演料」
（※1）　本件の租税条約に関する規定は、特典条項に該当しますので、「特典条項に関する付表（米）」を「租税条約に関する届出書」に添付して提出する必要があります。

租 税 条 約 に 関 す る 届 出 書

APPLICATION FORM FOR INCOME TAX CONVENTION

自由職業者・芸能人・運動家・短期滞在者の報酬・給与に対する所得税及び
復興特別所得税の免除
Relief from Japanese Income Tax and Special Income Tax for Reconstruction on
Income Earned by Professionals, Entertainers, Sportsmen, or Temporary Visitors

この届出書の記載に当たっては、別紙の注意事項を参照してください。
See separate instructions.

税務署受付印

_____税務署長殿
To the District Director, _____Tax Office

1 適用を受ける租税条約に関する事項；
 Applicable Income Tax Convention
 日本国と_____との間の租税条約第___条第___項___
 The Income Tax Convention between Japan and_____, Article____, para._____

2 報酬・給与の支払を受ける者に関する事項；
 Details of Recipient of Salary or Remuneration

氏　　　　　　名 Full name	
住　　　　　　所 Domicile	（電話番号 Telephone Number）
個 人 番 号 （ 有 す る 場 合 の み 記 入 ） Individual Number (Limited to case of a holder)	
日 本 国 内 に お け る 居 所 Residence in Japan	（電話番号 Telephone Number）
（国 籍 Nationality）　　（入国年月日 Date of Entry）　　（在留期間 Authorized Period of Stay）　　（在留資格 Status of Residence）	

下記「4」の報酬・給与につき居住者として課税される国及び納税地(注6) Country where the recipient is taxable as resident on Salary or Remuneration mentioned in 4 below and the place where he is to pay tax (Note6)	（納税者番号 Taxpayer Identification Number）

自由職業者、芸能人又は運動家の場合 （短期滞在者に該当する者を除く）；日本国内の恒久的施設又は固定的施設の状況 In case of Professionals, Entertainers or Sportsmen (other than Temporary Visitors) : Permanent establishment or fixed base in Japan □有(Yes)　，□無(No) If "Yes",explain:	名　　　称 Name	
	所 在 地 Address	（電話番号 Telephone Number）
	事業の内容 Details of Business	

短期滞在者の場合：以前に日本国に滞在したことの有無及び在留したことのある場合にはその入出国年月日等 In case of Temporary Visitors: Particulars on previous stay □有(Yes)　，□無(No) If "Yes",explain:	（以前の入国年月日） Date of Previous Entry	（以前の出国年月日） Date of Previous Departure	（以前の在留資格） Previous Status Residence

3 報酬・給与の支払者に関する事項；
 Details of Payer of Salary or Remuneration

氏 名 又 は 名 称 Full name		
住所（居所）又は本店（主たる事務所）の所在地 Domicile (residence) or Place of head office (main office)		（電話番号 Telephone Number）
個 人 番 号 又 は 法 人 番 号 （ 有 す る 場 合 の み 記 入 ） Individual Number or Corporate Number (Limited to case of a holder)		
日本国内にある事務所等 Office, etc. located in Japan	名　　　称 Name	（事業の内容 Details of Business）
	所 在 地 Address	（電話番号 Telephone Number）

4 上記「3」の支払者から支払を受ける報酬・給与で「1」の租税条約の規定の適用を受けるものに関する事項（注7）；
 Details of Salary or Remuneration received from the Payer to which the Convention mentioned in 1 above is applicable (Note 7)

提供する役務の概要 Description of Services performed	役 務 提 供 期 間 Period of Services performed	報酬・給与の支払期日 Due Date for Payment	報酬・給与の支払方法 Method of Payment of Salary, etc.	報酬・給与の金額及び月額・年額の区分 Amount of Salary, etc. (per month, year)

5 上記「3」の支払者以外の者から日本国内における勤務又は人的役務の提供に関して支払を受ける報酬・給与に関する事項（注8）；
 Others Salaries or Remuneration paid by Persons other than 3 above for Personal Services performed in Japan (Note 8)

【裏面に続きます (Continue on the reverse) 】

6 その他参考となるべき事項（注9）；
Others (Note 9)

○ 代理人に関する事項 ； この届出書を代理人によって提出する場合には、次の欄に記載してください。
Details of the Agent ； If this form is prepared and submitted by the Agent, fill out the following columns.

代 理 人 の 資 格 Capacity of Agent in Japan	氏 名 （ 名 称 ） Full name		納税管理人の届出をした税務署名 Name of the Tax Office where the Tax Agent is registered
□ 納税管理人 ※ Tax Agent □ その他の代理人 Other Agent	住所（居所・所在地） Domicile (Residence or location)	（電話番号 Telephone Number）	税務署 Tax Office

※ 「納税管理人」とは、日本国の国税に関する申告、申請、請求、届出、納付等の事項を処理させるため、国税通則法の規定により選任し、かつ、日本国における納税地の所轄税務署長に届出をした代理人をいいます。

※ "Tax Agent" means a person who is appointed by the taxpayer and is registered at the District Director of Tax Office for the place where the taxpayer is to pay his tax, in order to have such agent take necessary procedures concerning the Japanese national taxes, such as filing a return, applications, claims, payment of taxes, etc., under the provisions of Act on General Rules for National Taxes.

○ 適用を受ける租税条約が特典条項を有する租税条約である場合 ；
If the applicable convention has article of limitation on benefits
特典条項に関する付表の添付 □有Yes
"Attachment Form for Limitation on Benefits Article" attached □添付省略 Attachment not required
（特典条項に関する付表を添付して提出した租税条約に関する届出書の提出日
Date of previous submission of the application for income tax convention with the "Attachment Form for Limitation on Benefits Article" 年 月 日）

特 典 条 項 に 関 す る 付 表 （米）

ATTACHMENT FORM FOR LIMITATION ON BENEFITS ARTICLE (US)

記載に当たっては、別紙の注意事項を参照してください。
See separate instructions.

1 適用を受ける租税条約の特典条項に関する事項 ;
 Limitation on Benefits Article of applicable Income Tax Convention
 日本国とアメリカ合衆国との間の租税条約第 22 条
 The Income Tax Convention between Japan and The United States of America, Article 22

2 この付表に記載される者の氏名又は名称 ;
 Full name of Resident this attachment Form

	居住地国の権限ある当局が発行した居住者証明書を添付してください（注5）。 Attach Residency Certification issued by Competent Authority of Country of residence. (Note 5)

3 租税条約の特典条項の要件に関する事項 ;
 AからCの順番に各項目の「□該当」又は「□非該当」の該当する項目に✓印を付してください。いずれかの項目に「該当」する場合には、それ以降の項目
 に記入する必要はありません。なお、該当する項目については、各項目ごとの要件に関する事項を記入の上、必要な書類を添付してください。（注6）
 In order of sections A, B and C , check applicable box "Yes" or "No" in each line. If you check any box of "Yes", in section A to C, you need not fill
 the lines that follow. Applicable lines must be filled and necessary document must be attached. (Note6)

A

(1) 個人 Individual □該当 Yes . □非該当 No

(2) 国、地方政府又は地方公共団体、中央銀行
 Contracting Country, any Political Subdivision or Local Authority, Central Bank □該当 Yes . □非該当 No

(3) 公開会社 (注 7) Publicly Traded Company (Note 7) □該当 Yes . □非該当 No
 (公開会社には、下表のC欄が 6 ％未満である会社を含みません。) (注 8)
 ("Publicly traded Company" does not include a Company for which the Figure in Column C below is less than 6%.)(Note 8)

株式の種類 Kind of Share	公認の有価証券市場の名称 Recognized Stock Exchange	シンボル又は証券 コード Ticker Symbol or Security Code	発行済株式の総数の平均 Average Number of Shares outstanding	有価証券市場で取引された株式 の数 Number of Shares traded on Recognized Stock Exchange	B/A(%)
			A	B	C
					%

(4) 公開会社の関連会社 Subsidiary of Publicly Traded Company □該当 Yes . □非該当 No
 (発行済株式の総数 (_____株)の 50％以上が上記(3)の公開会社に該当する 5 以下の法人により直接又は間接に所有されているものに限り
 ます。) (注 9)。
 ("Subsidiary of Publicly Traded Company" is limited to a company at least 50% of whose shares outstanding (_____shares) are owned
 directly or indirectly by 5 or fewer "Publicly Traded Companies" as defined in (3) above.)(Note 9)
 年 月 日現在の株主の状況 State of Shareholders as of (date)

	株主の名称等 Name of Shareholder(s)	居住地国における納税地 Place where Shareholder is taxable in Country of residence	公認の有価証券市場 Recognized Stock Exchange	シンボル又は証 券コード Ticker Symbol or Security Code	間接保有 Indirect Ownership	所有株式数 Number of Shares owned
1					□	
2					□	
3					□	
4					□	
5					□	
			合 計 Total (持株割合 Ratio (%) of Shares owned)			(%)

(5) 公益団体 (注 10) Public Service Organization (Note 10) □該当 Yes . □非該当 No
 設立の根拠法令 Law for Establishment 設立の目的 Purpose of Establishment

(6) 年金基金 (注 11) Pension Fund (Note 11) □該当 Yes . □非該当 No
 (直前の課税年度の終了の日においてその受益者、構成員又は参加者の 50％を超える者が日本国又はアメリカ合衆国の居住者である個人であるものに
 限ります。受益者等の 50％超が、両締約国の居住者である事情を記入してください。)
 "Pension Fund" is limited to one more than 50% of whose beneficiaries, members, or participants were individual residents of Japan or the
 United States of America as of the end of the prior taxable year. Provide below details showing that more than 50% of beneficiaries etc. are
 individual residents of either contracting country.

 設立等の根拠法令 Law for Establishment 非課税の根拠法令 Law for Tax Exemption

Aのいずれにも該当しない場合は、Bに進んでください。If none of the lines in A applies, proceed to B.

B

次の(a)及び(b)の要件のいずれも満たす個人以外の者 Person other than an Individual, and satisfying both (a) and (b) below　□該当 Yes，□非該当 No

(a) 株式や受益に関する持分（_____）の 50%以上が、Aの(1)、(2)、(3)、(5)及び(6)に該当する日本又はアメリカ合衆国の居住者により直接又は間接に所有されていること(注 12)
Residents of Japan or the United States of America who fall under (1),(2),(3),(5) or (6) of A own directly or indirectly at least 50% of Shares or other beneficial Interests (_____) in the Person. (Note 12)

　　年　　月　　日現在の株主等の状況 State of Shareholders, etc. as of (date)_____　/　　/

株主等の氏名又は名称 Name of Shareholders	居住地国における納税地 Place where Shareholders is taxable in Country of residence	Aの番号 Number of applicable Line in A	間接所有 Indirect Ownership	株主等の持分 Number of Shares owned
			□	
			□	
			□	
	合　　計 Total（持分割合 Ratio(%) of Shares owned）			(　%)

(b) 総所得のうち、課税所得の計算上控除される支出により、日本又はアメリカ合衆国の居住者に該当しない者（以下「第三国居住者」といいます。）に対し直接又は間接に支払われる金額が、50%未満であること(注 13)
Less than 50% of the person's gross income is paid or accrued directly or indirectly to persons who are not residents of Japan or the United States of America ("third country residents") in the form of payments that are deductible in computing taxable income in country of residence (Note 13)
第三国居住者に対する支払割合 Ratio of Payment to Third Country Residents　　　　（通貨 Currency:　　　　　）

	申告 Tax Return	源泉徴収税額 Withholding Tax		
	当該課税年度 Taxable Year	前々々課税年度 Taxable Year three Years prior	前々課税年度 Taxable Year two Years prior	前課税年度 Prior taxable Year
第三国居住者に対する支払 Payment to third Country Residents	A			
総所得 Gross Income	B			
A/B (%)	C　　%	%	%	%

▶ Bに該当しない場合は、Cに進んでください。If B does not apply, proceed to C.

C

次の(a)から(c)の要件を全て満たす者 Resident satisfying all of the following Conditions from (a) through (c)　□該当 Yes，□非該当 No
居住地国において従事している営業又は事業の活動の概要(注 14) ; Description of trade or business in residence country (Note 14)

(a) 居住地国において従事している営業又は事業の活動が、自己の勘定のために投資を行い又は管理する活動（商業銀行、保険会社又は登録を受けた証券会社が行う銀行業、保険業又は証券業の活動を除きます。）ではないこと(注 15) :
Trade or business in country of residence is other than that of making or managing investments for the resident's own account (unless these activities are banking, insurance or securities activities carried on by a commercial bank, insurance company or registered securities dealer) (Note 15)　□はい Yes，□いいえ No

(b) 所得が居住地国において従事している営業又は事業の活動に関連又は付随して取得されるものであること(注 16) :
Income is derived in connection with or is incidental to that trade or business in country of residence (Note 16)　□はい Yes，□いいえ No

(c) （日本国内において営業又は事業の活動から所得を取得する場合）居住地国において行う営業又は事業の活動が日本国内において行う営業又は事業の活動との関係で実質的なものであること(注 17) :
(If you derive income from a trade or business activity in Japan) Trade or business activity carried on in the country of residence is substantial in relation to the trade or business activity carried on in Japan. (Note 17)　□はい Yes，□いいえ No

日本国内において従事している営業又は事業の活動の概要 ; Description of Trade or Business in Japan.

D 国税庁長官の認定 (注 18) ;
Determination by the NTA Commissioner (Note18)
国税庁長官の認定を受けている場合には、以下にその内容を記載してください。その認定の範囲内で租税条約の特典を受けることができます。なお、上記Aから C までのいずれかに該当する場合には、原則として、国税庁長官の認定は不要です。
If you have been a determination by the NTA Commissioner, describe below the determination. Convention benefits will be granted to the extent of the determination. If any of the above mentioned Lines A through to C are applicable, then in principle, determination by the NTA Commissioner is not necessary.

・認定を受けた日　Date of determination　　　　年　　　月　　　日_____

・認定を受けた所得の種類
Type of income for which determination was given_____

様式 11
FORM

租税条約に関する源泉徴収税額の還付請求書
（発行時に源泉徴収の対象となる割引債及び芸能人等の役務提供事業の対価に係るものを除く。）

APPLICATION FORM FOR REFUND OF THE OVERPAID WITHHOLDING TAX
OTHER THAN REDEMPTION OF SECURITIES WHICH ARE SUBJECT TO
WITHHOLDING TAX AT THE TIME OF ISSUE AND REMUNERATION DERIVED
FROM RENDERING PERSONAL SERVICES EXERCISED BY AN ENTERTAINER
OR A SPORTSMAN IN ACCORDANCE WITH THE INCOME TAX CONVENTION

この還付請求書の記載に当たっては、裏面の注意事項を参照してください。
See instructions on the reverse side.

（税務署整理欄） For official use only	
通 信 日付印	・ ・
確 認	
還付金；有、無	
番 号 確認	身 元 確認

務署受付
税 印

税務署長殿
To the District Director, _____ Tax Office

1 還付の請求をする者（所得の支払を受ける者）に関する事項；
Details of the Person claiming the Refund (Recipient of Income)

フリガナ Furigana 氏 名 又 は 名 称(注5) Full name (Note 5)	（納税者番号 Taxpayer Identification Number）
住所（居所）又は本店（主たる事務所）の所在地 Domicile (residence) or Place of head office (main office)	（電話番号 Telephone Number）
個 人 番 号 又 は 法 人 番 号 （有 す る 場 合 の み 記 入 ） Individual Number or Corporate Number (Limited to case of a holder)	

2 還付請求金額に関する事項；
Details of Refund

(1) 還付を請求する還付金の種類；（該当する下記の条項の□欄に✓印を付してください（注6）.)
Kind of Refund claimed;　(Check applicable box below (Note 6).)

租税条約等の実施に伴う所得税法、法人税法及び地方税法
の特例等に関する法律の施行に関する省令第15条第1項
Ministerial Ordinance of the Implementation of
the Law concerning the Special Measures of the
Income Tax Act, the Corporation Tax Act and the
Local Tax Act for the Enforcement of Income Tax
Conventions, paragraph 1 of Article15

□第1号（Subparagraph 1）
□第3号（Subparagraph 3）
□第5号（Subparagraph 5）
□第7号（Subparagraph 7）

に掲げる還付金
Refund in accordance with
the relevant subparagraph

(2) 還付を請求する金額；
Amount of Refund claimed　　　¥　　　　　　　　円

(3) 還付金の受領場所等に関する希望；（該当する下記の□欄に✓印を付し、次の欄にその受領を希望する場所を記入してください。）
Options for receiving your refund;　(Check the applicable box below and enter your information in the corresponding fields.)

受取希望場所 Receipt by transfer to:	銀行 Bank	支店 Branch	預金種類及び口座 番号又は記号番号 Type of account and account number	口座名義人 Name of account holder
□ 日本国内の預金口座 a Japanese bank account				
□ 日本国外の預金口座(注7) a bank account outside Japan(Note 7)	支店住所(国名、都市名)Branch Address (Country ,City):		銀行コード(Bank Code)	送金通貨(Currency)
□ ゆうちょ銀行の貯金口座 an ordinary savings account at the Japan Post Bank	—			
□ 郵便局等の窓口受取りを希望する場合 the Japan Post Bank or the post office (receipt in person)	—		—	—

3 支払者に関する事項；
Details of Payer

氏 名 又 は 名 称 Full name	
住所（居所）又は本店（主たる事務所）の所在地 Domicile (residence) or Place of head office (main office)	（電話番号 Telephone Number）
個 人 番 号 又 は 法 人 番 号 （有 す る 場 合 の み 記 入 ） Individual Number or Corporate Number (Limited to case of a holder)	

4 源泉徴収義務者の証明事項；
Items to be certified by the withholding agent

(1) 所 得 の 種 類 Kind of Income	(2) 所得の支払期日 Due Date for Payment	(3) 所得の支払金額 Amount paid	(4)(3)の支払金額から 源泉徴収した税額 Withholding Tax on (3)	(5)(4)の税額の納付年 月日 Date of Payment of (4)	(6)租税条約を適用し た場合に源泉徴収 すべき税額 Tax Amount to be withheld under Tax Convention	(7)還付を受けるべき 金額 Amount to be refunded ((4)−(6))
		円 yen	円 yen		円 yen	円 yen

上記の所得の支払金額につき、上記のとおり所得税及び復興特別所得税を徴収し、納付したことを証明します。
I hereby certify that the tax has been withheld and paid as shown above.

Date ____年____月____日　源泉徴収義務者
　　　　　　　　　　　　　Certifier of withholding agent _____

【裏面に続きます（Continue on the reverse）】

88

○ 代理人に関する事項 ； この届出書を代理人によって提出する場合には、次の欄に記載してください。
Details of the Agent ； If this form is prepared and submitted by the Agent, fill out the following columns.

代 理 人 の 資 格 Capacity of Agent in Japan	氏 名 （ 名 称 ） Full name		納税管理人の届出をした税務署名 Name of the Tax Office where the Tax Agent is registered
□ 納税管理人 ※ Tax Agent □ その他の代理人 Other Agent	住所 （居所・所在地） Domicile （Residence or location)	（電話番号 Telephone Number）	税 務 署 Tax Office

※ 「納税管理人」については、「租税条約に関する届出書」の裏面の説明を参照してください。

※ "Tax Agent" is explained on the reverse side of the "Application Form for Income Tax Convention".

───────注 意 事 項───────

還付請求書の提出について

1 この還付請求書は、還付を請求する税額の源泉徴収をされた所得の支払者（租税特別措置法第9条の3の2第1項に規定する利子等の支払の取扱者を含みます。以下同じです。）ごとに作成してください。

2 この還付請求書は、上記1の所得につき租税条約の規定の適用を受けるための別に定める様式（様式1～様式3、様式6～様式10及び様式19）による「租税条約に関する届出書」（その届出書に付表や書類を添付して提出することとされているときは、それらも含みます。）とともに、それぞれ正副2通を作成して所得の支払者に提出し、所得の支払者は還付請求書の「4」の欄の記載事項について証明をした後、還付請求書及び租税条約に関する届出書の正本をその支払者の所轄税務署長に提出してください。

3 この還付請求書を納税管理人以外の代理人によって提出する場合には、その委任関係を証する委任状をその翻訳文とともに添付してください。

4 この還付請求書による還付金を代理人によって受領することを希望する場合には、還付請求書にその旨を記載してください。この場合、その代理人が納税管理人以外の代理人であるときは、その委任関係を証する委任状をその翻訳文とともに添付してください。

還付請求書の記載について

5 納税者番号とは、租税の申告、納付その他の手続を行うために用いる番号、記号その他の符号でその手続を行う者を特定することができるものをいいます。支払を受ける者の居住地である国に納税者番号に関する制度が存在しない場合や支払を受ける者が納税者番号を有しない場合には納税者番号を記載する必要はありません。

6 還付請求書の「2(1)」の条項の区分は、次のとおりです。

□第1号……… 租税条約の規定の適用の対象としての給与その他の報酬を2以上の支払者から支払を受けるため、その報酬につき「租税条約に関する届出書」を提出できなかったこと又は免税の金額基準が設けられている租税条約の規定の適用を受ける株主等対価の支払を受けるため、その対価につき「租税条約に関する届出書」を提供できなかったことに基因して源泉徴収をされた税額について還付の請求をする場合

□第3号……… 第1号及び第5号以外の場合で、租税条約の規定の適用を受ける所得につき「租税条約に関する届出書」を提出しなかったことに基因して源泉徴収をされた税額について還付の請求をする場合

□第5号……… 特定社会保険料を支払った又は控除される場合において、当該給与又は報酬につき源泉徴収をされた税額について還付の請求をする場合

□第7号……… 租税条約の規定が遡及して適用されることとなったため、当該租税条約の効力発生前に支払を受けた所得について既に源泉徴収をされた税額について還付の請求をする場合

7 受取希望場所を「日本国外の預金口座」とした場合付 銀行コード（SWIFT コード、ABA ナンバー等）を記載し、送金通貨を指定してください。
なお、欧州向けの場合は、口座番号欄に IBAN コードを記載してください。

───────INSTRUCTIONS───────

Submission of the FORM

1 This form must be prepared separately for each Payer of Income who withheld the tax to be refunded(including Person in charge of handling payment of Interrest or other payment who prescribed in paragraph 1 of Article 9-3-2 of the Act on Special Measures Concerning Taxation; the same applies below).

2 Submit this form in duplicate to the Payer of Income concerned together with the "Application Form for Income Tax Convention" (Forms 1 to 3, 6 to 10 and 19) prepared in duplicate for the application of Income Tax Convention to Income of 1 above (including attachment forms or documents if such attachment and documents are required). The Payer of the Income must certify the item in 4 on this form and then file the original of each form with the District Director of Tax Office for the place where the Payer resides.

3 An Agent other than the Tax Agent must attach a power of attorney together with its Japanese translation.

4 The applicants who wishes to receive refund through an Agent must state so on this form. If the Agent is an Agent other than a Tax Agent, a power of attorney must be attached together with its Japanese translation.

Completion of the FORM

5 The Taxpayer Identification Number is a number, code or symbol which is used for filing of return and payment of due amount and other procedures regarding tax, and which identifies a person who must take such procedures. If a system of Taxpayer Identification Number does not exist in the country where the recipient resides, or if the recipient of the payment does not have a Taxpayer Identification Number, it is not necessary to enter the Taxpayer Identification Number.

6 The distinction of the provisions of the item 2 (1) on this form is as follows:

□Subpara.1… For the refund of tax on salary or other remuneration for personal services withheld to the benefits of the Income Tax Convention which was withheld due to the failure to file the "Application Form for Income Tax Convention" because there are more than two Payers of Income. Alternatively, regarding the payment of stockholder value entitled according to the benefits of the Income Tax Convention, which provides an exemption amounts standard, the failure to file the "Application Form for Income Tax Convention" for the value.

□Subpara.3… For the refund of tax on income entitled to the benefits of the Income Tax Convention which was withheld due to the failure to file the "Application Form for Income Tax Convention" in cases other thanSubpara.1 and Subpara.5.

□Subpara.5… For the refund of tax which was withheld at the source from wages or remuneration with which designated insurance premiums were paid or from which said premiums are deducted.

□Subpara.7… For the refund of tax withheld on income paid before the coming into effect of Income Tax Convention when the Convention became applicable retroactively.

7 If you designate a "bank account outside Japan" as the place to receive of your choice, enter the bank code (Swift code, ABA number, etc.) and specify a currency for remittance.
In the case of accounts in Europe, enter IBAN code in the column for the account number.

89

37. 交換教授免税の要件

> **Q** 当校では、英語教育のため米国人教師を招致することを検討しています。この場合、日米租税条約によりその米国人教師（米国市民権を有する）の給与（報酬）が免税となるそうですが、その主な要件を教えてください。

A 租税条約では、学校教育法第1条に規定する学校において2年以内の期間（中国とは3年以内）、教育又は研究を行うために来日した教授等に対する人的役務の提供に基づく報酬について、一定の要件を満たすことで免税とする特例があります。これをいわゆる交換教授免税といい、日米租税条約においても同様の要件を満たすことでこの免税規定が適用されます。なお、この免税規定には「租税条約に関する届出書（様式8）」の提出が求められているので注意が必要です。

●──────── **解　説** ────────●

我が国に入国した個人の役務の提供が教授等によるものである場合、その取得する人的役務の報酬について、我が国が締結した租税条約のうち多くの条約は免税とする規定が置かれています。この免除要件は条約ごとに様々ですが、例えば日米租税条約第20条では次のとおり規定しています。

> 　一方の締約国内にある大学、学校その他の教育機関において教育又は研究を行うため当該一方の締約国内に一時的に滞在する個人であって、他方の締約国において第4条1にいう居住者に引き続き該当するものが、その教育又は研究につき取得する報酬については、当該一方の締約国に到着した日から2年を超えない期間当該一方の締約国において租税を免除する。

ここでいう「第4条1にいう居住者」とは、個人については「住所、居所、

市民権その他これらに類する基準により当該一方の締約国において課税を受けるべきものとされる者」とされております。すわなち、この規定の適用を受けることができる者は、日本に到着した日以後も、米国市民権を有するなどにより、引き続き米国において課税を受けるべき者に限られます。したがって、締約相手国において租税を免除する一方で、一方の締約国では引き続き居住者として納税義務を負うので、両国ともに租税が免除されるという課税の空白の問題は生じません。また、「大学、学校その他の教育機関」とは、日本の場合、学校教育法第１条に規定する学校をいいます。そして、「２年を超えない期間」の解釈については問題となりますが、当初２年間の滞在の予定で来日した招へい教授（米国市民権を有する）が契約の改訂などにより結果的に３か月間だけ滞在期間を延長し、合計２年３か月間の滞在となった場合であっても、入国後２年間については免税とされ、残り３か月間に係る期間についてのみ国内源泉所得として課税されます。

　なお、各国との租税条約を比較すると、①教育機関の範囲、②非課税期間（２年と定めているものが多いですが、日中租税条約第20条では「３年を超えない期間」と定めています。）、③滞在目的は教育のみか研究も含むかなどの点において規定に違いがあるものがみられますので、当該交換教授免税の規定を適用する際には、必ず各国との租税条約を確認してください。

参考：国税庁質疑応答事例（源泉所得税）
　　　「契約改訂により２年を超えることととなった場合の交換教授免税（日米租税条約）」

租 税 条 約 に 関 す る 届 出 書

APPLICATION FORM FOR INCOME TAX CONVENTION

税 務 署 受 付 印

教授等・留学生・事業等の修習者・交付金等の受領者の報酬・交付金等に
対する所得税及び復興特別所得税の免除

Relief from Japanese Income Tax and Special Income Tax for Reconstruction on
Remunerations, Grants, etc., Received by Professors, Students, or Business Apprentices

この届出書の記載に当たっては、別紙の注意事項を参照してください。
See separate instructions.

_____税務署長殿
To the District Director, _____Tax Office

1 適用を受ける租税条約に関する事項 ;
   Applicable Income Tax Convention
   日本国と_____との間の租税条約第___条第___項___
   The Income Tax Convention between Japan and_____, Article____, para.____

2 報酬・交付金等の支払を受ける者に関する事項 ;
   Details of Recipient of Remuneration, etc.

氏　　　　　　　　　　名 Full name	
日 本 国 内 に お け る 住 所 又 は 居 所 Domicile or residence in Japan	（電話番号 Telephone Number）
個 人 番 号 （ 有 す る 場 合 の み 記 入 ） Individual Number (Limited to case of a holder)	
入　　国　　前　　の　　住　　所 Domicile before entry into Japan	（電話番号 Telephone Number）
（年齢 Age）　　（国籍 Nationality）　　（入国年月日 Date of Entry）　　（在留期間・Authorized Period of Stay）　　（在留資格・Status of Residence）	
下記「4」の報酬・交付金等につき居住者として課税される国及び納税地(注6) Country where the recipient is taxable as resident on Remuneration, etc., mentioned in 4 below and the place where he is to pay tax (Note 6)	（納税者番号　Taxpayer Identification Number）
日本国において教育若しくは研究を行い又は在学し若しくは訓練を受ける学校、事業所等 School or place of business in Japan where the Recipient teaches, studies or is trained	名　　　　称 Name	
	所　　在　　地 Address	（電話番号 Telephone Number）

3 報酬・交付金等の支払者に関する事項 ;
   Details of Payer of Remuneration, etc.

氏　　名　　又　　は　　名　　称 Full name	
住所（居所）又は本店（主たる事務所）の所在地 Domicile (residence) or Place of head office (main office)	（電話番号 Telephone Number）
個 人 番 号 又 は 法 人 番 号 （ 有 す る 場 合 の み 記 入 ） Individual Number or Corporate Number (Limited to case of a holder)	
日本国内にある事務所等 Office, etc. located in Japan	名　　　　称 Name	（事業の内容 Details of Business）
	所　　在　　地 Address	（電話番号 Telephone Number）

4 上記「3」の支払者から支払を受ける報酬・交付金等で「1」の租税条約の規定の適用を受けるものに関する事項 ;
   Details of Remuneration, etc., received from the Payer to which the Convention mentioned in 1 above is applicable

所　得　の　種　類 Kind of Income	契　約　期　間 Period of Contract	報酬・交付金等の支払期日 Due Date for Payment	報酬・交付金等の支払方法 Method of Payment of Remunerations, etc.	報酬・交付金等の金額及び月額・年額の区分 Amount of Remunerations, etc. (per month, year).
報酬・交付金等の支払を受ける者の資格及び提供する役務の内容 Status of Recipient of Remuneration, etc., and the Description of Services rendered				

5 上記「3」の支払者以外の者から日本国内における勤務又は人的役務の提供に関して支払を受ける報酬・給料に関する事項（注7）;
   Other Remuneration, etc., paid by Persons other than 3 above for Personal Services, etc., performed in Japan (Note 7)

【裏面に続きます (Continue on the reverse) 】

6 その他参考となるべき事項（注8）；
　Others (Note 8)

○ 代理人に関する事項　；　この届出書を代理人によって提出する場合には、次の欄に記載してください。
　Details of the Agent ; If this form is prepared and submitted by the Agent, fill out the following columns.

代 理 人 の 資 格 Capacity of Agent in Japan	氏　名　（　名　称　） Full name		納税管理人の届出をした税務署名 Name of the Tax Office where the Tax Agent is registered
□　納税管理人　※ 　　Tax Agent □　その他の代理人 　　Other Agent	住所（居所・所在地） Domicile　　（Residence or　location)	（電話番号 Telephone Number)	税務署 Tax Office

※　「納税管理人」とは、日本国の国税に関する申告、申請、請
求、届出、納付等の事項を処理させるため、国税通則法の規定に
より選任し、かつ、日本国における納税地の所轄税務署長に届出
をした代理人をいいます。

※　"Tax Agent" means a person who is appointed by the
taxpayer and is registered at the District Director of Tax
Office for the place where the taxpayer is to pay his tax, in
order to have such agent take necessary procedures
concerning the Japanese national taxes, such as filing a
return, applications, claims, payment of taxes, etc., under the
provisions of Act on General Rules for National Taxes.

○ 適用を受ける租税条約が特典条項を有する租税条約である場合；
　If the applicable convention has article of limitation on benefits
特典条項に関する付表の添付　└有Yes
"Attachment Form for　　　┌添付省略 Attachment not required
Limitation on Benefits　　（特典条項に関する付表を添付して提出した租税条約に関する届出書の提出日　　年　　月　　日）
Article" attached　　　　　Date of previous submission of the application for income tax
　　　　　　　　　　　　convention with the "Attachment Form for Limitation on Benefits
　　　　　　　　　　　　Article"

38. 日直手当支給に係わる留意点

> **Q** 土曜日・日曜日も校内施設を開放することとなり、職員が交替で勤務することとなりました。これにより当該職員に対して日直手当を支給することになりましたが、その場合の所得税法上の留意点について、教えてください。
>
> なお、当学校法人は、就業規則上、土曜日も休日としており、また、割増賃金の対象になっています。

A 日直手当に関し、非課税の適用を受けるための所得税法上の留意点は以下のとおりです。

1. 4,000円まで、非課税と規定されています。4,000円のうち、「宿直又は日直の勤務をすることにより支給される食事がある場合には、4,000円からその食事の価額を控除した残額とする」となっていますので、食事を支給するのであれば、非課税枠は減額されます。

2. 「休日又は夜間の留守番だけを行うために雇用された者及びその場所に居住し、休日又は夜間の留守番をも含めた勤務を行うものとして雇用された者に当該留守番に相当する勤務について支給される宿直料又は日直料」は除くと規定されているため、土曜日・日曜日だけ勤務する人を雇用した場合には、非課税規定が適用されません。

3. 「宿直又は日直の勤務をその者の通常の勤務時間内の勤務として行った者及びこれらの勤務をしたことにより休日休暇が与えられる者に支給される宿直料又は日直料」は除くと規定されているため、振替休日を与えた場合には、非課税規定は適用されません。

4. 「宿直又は日直の勤務をする者の通常の給与等の額に比例した金額又は当該給与等の額に比例した金額に近似するように当該給与等の額の階級区分等に応じて定められた金額により支給される宿直料又は日直料」は除くと規定されているため、日直手当は定額である必要があります。

日直者の階級等に基づいて支給すると割増賃金と同じ考え方となり、非課税規定が適用できなくなります。

5．同一人が宿直と日直とを引き続いて行った場合（土曜日等通常の勤務時間が短い日の宿直で、宿直としての勤務時間が長いため、通常の日の宿直料よりも多額の宿直料が支給される場合を含む）には、通常の宿直又は日直に相当する勤務時間を経過するごとに宿直又は日直を1回行ったものとして取り扱うこととなっています（所基通28-2）。

解　説

土曜日、日曜日に勤務した場合、振替休日を与えたり、休日勤務手当で対応するケースがありますが、その場合には、労働基準法上、割増賃金を支給しなければなりません。しかしながら、断続的な日直勤務の場合、労働基準監督署長の許可を得られれば、割増賃金を支給する必要性はありません。また、所得税基本通達28-1において、日直手当は、給与所得ですが、勤務1回について、4,000円まで非課税となっています。

なお、日直とは、教職員の本来の業務以外の業務のために勤務することをいいます。（したがって、本来の業務のために休日出勤したものは、日直とはいいません。休日出勤手当、超過勤務手当とは異なるものです。）また、労働基準法第41条でいう断続的勤務とは、休憩時間は少ないが手待ち時間の多い者の意であり、宿直日直については、常態として、ほとんど労働する必要のない勤務のみを認めるもので、定時巡視、緊急の文書又は電話の収受、非常事態に備えての待機等を目的とするものに限って許可されています。そのため、断続的勤務について労働基準監督署長の許可の対象となる宿直又は日直の勤務回数については、週1回、日直勤務については月1回を限度としています。したがって、断続的勤務による適用除外の許可なく断続的労働をさせた使用者は労働基準法第37条（時間外、休日及び深夜の割増賃金）所定の賃金を支払わなければなりません。

第 **3** 部

消費税

39. 消費税の税率

> **Q** 消費税の税率について説明してください。

 平成28年11月の税制改正により、令和元年10月１日から消費税率が８％から10%へ引上げられ、この税率引上げと同時に消費税の軽減税率制度が実施されています。

━━━━ 解　説 ━━━━

「社会保障の安定財源の確保等を図る税制の抜本的な改革を行うための消費税法の一部を改正する等の法律」（平成24年８月）により、消費税法の一部が改正されました。これによって、国税である消費税の税率は7.8%、地方消費税の税率は2.2%となり、合計の税率は10%となっています。

1．消費税率の引上げ

消費税率及び地方消費税率の合計が、8.0%から10.0%に引き上げられました。

区分 ＼ 適用開始日	右記以前	平成26年4月１日	令和元年10月１日（現行） 軽減税率	令和元年10月１日（現行） 標準税率
消費税率	4.0%	6.3%	6.24%	7.8%
地方消費税率	1.0%（消費税額の25/100）	1.7%（消費税額の17/63）	1.76%（消費税額の22/78）	2.2%（消費税額の22/78）
合計	5.0%	8.0%	8.0%	10.0%

2．税率引上げに伴う経過措置

改正後の税率は、適用開始日以後に行われる資産の譲渡等について適用され、適用開始日前に行われた資産の譲渡等については、改正前の税率が適用されることとなります。ただし、適用開始日以後に行われる資産の譲渡等のうち一定のものについては、改正前の税率を適用することとするなどの経過措置が講じられています。

40. 税率引上げに伴う経過措置

Q 消費税率の引上げに伴う経過措置について具体的に説明してください。

A 一定の要件を満たす取引について、消費税率引上げ後も旧税率が適用される経過措置が用意されています。

--- 解 説 ---

消費税の合計税率が令和元年10月１日より10％に引き上げられましたが、一定のものについては、経過措置として改正前の消費税率が適用されます。すなわち、消費税率引上げの半年前を「指定日」として、指定日より前に契

■ 10％時の経過措置等による消費税率

	平成26年4月1日 消費税率8％へ引上げ	平成31年4月1日 指定日	平成31年10月1日 消費税率10％へ引上げ
❶請負工事等	契約		8% 譲渡等
		契約	10% 譲渡等
❷通信販売等	販売価格の提示	申込	8% 商品の販売
❸資産の貸付け	契約	貸付け	8%
			10%
	契約		貸付け 10%
		契約 貸付け 8%	10%
❹旅客運賃等	料金の支払い		8% 乗車・入場等
❺電気料金等		継続供給	10/31 8% 料金確定
❻家電リサイクル料金		料金の支払い	8% 再商品化等

出典：「中小企業・小規模事業者のための消費税転嫁の手引き」（中小企業庁）
https://www.chusho.meti.go.jp/pamflet/pamflet/2015/150807syouhizeitebiki.pdf
（平成27年10月）

約等を行うこと等を条件に、改正前の税率が適用されています。経過措置による消費税率の具体例は前頁の図のとおりです。

　学校法人においては、校舎の新設、増設等、請負工事に関する取引が金額的に重要です。消費税率の引上げの半年前の指定日より前に契約を行うことにより、完成・引き渡しを受けた時点が税率引上げ後であっても、旧税率の支払いを行えばよいケースがあります。

41. 課税対象取引

> **Q** 消費税における課税対象取引について、学校法人の場合を中心に説明してください。

A 消費税は、非課税取引、免税取引を除き 、国内において事業者が行った資産の譲渡等及び保税地域から引き取られる外国貨物に対して課税されます。この点については、学校法人であっても同様です。

● ─────── **解　説** ─────── ●

1．課税対象取引の範囲

　事業者が国内において行う課税資産の譲渡等のうち、輸入取引等（消法7①）及び輸出物品販売場における非居住者に対する資産の譲渡（消法8①）に該当する免税取引を除く取引と保税地域から引き取られる外国貨物に関する取引が課税対象取引となります。消費税の課税対象取引について、まとめると次の表のようになります。

国内取引	資産の譲渡等	課税資産の譲渡等	課税取引
			免税取引
		非課税取引	
	資産の譲渡等に該当しない取引（不課税取引）		特定収入
			その他の不課税収入

輸入取引	課税取引（課税貨物引取り）
	免税取引、非課税取引
国外取引	不課税取引

2．課税対象取引の要件

(1) 国内において行われるものであること

(2) 学校法人が事業として行うものであること

(3) 対価を得て行うものであること

(4) 資産の譲渡、資産の貸付け又は役務の提供であること

なお、「資産の譲渡」には、次のような取引が含まれます。

① 代物弁済による資産の譲渡…代物弁済によって消滅した債務を資産譲渡の対価として消費税を計算する。

② 負担付贈与に係る資産の譲渡…贈与によって消滅した債務を資産譲渡の対価として消費税を計算する。

③ 現物出資した資産…出資によって取得した株式等の時価を対価として消費税を計算する。

3．留意点

(1) 学校法人が事業として行うものであること

「事業として」とは、対価を得て行われる資産の譲渡及び貸付け並びに役務の提供が反復、継続、独立して行われることをいいます。法人が行う資産の譲渡及び貸付け並びに役務の提供は、その全てが「事業として」に該当するものとされています（消基通5-1-1）。

(2) みなし譲渡

学校法人が、理事、監事に対し、資産を無償又は低廉（おおむね時価の50%未満）で譲渡したときは、時価で譲渡したものとみなして消費税を計算します（消法4⑤、消法28）。

4．学校法人における課税取引

⑴ 学納金であっても課税される取引

学納金の大部分は非課税取引ですが、この取扱いは教育活動に限るもので、所定の教育活動以外の学納金は、全て課税対象となります。例えば専修学校、各種学校における付帯教育、講習会費収入などが該当します。

⑵ 施設設備利用料

学校法人の施設設備利用料収入には、校舎、講堂、体育館、グラウンド、食堂、売店、駐車場、テニスコート、学生生徒寮、教職員寮、校外施設利用料など賃貸（一時貸しも含む）から生じる収入があります。このうち住宅家賃として徴収する寮費、教職員寮費及び地代（一時的使用を除く）は、非課税収入であり、その他のものは、地代を除きおおむね課税収入となります。

⑶ 補助活動収入

食堂、売店、購買部などの販売高は、課税取引となります。計算書類上、補助活動事業収支の表示は、総額表示によるほか、純額表示によることもできます。ただし、消費税法では、資産の譲渡等の対価に対する課税方式になっているので、純額表示の場合であっても総額によって課税されます。なお、売上対価に対する返品、値引き、割戻し又は割引をしたことにより、売上の一部減額をした場合には、課税売上げに係る消費税額から売上対価の返還等に係る消費税を控除することができます。このほか、補助活動事業には、給食費、販売手数料などがあり、これらも課税対象となります。

⑷ 固定資産の売却収入

建物、車両、機器備品、図書などの売却収入は、課税対象となります。ただし、土地の売却収入は非課税取引となります。例えば、車両の下取対価は資産の譲渡等の対価に該当します。なお、簡易課税制度の6事業区分では、これらの課税される事業用固定資産売却収入（土地、借地権等の譲渡を除く）は、第四種事業の課税売上げとされます（消基通13-2-9）。

42. 非課税取引

>
> **Q** 消費税における非課税取引について、学校法人の場合を中心に説明してください。

A 資産の譲渡等に該当する取引であっても、例えば、土地の譲渡・貸付けや有価証券の譲渡等の金融取引など、消費に広く薄く負担を求める消費税の性格からは本来課税の対象とすることになじまないものや、学校教育などのように政策的配慮から課税することが適当でないものを課税対象から除外して非課税取引としており、別表第一及び別表第二に限定的に列挙して、消費税の課税を行わないことにしています。

解　説

具体的には、次のような取引が非課税取引として列挙されています。

1．非課税となる国内取引（消法6①、消法別表第一）

税の性格上課税対象とならないもの	1	土地の譲渡及び貸付け
	2	社債・株式等の譲渡、支払手段の譲渡など
	3	利子、保証料、保険料など
	4	法律に規定する販売所等における郵便切手、印紙、物品切手等（商品券、プリペイドカードなど）の譲渡
	5	住民票、戸籍抄本等の行政手数料及び外国為替業務に係る役務の提供
社会政策的な配慮に基づくもの	6	社会保険医療など
	7	介護保険サービス事業、社会福祉事業など
	8	助産に係る資産の譲渡等
	9	埋葬料・火葬料
	10	一定の身体障害者用物品の譲渡、貸付けに係る資産の譲渡等
	11	一定の学校の授業料、入学金、入学検定料、施設設備費など
	12	一定の教科用図書の譲渡
	13	住宅の貸付け（1か月未満のものを除く）

2．非課税となる輸入取引（消法6②、消法別表第二）

保税地域から引き取られる外国貨物について、以下のものは非課税とさ

れます。

(1) 有価証券等　(2) 郵便切手類　(3) 印紙　(4) 証紙

(5) 物品切手等　(6) 身体障害者用物品　(7) 教科用図書

3．学校法人固有の非課税取引

　学校法人の教育として行う役務の提供と教科用図書の販売は原則非課税取引であり、次のものが該当します（消法別表第一①十一、①十二、消令14の5）。

(1) 授業料

(2) 入学金及び入園料

(3) 施設設備費

(4) 入学検定料及び入園検定料

(5) 在学証明、成績証明等の学生・生徒等の記録に係る証明手数料等

(6) 教科用図書の販売

4．留意点

　授業料等が非課税となる学校の範囲は、学校教育法第1条に規定する学校、同第124条に規定する専修学校及び次の六つの要件全てに当てはまる各種学校等です（消令15）。

(1) 修業年限が1年以上であること。

(2) 1年間の授業時間数が680時間以上であること。

(3) 教員数を含む施設等が同時に授業を受ける生徒数からみて十分であること。

(4) 年2回を超えない一定の時期に授業が開始され、その終期が明確に決められていること。

(5) 学年又は学期ごとにその成績の評価が行われ、成績考査に関する表簿などに登載されていること。

(6) 成績の評価に基づいて卒業証書又は修了証書が授与されていること。

　したがって、一般的に上記(1)～(6)の要件に当てはまらない学習塾や茶道、華道の文化教室などの授業料は課税となります。なお、これらの要件に当

てはまる場合であっても、非課税となるのは授業料、入学検定料、入学金、施設設備費、在学証明書等手数料、検定済教科書などの教科用図書の譲渡だけであり、教材代、教具代などは課税の対象となります。

5．施設型給付費等の支給に係る事業として行われる資産の譲渡等

子ども・子育て支援法（平成24年法律第65号）の規定に基づく施設型給付費、特例施設型給付費、地域型保育給付費又は特例地域型保育給付費の支給に係る事業として行われる資産の譲渡等（消法別表①七ロ、①十一イ、①一に掲げるものを除く。）も非課税取引となります（消令14の3①六）。

43. 幼稚園における給食の提供及びスクールバスの運用収入

Q 幼稚園における給食の提供やスクールバスの運用にかかわる収入について、消費税の課税関係を具体的な根拠や考え方を明示して説明してください。

A 「幼稚園における給食の提供及びスクールバスの運用に係る消費税の取扱いについて（平成19年1月17日付照会に対する回答）」によって、授業料として徴収する給食代及び施設設備費として全員から徴収するスクールバス費用は非課税となります。

ただし、名目が給食代であっても、学納金として徴収しない給食代や、利用者のみから徴収するスクールバス費用は課税取引となります。

●─────────── 解　説 ───────────●

1．給食の提供について

給食に係る経費は、食育の観点から教育の実施に必要な経費であるため、授業料として徴収する場合、給食に掛かる経費が含まれている授業料については、その全体が消費税法別表第一第十一号にいう「授業料」に該当することとなります。なお、外部搬入に係る給食代については、幼児の保護

者から当該外部搬入に係る取引先に対する代金として授業料と明確に区分して幼稚園が収受し、当該代金を預り金等として処理している場合の当該代金は、幼稚園における資産の譲渡等の対価の額に含める必要はありません。

2．スクールバスの運用について

幼児の安全確保の観点からスクールバスの運用は遠隔地等に居住する幼児にとって欠かせないものとなっています。また、スクールバスは園外活動等を実施する場合の移動手段としても使用するものであり、幼稚園の設備として重要な機能を果たすものです。このため、スクールバスの維持・運用のために必要な費用を算定し、施設設備費として徴収する場合の当該施設設備費については、消費税法別表第一第十一号にいう「施設設備費」に該当することとなります。

44. 教員免許更新講習料の取扱い

Q 教員免許更新のための講習に係る受講料の消費税法上の取扱いについて説明してください。

A 国税庁文書回答事例「教員免許更新のための講習に係る受講料の消費税法上の取扱いについて」に基づいて、非課税取引となります。

——————— **解　説** ———————

免許状更新講習の実施機関は「国又は指定法人等」に該当するものとなり、また、免許状更新講習は、消費税法施行令第12条第２項第二号イ(1)に規定する「法令において、法令に基づく資格を維持するにつき、講習を受けることが要件とされているもの」に該当するものと考えられますから、消費税は非課税となります。

45. 国境を越えて行われる電気通信利用役務の提供に係る消費税の課税関係

> **Q** 所得税法等の一部を改正する法律（平成27年法律第9号）等により、消費税法等の一部が改正され、国境を越えて行われるデジタルコンテンツの配信等の役務の提供に係る消費税の課税関係の見直しが行われました。この見直しにおける改正の主なポイントと学校法人に与える影響を教えてください。

A 電子書籍・音楽・広告の配信などの電気通信回線（インターネット等）を介して行われる役務の提供を「電気通信利用役務の提供」と位置付け、その役務の提供が消費税の課税対象となる国内取引に該当するかどうかの判定基準（内外判定基準）が、役務の提供を行う者の役務の提供に係る事務所等の所在地から「役務の提供を受ける者の住所等」に改正されました。

この電気通信利用役務の提供については、「事業者向け電気通信利用役務の提供」と「消費者向け電気通信利用役務の提供」とに区分され、前者については、国外事業者から当該役務の提供を受けた国内事業者が申告・納税を行う、いわゆる「リバースチャージ方式」が導入されました。この点、学校法人も「事業者」に該当しますので、今後この「リバースチャージ方式」による申告・納税が必要となるケースが考えられます。

--- 解 説 ---

1．電気通信利用役務の提供に係る内外判定基準の見直し

電子書籍・音楽・広告の配信などの電気通信回線（インターネット等）を介して行われる役務の提供を「電気通信利用役務の提供」と位置付け、その役務の提供が消費税の課税対象となる国内取引に該当するかどうかの判定基準が、役務の提供を行う者の役務の提供に係る事務所等の所在地か

ら「役務の提供を受ける者の住所等（個人の場合には住所又は居所、法人の場合には本店又は主たる事務所の所在地をいいます。）」に改正されました。

　電気通信利用役務の提供について、当該役務の提供を行う者及び当該役務の提供を受ける者に応じた改正前及び改正後の課税関係は、次のとおりとなります。

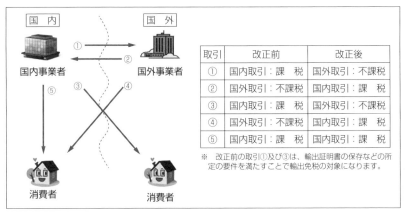

取引	改正前	改正後
①	国内取引：課 税	国外取引：不課税
②	国外取引：不課税	国内取引：課 税
③	国内取引：課 税	国外取引：不課税
④	国外取引：不課税	国内取引：課 税
⑤	国内取引：課 税	国内取引：課 税

※ 改正前の取引①及び③は、輸出証明書の保存などの所定の要件を満たすことで輸出免税の対象になります。

国境を越えた役務の提供に係る消費税の課税関係について（国税庁ホームページ）
https://www.nta.go.jp/publication/pamph/shohi/cross/01.htm

　ここで、今回の課税の見直しにより新たに消費税法に定義された「電気通信利用役務の提供」とは、電気通信回線を介して行われる電子書籍や音楽、ソフトウエア等の配信のほか、ネット広告の配信やクラウドサービスの提供、さらには電話や電子メールなどを通じたコンサルタントなどが該当します。なお、電話、電信その他の通信設備を用いて他人の通信を媒介する役務の提供、すなわち、電話、ＦＡＸ、インターネット回線の接続など、通信そのものに該当する役務の提供は除かれます。また、資産の譲渡等の結果の通知等が電気通信回線を介して行われたとしても、その電気通信回線を介した結果の通知等が、他の資産の譲渡等に付随して行われる場

合も除かれます。

「電気通信利用役務の提供」に該当する取引の具体例

電気通信利用役務の提供に該当する取引は、対価を得て行われる以下のようなものが該当します。

○インターネット等を通じて行われる電子書籍・電子新聞・音楽・映像・ソフトウエア（ゲームなどの様々なアプリケーションを含みます。）の配信

○顧客に、クラウド上のソフトウエアやデータベースを利用させるサービス

○顧客に、クラウド上で顧客の電子データの保存を行う場所の提供を行うサービス

○インターネット等を通じた広告の配信・掲載

○インターネット上のショッピングサイト・オークションサイトを利用させるサービス（商品の掲載料金等）

○インターネット上でゲームソフト等を販売する場所を利用させるサービス

○インターネットを介して行う宿泊予約、飲食店予約サイト（宿泊施設、飲食店等を経営する事業者から掲載料等を徴するもの）

○インターネットを介して行う英会話教室

「電気通信利用役務の提供」に該当しない取引の具体例

電気通信利用役務の提供に該当しない取引は、通信そのもの、若しくは、その電気通信回線を介して行う行為が他の資産の譲渡等に付随して行われるもので、具体的には以下のようなものが該当します。

○電話、FAX、電報、データ伝送、インターネット回線の利用など、他
　者間の情報伝達を単に媒介するもの（いわゆる通信）

○ソフトウエアの制作等

　　著作物の制作を国外事業者に依頼し、その成果物の受領や制作過程の指示をイ
　　ンターネット等を介して行う場合がありますが、当該取引も著作物の制作とい
　　う他の資産の譲渡等に付随してインターネット等が利用されているものですので、
　　電気通信利用役務の提供に該当しません。

○国外に所在する資産の管理・運用等（ネットバンキングも含まれます。）

　　資産の運用、資金の移動等の指示、状況、結果報告等について、インターネッ
　　ト等を介して連絡が行われたとしても、資産の管理・運用等という他の資産の
　　譲渡等に付随してインターネット等が利用されているものですので、電気通信
　　利用役務の提供に該当しません。ただし、クラウド上の資産運用ソフトウエア
　　の利用料金などを別途受領している場合には、その部分は電気通信利用役務の
　　提供に該当します。

○国外事業者に依頼する情報の収集・分析等

　　情報の収集、分析等を行ってその結果報告等について、インターネット等を介
　　して連絡が行われたとしても、情報の収集・分析等という他の資産の譲渡等に
　　付随してインターネット等が利用されているものですので、電気通信利用役務
　　の提供に該当しません。ただし、他の事業者の依頼によらずに自身が収集・分
　　析した情報について対価を得て閲覧に供したり、インターネットを通じて利用
　　させたりするものは電気通信利用役務の提供に該当します。

○国外の法務専門家等が行う国外での訴訟遂行等

　　訴訟の状況報告、それに伴う指示等について、インターネットを介して行われ
　　たとしても、当該役務の提供は、国外における訴訟遂行という他の資産の譲渡
　　等に付随してインターネット等が利用されているものですので、電気通信利用
　　役務の提供に該当しません。

2．課税方式の見直し（いわゆる「リバースチャージ方式」の導入）

　　「電気通信利用役務の提供」について、当該役務の提供を行った者が国
外事業者である場合、「事業者向け電気通信利用役務の提供」及び「消費
者向け電気通信利用役務の提供」のいずれに該当するかによって、以下の

とおり課税方式が改正されました。

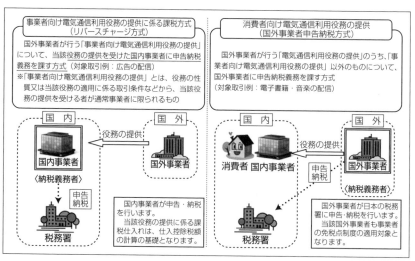

国境を越えた役務の提供に係る消費税の課税関係について（国税庁ホームページ）
https://www.nta.go.jp/publication/pamph/shohi/cross/01.htm

　なお、「事業者向け電気通信利用役務の提供」を行う国外事業者は、当
該役務の提供に際して役務の提供を受けた国内事業者に消費税の申告・納
税義務が課される（リバースチャージ方式による申告対象の取引）旨を、
あらかじめ表示しなければなりません。

3．リバースチャージ方式の概要

　「事業者向け電気通信利用役務の提供」でいう「事業者」には学校法人
も含まれますから、学校法人が平成27年10月1日以後に国内において行っ
た課税仕入れのうち、国外事業者から受けた「事業者向け電気通信利用役
務の提供」については、その役務の提供を受けた学校法人が、その「事業
者向け電気通信利用役務の提供」に係る支払対価の額を課税標準として、
消費税及び地方消費税の申告・納税を行うこととなります（消法5①、消
法28②、消法45①一）。（注）

　なお、「事業者向け電気通信利用役務の提供」を受けた場合も他の課税仕入れと同様に、役務の提供を受けた事業者において仕入税額控除の対象となります（消法30①）。ただし、「事業者向け電気通信利用役務の提供」を受けた場合に、リバースチャージ方式により申告を行う必要があるのは、一般課税により申告する事業者で、その課税期間における課税売上割合が95％未満の事業者に限られます（消費税法改正法附則42、44②）。すなわち、事業者が、「事業者向け電気通信利用役務の提供」を受けた場合であっても、次の(1)又は(2)に該当する課税期間については、当分の間、「事業者向け電気通信利用役務の提供」はなかったものとされますので、リバースチャージ方式による申告を行う必要はありません。また、その仕入税額控除も行えません（消費税法改正法附則42、44②）。

(1)　一般課税で、かつ、課税売上割合が95％以上の課税期間

(2)　簡易課税制度が適用される課税期間

　この点、学校法人については、非課税となる学納金の比率が高いので課税売上割合が95％未満となる場合が大多数であると思います。したがって、一般課税により消費税を申告している学校法人であれば、「事業者向け電気通信利用役務の提供」を受けた場合には、このリバースチャージ方式による申告を行う必要があります。

【特定課税仕入れがある（事業者向け電気通信利用役務の提供等を受けた）場合の
消費税の計算イメージ】
※課税売上割合が80％で、一括比例配分方式を前提に記載しています。

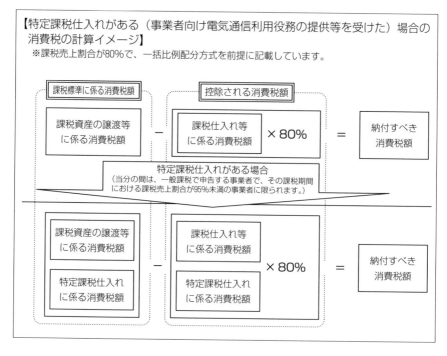

（注）　例えば、輸入貨物に係る消費税については、輸入者（仕入れを行った者等）が、課税貨物に
　　　係る消費税額等を輸入時に納税するとともに、輸入時に納税した消費税額について、確定申告
　　　の際に仕入税額控除を行います。リバースチャージ方式は、この輸入時の納税を確定申告の際
　　　に行っていると考えると分かりやすいです。すなわち、一の行為によって、その取引等に課さ
　　　れた（課される）消費税が、納税と控除の両面で登場することになります。

出典：「国境を越えた役務の提供に係る消費税の課税の見直し等について」平成27年5月（平成28
　　　年12月改訂）、国税庁
　　　「国境を越えた役務の提供に係る消費税の課税に関するＱ＆Ａ」平成27年5月（平成28年12
　　　月改訂）、国税庁消費税室

46. 課税売上割合の計算

 課税売上割合の計算はどのようにして行うのでしょうか。

 課税売上割合は、下記の算式によって計算します。

【課税売上割合の計算式】

$$課税売上割合 = \frac{税抜課税売上高 + 免税売上高}{税抜課税売上高 + 免税売上高 + 非課税売上高}$$

― 解 説 ―

　課税売上割合とは、その課税期間中に国内において行った資産の譲渡等の対価の額（税抜き）の合計額に占める課税資産の譲渡等の対価の額（税抜き）の合計額の割合をいいます（消法30⑥）。

　課税売上割合における「資産の譲渡等の対価の額」及び「課税資産の譲渡等の対価の額」については、それぞれ売上げに係る対価の返還等の金額（輸出取引に係る返還等の金額を含みます。いずれも税抜きです。）を控除した残額によることとなります（消令48①）。「資産の譲渡等の対価の額」及び「課税資産の譲渡等の対価の額」とは、いずれも国内において行う取引に係る資産の譲渡等の対価の額をいいますので、消費税法第7条「輸出免税等」に規定する輸出取引に係る対価の額は含まれますが、国外において行う取引に係る対価の額は含まれません。

　課税売上割合の分母となる（資産の譲渡等の対価の額の合計額）の計算については、次の1から3の特例が設けられています。

1．資産の譲渡等の対価の額の全額を分母に算入しないもの（消令48②）

　(1)　通貨、小切手等の支払手段の譲渡については、売上げの二重計上を排除するため、これらに係る対価の額は、課税売上割合の計算上、資産の

譲渡等の対価の額に含めないこととされています。

(2) 資産の譲渡等の対価として取得した金銭債権（いわゆる売掛債権等）の譲渡については、売上げの二重計上を排除するため、その譲渡等の対価の額は、課税売上割合の計算上、資産の譲渡等の対価の額に含めないこととされています。

(3) 国債、地方債及び社債並びに譲渡性預金証書等（現先取引債券等）をあらかじめ約定した期日にあらかじめ約定した価格等で買い戻すことを約して譲渡し、かつ、その約定に基づきその現先取引債券等を買い戻す場合におけるその現先取引債券等の譲渡については、資金の借入れと同じ効果を持つものですから、これに係る対価の額は、課税売上割合の計算上、資産の譲渡等の対価の額に含めないこととされています。

2．資産の譲渡等の対価の額の一部の金額を分母に算入するもの（消令48③～⑤）

(1) 現先取引債券等をあらかじめ約定した期日にあらかじめ約定した価格で売り戻すことを約して購入し、かつ、その約定に基づき売り戻す場合における対価の額は、その現先取引が利子を得る目的で行う金銭の貸付けと類似することから、課税売上割合の計算における資産の譲渡等の対価の額となるのは、売戻しに係る対価の額から購入に係る対価の額を控除した残額とされています。

(2) 貸付金その他の金銭債権の譲受け等をした場合の対価の額は、利子（償還差益、譲り受けた金銭債権の弁済を受けた金額とその取得価額との差額その他経済的な性質が利子に準ずるものを含みます。）の金額とされています。

(3) 消費税が非課税となる有価証券等を譲渡した場合（現先取引に該当するものを除く。）には、課税売上割合の計算上、資産の譲渡等の対価の額に算入する対価の額は、その有価証券等の譲渡の対価の額の５％に相当する金額とされています。

(4) 取引の対価として取得した金銭債権以外の金銭債権の譲渡についても、

その譲渡に係る対価の額の5％相当額のみを資産の譲渡等の対価の額に算入します。

3．分母から控除するもの（消令48⑥）

国債等について償還差損が生ずる場合には、課税売上割合の計算上、その償還差損は資産の譲渡等の対価の額から控除することとされています。なお、償還差益が生ずる場合には、非課税となる利子として取り扱い、課税売上割合の計算上、分母に算入します。

4．留意事項

(1) 課税売上割合は、事業者がその課税期間中に国内において行った資産の譲渡等の対価の額（税抜き）の合計額に占める課税資産の譲渡等の対価の額（税抜き）の合計額の割合とされていますから、課税売上割合の計算を事業所単位又は事業部単位等で行うことは認められません（消基通11-5-1）。

(2) 消費税が不課税となる見舞金、祝金、寄附金、保険金、配当金又は補助金等は、課税売上割合の計算上、分母及び分子のいずれにも算入しません。

(3) いわゆる信用取引による有価証券の譲渡は、それが現物を伴う取引であることについては通常の現物取引と異なるものではありませんから、その有価証券の譲渡の対価の額の5％に相当する金額を分母に算入することとなります（消令48⑤）。

(4) 金銭の貸付けは非課税取引ですが、非居住者に対する金銭の貸付けのように輸出取引等に該当するもの（消令17③）で、その証明がされたものは、課税資産の譲渡等に係る輸出取引等として取り扱うこととされています（消法31①）。したがって、課税売上割合の計算上、非居住者に対する金銭の貸付け等である旨の証明がされるものに係る貸付金の利子については、課税資産の譲渡等の対価として、分子にも算入します（消令51②）。

(5) 有価証券、支払手段、金銭債権の輸出は、課税資産の譲渡等に係る輸

出取引とみなすものには含まれませんから、課税売上割合の計算上、分子には算入しないこととなります（消法31①、消令51①）。

(6)　課税売上割合を計算する場合における国内において行った資産の譲渡等の対価の額又は課税資産の譲渡等の対価の額には、輸出取引に係る対価の額は含まれますが、国外取引に係る対価の額は含まれません（消基通11-5-4）。

(7)　課税売上割合については、原則として、端数処理は行いませんが、事業者がその生じた端数を切り捨てているときは認められます（消基通11-5-6）。

47. 課税売上割合の変動に伴う仕入控除税額の調整

Q 課税売上割合が著しく変動した場合の仕入控除税額の調整方法を説明してください。

　課税事業者が調整対象固定資産の課税仕入れ等に係る消費税額について比例配分法（※1）により計算した場合で、その計算に用いた課税売上割合が、その取得した日の属する課税期間（以下「仕入課税期間」という。）以後3年間の通算課税売上割合（※2）と比較して著しく増加したとき又は著しく減少したときは、第3年度の課税期間（※3）において仕入控除税額の調整を行います。

　なお、この調整は、調整対象固定資産（※4）を第3年度の課税期間の末日に保有している場合に限って行うこととされていますので、同日までにその調整対象固定資産を除却、廃棄、滅失又は譲渡等したことにより保有していない場合には行う必要はありません。

──────────── 解　説 ────────────

1. 通算課税売上割合が著しく増加した場合

118

　通算課税売上割合が仕入課税期間の課税売上割合に対して著しく増加した場合には、次の金額（加算金額）を第3年度の課税期間の仕入控除税額に加算します。

$$加算\\金額 = \left[\begin{array}{c}調整対象\\基準税額^{(※5)}\end{array} \times \begin{array}{c}通算課税\\売上割合\end{array}\right] - \left[\begin{array}{c}調整対象\\基準税額\end{array} \times \begin{array}{c}その仕入課税期間の\\課税売上割合\end{array}\right]$$

　著しく増加した場合とは、次のいずれにも該当する場合をいいます。

(イ) $\dfrac{通算課税売上割合 - 仕入課税期間の課税売上割合}{仕入課税期間の課税売上割合} \geqq \dfrac{50}{100}$

(ロ) 通算課税売上割合 - 仕入課税期間の課税売上割合 $\geqq \dfrac{5}{100}$

2．通算課税売上割合が著しく減少した場合

　通算課税売上割合が仕入課税期間の課税売上割合に対して著しく減少した場合には、次の金額（減算金額）を第3年度の課税期間の仕入控除税額から控除します。

$$減算\\金額 = \left[\begin{array}{c}調整対象\\基準税額\end{array} \times \begin{array}{c}その仕入課税期間の課税\\売上割合\end{array}\right] - \left[\begin{array}{c}調整対象\\基準税額\end{array} \times \begin{array}{c}通算課税\\売上割合\end{array}\right]$$

　著しく減少した場合とは、次のいずれにも該当する場合をいいます。

(イ) $\dfrac{仕入課税期間の課税売上割合 - 通算課税売上割合}{仕入課税期間の課税売上割合} \geqq \dfrac{50}{100}$

(ロ) 仕入課税期間の課税売上割合 - 通算課税売上割合 $\geqq \dfrac{5}{100}$

　なお、控除しきれない金額があるときには、その金額を第3年度の課税期間の課税売上高に係る消費税額の合計額に加算します（消法2、消法30、消法33、消令5、消令53、消基通12-3-3）。

（※1）　個別対応方式において課税資産の譲渡等とその他の資産に共通して要するものについて、

課税売上割合を乗じて仕入控除税額を計算する方法又は一括比例配分方式により仕入控除税額を計算する方法をいいます。なお、課税売上割合が95％以上（平成24.4.1以後に開始する課税期間からは、当課税期間における課税売上割合が95％以上かつ課税売上高が5億円以下となります。）であるためその課税期間の課税仕入れ等の税額の全額が控除される場合を含みます。

（※2）　仕入課税期間から第3年度の課税期間までの各課税期間中の総売上高に占める課税売上高の割合をいいます。

（※3）　「第3年度の課税期間」とは、仕入課税期間の初日から3年を経過する日の属する課税期間をいいます。

（※4）　棚卸資産以外の資産で、建物及びその附属設備、構築物、機械及び装置、船舶、航空機、車両及び運搬具、工具、器具及び備品、鉱業権その他の資産で、一の取引単位の価額（消費税及び地方消費税に相当する額を除いた価額）が100万円以上のものをいいます。

（※5）　調整対象基準税額とは、第3年度の課税期間の末日に保有している調整対象固定資産の課税仕入れ等の消費税額をいいます。

48. 課税業務用に購入したスクールバスの非課税業務用への転用

Q 当学校法人では、前年度に購入したスクールバス（調整対象固定資産）を課税業務用にのみ供するものとして個別対応方式により仕入税額控除の計算を行ったのですが、当年度からスクールバス料金に相当する金額を施設設備費（非課税の学納金）として、生徒から一律に一定額を徴収することに変更しました。この場合、消費税法上、調整計算が必要になると聞きましたが、どのように行うのでしょうか。なお、当該スクールバスは購入日から1年超経過しています。

A 課税事業者が、調整対象固定資産を課税業務用にのみ供するものとして個別対応方式により仕入税額控除の計算を行った場合で、この調整対象固定資産を3年以内に非課税業務用としたときは、転用した日に応じ次の金額をその転用した日の属する課税期間における課税仕入れ等の合計額から控除します（消法34）。

　なお、この場合でも、調整対象固定資産を課税仕入れしてから3年間は一般課税方式による申告が必要であり、この間に簡易課税方式を選択する

ことはできません。

― 解　説 ―

調整税額の算定

転用の日		調整税額
仕入れの日から	1年以内	調整対象税額[※1]の全額
	1年超 2年以内	調整対象税額 $\times \dfrac{2}{3}$
	2年超 3年以内	調整対象税額 $\times \dfrac{1}{3}$

　控除しきれない金額は控除過大調整税額として、課税標準額に対する消費税額に加算します。

　したがって、貴学校法人では、課税業務用にのみ供するものとして購入したスクールバスを購入日から1年超経過してから非課税業務用に転用しているので、当該スクールバスの調整対象税額の3分の2を当年度における課税仕入れ等の合計額から控除することになります。

（※1）　その調整対象固定資産の仕入対価に係る税額。

49. 個別対応方式及び一括比例配分方式による控除対象仕入税額の計算

> **Q**　個別対応方式（消法30②一）及び　括比例配分方式（消法30②二、消法30④）について説明してください。

　事業者（免税事業者を除く）が、国内において課税仕入れ等を行った場合には、その課税期間における課税標準に対する消費税額から、課税仕入れ等の税額を控除することとされています。この控除対象となる消

費税額の計算方法は、課税仕入れ等に係る消費税額の全額を仕入税額控除できる「全額控除方式」と課税仕入れ等の税額に対して課税売上割合を乗じる際に、個々の仕入を課税売上、非課税売上との対応関係で区分する「個別対応方式」（消法30②一）とそうした区分を行わない「一括比例配分方式」（消法30②二、消法30④）に分類されます。

解　説

課税仕入れ等の税額に係る仕入税額控除制度

事業者の区分			仕入控除税額の計算方法	
原則	課税資産の譲渡等のみを行っている事業者		全額控除方式	
	課税売上割合が95%以上の事業者	課税売上高5億円以下		
		課税売上高5億円超	選択	個別対応方式
	課税売上割合が95%未満の事業者			一括比例配分方式
特例	簡易課税制度適用者		課税標準額に対する消費税額にみなし仕入率を乗じて計算	

1．個別対応方式

　個別対応方式は、その課税期間における個々の課税仕入れ等の全てについて、次の三つの区分が明らかにされている場合に適用できる計算方法です（消法30②一）。

(1)　課税売上対応分

(2)　非課税売上対応分

(3)　共通対応分

　個別対応方式を適用する場合の仕入控除税額の計算方法は次のとおりとなります。

$$
\text{仕入控除税額} = \text{課税売上対応分に係る消費税額} + \left[\text{共通対応分に係る消費税額} \times \text{課税売上割合}\right]
$$

2．一括比例配分方式

　一括比例配分方式は、個別対応方式を適用しない場合、つまり、その課

税期間における課税仕入れ等を課税売上対応分、非課税売上対応分及び共通対応分にその区分が明らかにされていない場合に適用する、又は区分が明らかにされている場合であっても適用できる計算方法です（消法30②二）。

一括比例配分方式を適用する場合の仕入控除税額の計算方法は次のとおりです。

$$仕入控除税額 = その課税期間中の課税仕入れ等に係る消費税額の合計額 \times 課税売上割合$$

3．留意点

(1)　一括比例配分方式を適用した事業者は、この計算方法を適用した課税期間の初日から同日以後2年を経過する日までの間に開始する各課税期間において、継続してこの一括比例配分方式を適用しなければならないこととされています（消法30⑤、消基通11-2-21）。一括比例配分方式を2年間以上継続して適用（各課税期間が1年で前課税期間及び前々課税期間にも一括比例配分方式を適用）している場合は、当課税期間の確定申告を個別対応方式により行うことは可能です。

なお、仮決算に基づく中間申告の計算で一括比例配分方式を適用したときでも、その期間からの2年間の継続適用要件はなく、当該課税期間分に係る確定申告については、個別対応方式を適用して差支えないとされています（消基通15-2-7）。

(2)　一括比例配分方式を適用した事業者は、その課税期間において課税売上割合に準ずる割合の適用はできません（消法30③）。

(3)　個別対応方式又は一括比例配分方式のいずれによって計算するかは、確定申告の際に選択します（消法30①、②）。したがって、一括比例配分方式を適用して確定申告を行った後に、更正の請求により個別対応方式に変更することはできません。課税仕入れ等につき、売上げとの対応関係を正しく区分して経理している事業者は、個別対応方式によることも一括比例配分方式によることも認められ、いずれの計算によっても正しい控除対象仕入税額の計算となります。国税通則法第23条は、「当該

申告書に記載した課税標準等若しくは税額等の計算が国税に関する法律の規定に従つていなかつたこと又は当該計算に誤りがあつたことにより、当該申告書の提出により納付すべき税額が過大であるとき」は、法定申告期限から5年以内（平成23年改正）に限り、更正の請求をすることができるものとしています。このため一括比例配分方式による計算は、「税額等の計算が国税に関する法律の規定に従っていなかったこと」にも、「計算に誤りがあったこと」にも該当しないため、更正の請求の対象となりません。

4. 個別対応方式と一括比例配分方式のメリット及びデメリット

区分	個別対応方式	一括比例配分方式
メリット	▶継続適用の要件がない。 ▶一括比例配分方式に比べて控除税額が多くなる場合が多い。 ▶共通して要する課税仕入れ等を合理的な基準で区分することによる節税の可能性がある。 ▶課税売上割合に準ずる割合を活用することができる。 ▶非課税業務用調整対象固定資産を課税業務用に転用した場合の調整の適用がある。	▶課税仕入れ等の用途を区分する必要がない。 ▶非課税資産の譲渡等にのみ要する課税仕入れ等の税額についても課税売上割合が著しく増加した場合の調整の適用がある。 ▶課税業務用調整対象固定資産を非課税業務用に転用した場合の調整の適用がない。
デメリット	▶課税仕入れ等の用途を区分する必要がある。 ▶非課税資産の譲渡等にのみ要する課税仕入れ等の税額は一切控除できない。 ▶課税業務用調整対象固定資産を非課税業務用に転用した場合の調整の適用がある。	▶2年間継続適用しなければならない。 ▶棚卸資産など、課税売上げにのみ要する課税仕入れ等の税額についても課税売上割合を適用して計算しなければならない。 ▶課税売上割合に準ずる割合の適用がない。 ▶課税業務用調整対象固定資産についても課税売上割合が著しく減少した場合の調整の適用がある。 ▶非課税業務用調整対象固定資産を課税業務用に転用した場合の調整の適用がない。

50. 個別対応方式を採用する上での注意点

> **Q** 個別対応方式を採用する上で注意すべき点を教えてください。

 個別対応方式により仕入れに係る消費税額を計算する場合には、その課税期間中において行った個々の課税仕入れ等について、必ず、1．課税資産の譲渡等にのみ要するもの、2．その他の資産の譲渡等にのみ要するもの及び3．課税資産の譲渡等とその他の資産の譲渡等に共通して要するものとに区分しなければなりません。したがって、例えば、課税仕入れ等の中から課税資産の譲渡等にのみ要するものを抽出し、それ以外のものを全て課税資産の譲渡等とその他の資産の譲渡等に共通して要するものに該当するものとして区分することは認められていません（消基通11-2-18）。

解　説

1．「課税資産の譲渡等にのみ要するもの」の意義

　「課税資産の譲渡等にのみ要するもの」とは、課税資産の譲渡等を行うためにのみ必要な課税仕入れ等をいい、例えば、次に掲げるものの課税仕入れ等がこれに該当します。

(1) 購入してそのまま他に販売される講義用副教材等のテキスト（課税売上用）に係る購入代金

(2) 課税売上げのみを行っている購買部で消費又は使用される光熱費や備品支出

(3) 課税売上げのみを行っている公開講座に係るパンフレットの印刷代

　なお、当該課税仕入れ等を行った課税期間において当該課税仕入れ等に対応する課税資産の譲渡等があったかどうかは問いません。すなわち、課税資産の譲渡等を行うために要したものではなく、要する目的で取得され

たものであれば、その課税期間中に実際の課税資産の譲渡等が行われていなくても、そのことをもって仕入控除税額が認められないというものではありません（消基通11-2-12）。

２．不課税取引のために要する課税仕入れの取扱い

「課税資産の譲渡等とその他の資産の譲渡等に共通して要するもの」とは、原則として課税資産の譲渡等と非課税資産の譲渡等に共通して要する課税仕入れ等をいいますが、例えば、学校債の発行に当たって印刷業者へ支払う印刷費等のように資産の譲渡等に該当しない取引に要する課税仕入れ等は、課税資産の譲渡等とその他の資産の譲渡等に共通して要するものに該当するものとして取り扱います（消基通11-2-16）。

３．留意点

個別対応方式からはいつでも一括比例配分方式に変更できますが、一括比例配分方式で消費税額を計算して申告した場合、最低２年間は一括比例配分方式で消費税額を計算して申告する必要があります。そのため、当事業年度の税額の比較だけではなく、翌事業年度の状況も考慮に入れてどちらを採用するか判断する必要があります（消法30⑤）。

なお、これらの計算方式の選択届出書はありません。確定申告書の一面にある「参考事項」欄のところで、個別対応方式か一括比例配分方式かに〇印を付けることで、どちらの方法によって計算したかを明らかにすることになっています。

51. 居住用賃貸建物の取得等に係る仕入税額控除の制限

> **Q** 居住用の賃貸建物を購入すると消費税の納付額が増加すると聞きました。これについて説明してください。

 令和２年消費税法改正により、事業者が、国内において行う一定の居住用賃貸建物に係る課税仕入れ等の税額については、仕入税額控除の

対象としないこととされました（消法30⑩）。

● ───── **解　説** ───── ●

　令和2年消費税法改正により、事業者が、国内において行う居住用賃貸建物（住宅の貸付けの用に供しないことが明らかな建物以外の建物であって高額特定資産又は調整対象自己建設高額資産に該当するもの）に係る課税仕入れ等の税額については、仕入税額控除の対象としないこととされました（消法30⑩）。住宅の貸付けの用に供しないことが明らかな建物とは、例えばすべてが店舗である建物など、建物等の設備等の状況により住宅の貸付けの用に供しないことが客観的に明らかな建物をいいます。すなわち住宅の貸付け（非課税売上）のために供される可能性のある固定資産の購入（課税仕入）の税額は控除できないこととなり、消費税額がその分増加することとなります。例えば、学校法人において、居住用マンションを購入した場合、購入に係る仕入税額を控除できず消費税納付額が増加することになります。

　個別対応方式では非課税売上対応の課税仕入税額は全額控除できないこととなり、その分全額の消費税納付額が増えることになりますが、一括比例配分方式では課税仕入税額×課税売上割合で計算される仕入税額が控除されないこととなりその分の消費税納付額が増えることになります。

52. 不課税収入と特定収入の違い

> **Q** 不課税収入と特定収入の違いについて、学校法人の場合を中心に説明してください。

 不課税収入とは、対価性のない収入、すなわち対価を得て行う資産の譲渡及び貸付け並びに役務の提供取引に該当しない取引であるにもかかわらず学校法人が受け取る収入をいいます。一方、特定収入とは、不課税収入のうち、補助金、交付金、寄附金等の収入で、法令、交付要綱等に

より「特定支出」以外のものに使用することとされている収入をいいます。「特定支出」とは、例えば、人件費支出、利息支出、土地購入支出、借入金等の返済支出など課税仕入れ等以外の支出をいい、おおむね「非課税又は不課税支出」と一致します（消法60④、消令75①）。借入金の返済支出に関しては、特殊な借入金等（法令により返済のための補助金、負担金等の交付が規定されているもの）の返済支出は「特定支出」に含まれますが、それ以外の通常の借入金等の返済支出は「特定支出」には含まれません。この特定収入は、Q56で説明する仕入控除税額の特例計算に関係します。

解　説

不課税収入の内訳

不課税収入	特定収入	課税仕入れ等に使途が特定された特定収入	仕入控除税額の調整に関係します。
		使途不特定の特定収入	
	特定収入以外の収入		仕入控除税額の調整に関係しません。

1．特定収入の分類

　特定収入は、それに対応する支出の使途が法令、交付要領等により定められているか否かによって、以下のとおり分類されます。

(1)　課税支出に使用する収入として使途が定められている特定収入「課税仕入れ等に使途が特定された特定収入」

(2)　課税支出、非課税又は不課税支出のいずれに使用するかが明確に定められていない、換言すれば使途の税区分が定められていない特定収入（「使途不特定の特定収入」）に区分されます。

2．課税仕入れ等に使途が特定された特定収入の要件

(1)　次の①、②のいずれかによって使途が明示されていること

　①　法令

② 交付要綱等（補助金等の交付決定書、積算内訳書、実績報告書を含む）

交付要綱等とは、国、地方公共団体又は特別の法律により設立された法人が作成したその収入の使途を定めた文書をいう。

(2) 収入の使途が課税支出のみに限定されていること

学校法人の場合、法令等により交付される収入として挙げられるものは、国、地方公共団体及び特別の法律により設立された法人から交付される補助金収入など。

3. 使途不特定の特定収入の具体的内容

(1) 特別寄附金（指定寄附金及び受配者指定寄附金を除く）

(2) 一般寄附金

(3) 国庫補助金、地方公共団体等補助金のうち、使途内訳が明確になっていない補助金

(4) 奨学基金運用収入及び受取配当金のうちの証券投資信託の特別配当金部分並びに株式配当金、出資分配金

(5) 損害賠償金収入（資産譲渡等に対する対価受取収入に該当しないものに限る）

(6) 上記③以外の補助金、違約金収入（同上）

(7) 保険金収入（同上）

4. 留意点

(1) 特別寄附金は、用途指定はありますが、原則として法令等に基づかないので使途不特定の特定収入となります（指定寄附金と受配者指定寄附金を除く）。

(2) 現物寄附金は、資金の受入れがないので、消費税法上は取引がなかったものとして取り扱います。

53. 使途が特定されている補助金の収入区分

Q 交付要綱等において人件費に充てるべきこととされている補助金を交付されており、当該補助金を給料及び通勤手当として教職員に支払っています。この場合、当該補助金は特定支出のためにのみ使用するものでないことから、全額が特定収入に該当することとなると考えられますが、当該補助金における実績報告書において通勤手当として支出した金額が明らかにされている場合には、当該金額のみを特定収入とし、それ以外の金額については、特定収入に該当しないものとして取り扱ってよいでしょうか。

A 補助金における実績報告書において通勤手当として支出した金額が明らかにされている場合には、当該金額のみを特定収入とし、それ以外の金額については、特定収入に該当しないものとして取り扱うことができます。

───────────── **解 説** ─────────────

　資産の譲渡等の対価以外の収入の使途が特定されているかどうかは、一般的には法令又は交付要綱等（国、地方公共団体又は特別の法律により設立された法人から資産の譲渡等の対価以外の収入を受ける際にこれらの者が作成した当該収入の使途を定めた文書をいう。）に定めたところによりますが、この場合の交付要綱等には、補助金等を交付する者が作成した補助金等交付要綱、補助金等交付決定書のほか、これらの付属書類である補助金等の積算内訳書、実績報告書を含むこととされています（消基通16-2-2）。

　したがって、実績報告書において、通勤手当として支出した金額が明らかにされている部分に係る補助金を特定収入とし、給料として支出した金額に係る補助金を特定支出のためにのみ使用することとされている収入として特定収入に該当しないものとして取り扱って差し支えありません^(※1)。

130

（※1） 国税庁質疑応答事例「人件費に使途が特定されている補助金」

54. 補助金の使途特定方法

Q 補助金の使途特定方法について、各都道府県において指定された 使途特定方法が存在すれば、それぞれの様式を示してください。

A 私立学校経常費補助金の消費税上の扱いについて、東京都総務局学事 部長及び千葉県総務部長より、下記の通知が発出されていて、その中 で使途が特定されています。

                                                    2総学一第56号
                                                    平成2年4月25日

学校法人理事長
私立学校等設置者　殿

                                        東京都総務局学事部長

                                          瀬　田　悌三郎　　印

                    私立学校経常費補助金の消費税上の
                    扱いについて（通知）

　東京都私立学校経常費補助金に係る消費税法第60条第4項（消費税法施行令第75条第1
項第6号）の特定収入の扱いについては，国税庁と協議した結果，下記により取扱ってよ
い旨の了承が得られたので，通知します。

                            記

1　東京都私立学校経常費補助金については，本補助金に係る事業実績報告書の費目別補
　助金執行実績における科目別補助金使用額により，使途を特定する。
　この結果，平成元年度における本補助金の取扱いは，次のとおりとなる。
　(1)　本務教職員人件費支出……特定収入に該当しない
　(2)　下記の支出…………………課税仕入れに使途が特定されている
                            特定収入に該当
　　　・消耗品費支出　　・貸借料支出のうち，OA機器のレンタル・リースに要する経費
　　　・光熱水費支出
　　　・印刷製本費支出　・教育研究用機器備品支出
　　　・出版物費支出　　・図書支出
　　　・修繕費支出
2　学校法人は，特定収入に関する書類・帳簿を課税期間の末日の翌日から2ケ月を経過
　した日から7年間保存すること。
3　下記補助金についても，経常費補助金と同様の取扱いとなる。
　　　・私立幼稚園教育振興事業費補助
　　　・私立専修学校教育振興費補助

学　　　第83号

平成 2 年 5 月16日

関係学校法人理事長　様

千 葉 県 総 務 部 長

（公印省略）

私立学校経常費補助金に係る消費税法上の取扱いについて（通知）

　千葉県が交付している私立学校経常費補助金に係る消費税法第60条第 4 項に定める特定収入の取扱いについては，千葉東税務署長と協議を行った結果，下記の方法による証明をもって消費税法施行令第75条第 1 項第 6 号ロに定める使途を明らかにした文書に該当することに取扱って差し支えない旨の了承が得られましたので通知します。（平成 2 年 5 月14日付け千東間第69号千葉東税務署長回答）

　なお，このことについては，国税庁との内部協議が済んでいるとのことでありますので念のため申し添えます。

記

1．補助金の使途を特定する方法

　補助の対象となった教職員等の人件費（通勤手当を除く），通勤手当及び経費（教育研究経費，管理経費）の決算額に応じ，その支出割合により補助金がそれぞれ使用されたものと県が別紙様式により証明することによって使途を特定する。

　なお，このことによって人件費に使用された補助金については，消費税法第60条第 4 項に定める特定収入以外の収入，すなわち特定収入以外の不課税収入として扱われ納付税額の計算から除かれることとなります。

2．使途証明願提出に当たっての留意点

①　使途証明願は，学校単位ではなく本県から経常費補助金を受けている学校すべてについて，一括して当該学校を設置する学校法人で行うこと。

②　使途証明願は，県（学事課）へ 2 部提出すること。

③　使途証明願と合わせて当該年度の財務計算書類のうち，次のアおよびイの書類を 1 部提出すること。

　ア．資金収支内訳表（支出の部）

　　　設置する学校が 1 校のみで資金収支内訳表の作成を要しない学校法人にあっては，資金収支計算書（支出の部）とする。

イ．人件費支出内訳表

なお，「通勤手当」の支出状況を明らかにすること。

［例］

決算処理上「通勤手当」を「その他の手当」として他の諸手当と含めて計上している場合は，当該金額を（　）で内書きすること。

（本証明用のみ）

④　経常費補助金の補助対象経費は，補助対象となった学校に係る次の経常的経費であるので，経常費補助金使用額の計算に当たっては十分注意すること。

　ア．人件費・・・教職員等の人件費（役員報酬を除く）

　イ．経　費・・・教育研究経費，管理経費

　　　　　　　　　（監査報酬，補助活動支出を除く）

⑤　経常費補助金使用額の計算は，次によること。

人件費に係る経常費補助金使用額

$$\frac{\text{人件費（通勤手当を除く）}}{\text{人件費 ＋ 経 費}} \times \text{補助金交付確定額}$$

　※　1円未満の端数は切り捨てること。

通勤手当及び経費に係る経常費補助金使用額

$$\frac{\text{通勤手当 ＋ 経 費}}{\text{人件費 ＋ 経 費}} \times \text{補助金交付確定額}$$

（注1）　人件費，経費については，④のア及びイをそれぞれ意味する。

（注2）　人件費に係る経常費補助金使用額及び，通勤手当及び経費に係る経常費補助金使用額の合計額は，必ず補助金交付確定額に一致すること。

3．その他

　納税義務のない学校法人および簡易課税方式を選択した学校法人は，このことについては問題ありません。

様　式　　　　　　　　　　　　　　　　　　　　年　　月　　日

　千葉県知事　　　　　　　様

　　　　　　　　　　　　　　　　学校法人所在地

　　　　　　　　　　　　　　　　学校法人　○　○　学園

　　　　　　　　　　　　　　　　　理事長　氏　　　　　名印

使 途 証 明 額

　このたび，消費税の申告・納付に当たり必要がありますので，　　年　　月　　日付け千葉県学達第　　　号の　　　　（及び　　年　　月　　日付け千葉県学連第　　号の　　　）をもって額の確定のあった　　　年度私立学校経常費補助金については，学校法人○○学園が設置する○○学校（外○校）の経常的経費に下記のとおり使用したことを証明してください。

記

	補助対象経費決算額	左の支出割合	経常費補助金使用額
人　件　費	円	％	円
通　勤　手　当			
経　　　　費			
計			

（注）1．補助対象経費欄には，補助対象となった教職員等に係る人件費（通勤手当を除く），教職員等に係る通勤手当及び経費（教育研究所費及び管理経費）の当該年度の決算額をそれぞれ記入すること。

　　　2．支出割合欄には，補助対象経費の決算総額に対する人件費（通勤手当を除く）並びに通勤手当及び経費の合計額に対する支出割合を記入すること。

　　　3．経常費補助金使用額欄には，経常費補助金確定額に補助対象経費の支出割合を乗じて得た額を記入すること。

　　　4．本県から複数の学校（幼稚園）に対して経常費補助金の交付を受けている学校法人等にあっては，学校別内訳表を添付すること。

年度　経常費補助金学校別使用状況

学校法人名

	○　○　学　校			○　○　学　校			合　　計		
	補助対象経費決算額	左の支出割合	経常費補助金使用額	補助対象経費決算額	左の支出割合	経常費補助金使用額	補助対象経費決算額	左の支出割合	経常費補助金使用額
人件費	円	％	円	円	％	円	円	％	円
通勤手当									
経費									
計									

（注）　本県からの経常費補助金の交付対象が一校のみの学校法人等にあっては，内訳表の添付は不用です。

55. 活動区分資金収支計算書上の寄付金収入及び補助金収入の区分と消費税法上の特定収入の区分

Q 活動区分資金収支計算書では、寄付金収入及び補助金収入について「教育活動による資金収支」に属するものと「施設整備等活動による資金収支」に属するものとに区分して計上することとされています。このうち、「施設整備等活動による資金収支」に属するものとして区分される「施設設備寄付金収入」及び「施設設備補助金収入」は、消費税法上、課税仕入れ等に使途が特定された特定収入として取り扱われますか。

A 課税仕入れ等に使途が特定された特定収入は、法令又は交付要綱等により課税仕入れ等に充当されることが明らかな特定収入をいいます。したがって、「施設設備寄付金収入」については、寄附者の意思が寄附金趣意書、寄附金申込書等により課税仕入れ等に使途が特定されていても、これらの書類は法令又は交付要綱に基づくものではないので、課税仕入れ等に使途が特定された特定収入とはならず、使途不特定の特定収入として取り扱われます。一方、「施設設備補助金収入」については、法令や交付要綱等で課税仕入れ等に充当する旨の指定があるものに限り、課税仕入れ等に使途が特定された特定収入として取り扱われます。なお、利子補給を目的とした補助金については、学校法人会計では「施設整備等活動による資金収支」の活動区分で「施設設備補助金収入」として表示します。一方、消費税法では、補助金収入には該当しますが、特定収入には該当しない収入として取り扱いますので、注意が必要です。

━━━━━━━━━━━━━ **解 説** ━━━━━━━━━━━━━

　課税仕入れ等に係る特定収入は、課税仕入れ等にのみ使用されるもので、そのことが法令や交付要綱等により明らかにされている特定収入をいいます。

これは結果として課税仕入れ等に充当されたことが明らかなものではなく、あらかじめ、法令又は交付要綱等で課税仕入れ等に充当する旨の指定があるものをいうとされています。

　これに対して、使途不特定の特定収入は、課税仕入れ等に充当するという指定のない特定収入です。対価性のない会費や寄附金、補助金のうち法令や交付要綱等で課税仕入れ等に充当する旨の指定があるもの以外の補助金などをいい、法令や交付要綱等によっても、課税仕入れ等に充当されるのかどうか使途が判別しない特定収入を含みます（消法60④、消令75①）。

　このように消費税法上における特定収入の区分では、「法令や交付要綱等」による使途の特定が主たる判断基準となっており、寄附金趣意書、寄附金申込書等により寄附者の意思が課税仕入れ等に使途特定されていても、これらの書類は消費税法上「法令や交付要綱等」に該当しないので、これに基づいて使途を特定することはできません。財務省告示の指定寄附金及び日本私立学校振興・共済事業団を経由する受配者指定寄付金については、募集趣旨等によりその使途が定められており、その内容が財務省告示又は日本私立学校振興・共済事業団の通知書において明らかにされることから、それらの書類に基づいて使途を特定することになります。

　一方で、補助金収入については当該補助金交付の根拠法令、交付要綱等により使途を特定することが可能です。この交付要綱等には、補助金等を交付する者が作成した補助金等交付要綱、補助金等交付決定書のほか、これらの附属書類である補助金等の積算内訳書、実績報告書を含むものとされています（消基通16-2-2）。したがって、これらの書類により課税仕入れ等に充当する旨の指定があるものに限り、課税仕入れ等に使途が特定された特定収入として取り扱われます。

　なお、新校舎の建設の融資に係る利子の一部を助成するなどの利子補給を目的とした補助金については、学校法人会計と消費税法とで異なる考え方を取っています。すなわち、学校法人会計基準では、利子補給を目的とした補助金については、融資に対する利子の補助金であり、また、「その他の活動

による資金収支」にも該当していないことから、「教育活動による資金収支」の活動区分に計上するという考え方もあります。しかし、施設の充実を図る目的で補助されるものであるので、補助金の交付者の目的に照らして「施設整備等活動による資金収支」の活動区分に計上することになります（「1-4 補助金収入の区分」「『学校法人会計基準の一部改正に伴う計算書類の作成について（通知）』に関する実務指針　学校法人委員会実務指針第45号」日本公認会計士協会）。

　一方で、消費税法では、法令又は交付要綱等において、課税仕入れに係る支払対価の額や課税貨物の引取価額に係る支出、借入金等の返済金又は償還金に係る支出以外の支出（特定支出）のためにのみ使用することとされている収入は特定収入に該当しないものとされています（消令75①六）。ここで特定支出のためにのみ使用する収入とは、人件費補助金、利子補給金、土地購入のための補助金などを言いますので、利子補給を目的とした補助金は、利子補給金に該当し、特定収入には該当しない収入となります。

56. 仕入控除税額の特例計算

> **Q** 学校法人は、営利法人とは異なり、消費税法上、仕入税額控除の特例が設けられていると聞きましたが、どのような計算を行うのか説明してください。

A 国、地方公共団体、公共・公益法人等（以下、本Q＆Aにおいては「学校法人」とします。）は、公共性が強い事業活動を行っており、補助金、寄附金等の対価性のない収入を恒常的な財源としています。このような対価性のない収入によって賄われる課税仕入れ等は、課税売上げのコストを構成しない、言わば最終消費者的な性格を持つものと考えられます。また、消費税法における仕入税額控除制度は、税の累積を排除するためのものですから、対価性のない収入を原資とする課税仕入れ等に係る税額を課税売

上げに係る消費税の額から控除することには合理性がありません。そこで、学校法人については、通常の方法により計算される仕入控除税額について調整を行い、補助金等の対価性のない収入（特定収入）により賄われる課税仕入れ等に係る税額について、仕入税額控除の対象から除外することとしています。これを「国、地方公共団体、公共・公益法人等の仕入控除税額の特例計算」といいます。

解　説

　学校法人が課税仕入れ等を行う場合において、当該課税仕入れ等の日の属する課税期間において資産の譲渡等の対価以外の収入（以下「特定収入」という。）があり、かつ、当該特定収入の合計額が当該課税期間における資産の譲渡等の対価の額（消費税法第28条第1項に規定する対価の額をいう。）の合計額に当該特定収入の合計額を加算した金額のうちに当該特定収入の合計額の占める割合が100分の5を超える場合には、当該課税期間の課税標準額に対する消費税額から控除することができる課税仕入れ等の税額の合計額は、通常の計算に基づく課税仕入れ等の税額の合計額から特定収入に係る課税仕入れ等の税額として必要な調整を行った金額を控除した残額に相当する金額とする（消法60④、消令75）とされています。ただし、次に掲げる場合には、仕入控除税額の調整を行う必要はありません。

① その課税期間の仕入控除税額について簡易課税制度を適用して計算する場合
② その課税期間における特定収入割合が5％以下である場合

　なお、特定収入割合とは、特定収入の合計額が、資産の譲渡等の対価の合計額にその特定収入の合計額を加算した金額に占める割合をいいます。この場合の資産の譲渡等の対価の額は、課税売上高（税抜）、免税売上高、非課税売上高の合計額に、国外において資産の譲渡等があった場合には国外にお

ける資産の譲渡等を加算した額になります。

　学校法人が簡易課税制度を適用せず、一般課税により仕入控除税額を計算する場合で、この特定収入割合が5％を超えるときは、通常の計算方法によって算出した仕入控除税額から一定の方法によって計算した特定収入に係る課税仕入れ等の消費税額を控除した残額をその課税期間の仕入控除税額とする調整が必要となります。ただし、学校法人が簡易課税制度を適用している場合又は特定収入割合が5％以下である場合には、この仕入控除税額の調整をする必要はなく、通常の計算方法によって算出した仕入控除税額の全額をその課税期間の仕入控除税額とします（消法60、消令75）。

〔特定収入割合の算式〕

$$特定収入割合 = \frac{特定収入の合計額}{資産の譲渡等の対価の合計額 ＋ 特定収入の合計額}$$

　資産の譲渡等の対価の額は、税抜課税売上高、免税売上高、非課税売上高、国外における資産の譲渡等の対価の額の合計をいいます。

　非課税売上高に該当する有価証券等又は資産の譲渡対価以外の金銭債権の譲渡については、課税売上割合を計算する場合、譲渡価額の5％を分母に算入しますが（消令48⑤）、特定収入割合を計算する場合には譲渡価額の全額を分母に算入することになります。

57.　特定収入に係る課税仕入れ等の税額の計算

> **Q**　特定収入に係る課税仕入れ等の税額の計算について、具体的なケースに分類して説明してください。

A　簡易課税制度を適用せず、一般課税により仕入控除税額を計算する場合で、特定収入割合が5％を超えるときは、特定収入に係る課税仕入

れ等の税額は仕入税額控除の対象となりません。この場合は、課税売上割合が95％以上（かつ課税売上高５億円以下）のとき、又は課税売上割合が95％未満（又は課税売上高５億円超）のときにおける個別対応方式若しくは一括比例配分方式の区分に応じて計算した調整前の仕入控除税額から、特定収入に係る課税仕入れ等の税額を控除した後の金額が仕入控除税額となります。

— **解　説** —

仕入控除税額の調整がある場合の納付税額は、次の計算式により計算した金額となります。

$$
納付税額 = \begin{array}{c} その課税期間中 \\ の課税標準額に \\ 対する消費税額 \end{array} - \left[\begin{array}{c} 調整前の仕 \\ 入控除税額^{(※1)} \end{array} - \begin{array}{c} その課税期間中の \\ 特定収入に係る課 \\ 税仕入れ等の税額 \end{array} \right]
$$

1．課税売上割合が95％以上の場合（かつ課税売上高５億円以下）の特定収入に係る課税仕入れ等の税額の計算

特定収入に係る課税仕入れ等の税額 ＝ ① ＋ ②

① 特定収入のうち課税仕入れ等にのみ使途が特定されている部分の金額（課税仕入れ等に係る特定収入の額） $\times \dfrac{7.8^{(※2)}}{110}$

② （調整前の仕入控除税額 － ①の金額） × 調整割合

②の波線部分の金額がマイナスとなる場合の特定収入に係る課税仕入れ等の税額

$$
\begin{array}{c} 特定収入に係る課 \\ 税仕入れ等の税額 \end{array} = ①の金額 - \left[①の金額 - \begin{array}{c} 調整前の \\ 仕入控 \\ 除税額 \end{array} \right] \times 調整割合
$$

調整割合とは、使途不特定の特定収入に対応する課税仕入れ等の税額を

算定するための割合をいい、その課税期間における資産の譲渡等の対価の額の合計額にその課税期間における課税仕入れ等に係る特定収入以外の特定収入（使途不特定の特定収入）の合計額の占める割合をいいます（消令75④一ロ）。

〔調整割合の算式〕

$$
調整割合 = \frac{\substack{課税仕入れ等に係る特定収入以外の特定収入の合計額\\（使途不特定の特定収入）}}{\substack{資産の譲渡等の\\対価の合計額} + \substack{課税仕入れ等に係る特定収入以外の\\特定収入の合計額\\（使途不特定の特定収入）}}
$$

資産の譲渡等の対価の額は、税抜課税売上高、免税売上高、非課税売上高、国外における資産の譲渡等の対価の額の合計をいいます。

非課税売上高に該当する有価証券の譲渡については、課税売上割合を計算する場合、譲渡価額の5％を分母に算入しますが、調整割合を計算する場合には譲渡価額の全額を分母に算入することになります。

2．課税売上割合が95％未満（又は課税売上高5億円超）で個別対応方式により計算する場合の特定収入に係る課税仕入れ等の税額の計算

特定収入に係る課税仕入れ等の税額 = ③ + ④ + ⑤

③ 特定収入のうち課税資産の譲渡等にのみ要する課税仕入れ等のためにのみ使途が特定されている部分の金額 $\times \dfrac{7.8}{110}$ [※2]

④ 特定収入のうち課税資産の譲渡等と非課税資産の譲渡等に共通して要する課税仕入れ等のためにのみ使途が特定されている部分の金額 $\times \dfrac{7.8}{110}$ [※2] $\times$ 課税売上割合（課税売上割合に準ずる割合を含みます。）

⑤ 〔調整前の仕入控除税額 － （③の金額＋④の金額）〕 × 調整割合

波線部分の金額がマイナスとなる場合の特定収入に係る課税仕入れ等の税額

$$\text{特定収入に係る課税仕入れ等の税額} = ③ + ④ - \left[(③ + ④) - \text{調整前の仕入控除税額}\right] \times \text{調整割合}$$

3. 課税売上割合が95％未満（又は課税売上高5億円超）で一括比例配分方式により計算する場合の特定収入に係る課税仕入れ等の税額の計算

特定収入に係る課税仕入れ等の税額 ＝ ⑥ ＋ ⑦

⑥ 特定収入のうち課税仕入れ等にのみ使途が特定されている部分の金額（課税仕入れ等に係る特定収入の額） $\times \dfrac{7.8^{(※2)}}{110} \times$ 課税売上割合

⑦ $\left[\text{調整前の仕入控除税額} - ⑥\text{の金額}\right] \times \text{調整割合}$

波線部分の金額がマイナスとなる場合の特定収入に係る課税仕入れ等の税額

$$\text{特定収入に係る課税仕入れ等の税額} = ⑥\text{の金額} - \left[⑥\text{の金額} - \text{調整前の仕入控除税額}\right] \times \text{調整割合}$$

（※1） 調整前の仕入控除税額とは、通常の計算方法により計算した仕入控除税額をいいます。
（※2） 軽減税率の場合は6.24/108となります。また、経過措置により、6.3/108となる場合もあります。

58. 調整割合の著しい変動

Q 特定収入に係る課税仕入れ等の税額の計算において、調整割合の著しい変動があった場合の取扱いについて説明してください。

A 当該課税期間における調整割合と当該課税期間における通算調整割合との差が20％以上である場合には、調整割合による税額と通算調整割

合による税額との差額について、減額又は加算を行う調整が必要になります（消令75⑤、⑥、⑦）。

―――――――――― **解　説** ――――――――――

通算調整割合とは、当該課税期間の初日の2年前の日の前日の属する課税期間から当該課税期間までの各課税期間（以下「通算課税期間」という。）における使途不特定の特定収入の合計額が、通算課税期間における資産の譲渡等の合計額に使途不特定の特定収入の合計額を加算した金額のうちに占める割合をいいます（消令75⑥）。

〔通算調整割合の算式〕

$$
通算調整割合 = \frac{通算課税期間における使途不特定の特定収入の合計額}{\begin{array}{c}通算課税期間における資産\\の譲渡等の対価の合計額\end{array} + \begin{array}{c}通算課税期間における使途\\不特定の特定収入の合計額\end{array}}
$$

A：通算課税期間の各課税期間における調整割合により計算した特定収入に係る課税仕入れ等の税額の合計額

B：通算課税期間において各課税期間の調整割合に代えて通算調整割合により計算した特定収入に係る課税仕入れ等の税額の合計額

当該課税期間における調整割合と当該課税期間における通算調整割合との差が20％以上である場合、調整割合による税額と通算調整割合による税額との差額を仕入税額に減額又は加算することとなります。

調整差額：A－B

A＞Bの場合→調整差額を仕入税額から減額

A＜Bの場合→調整差額を仕入税額に加算

59. 納税義務者及び納税義務の免除

> **Q** 消費税の納税義務者及び納税義務の免除について、学校法人の場合を中心に説明してください。

A 全ての事業者（学校法人を含む）は、課税資産の譲渡等を行う場合には納税義務者となります。ただし、一定の場合には納税義務が免除されます。

────────── **解 説** ──────────

　国内において資産の譲渡等を行った事業者が納税義務を負うことになりますが、この事業者には学校法人も含まれます。消費税は、原則として、全ての事業者が納税義務を負うことになりますが、消費税の納税手続等に要する事務負担等に配慮して、その課税期間の基準期間及び特定期間の課税売上高が1,000万円（免税点）以下の事業者を免税事業者といい、その課税期間は納税義務が免除されます。ここで、基準期間とは、免税事業者の判定及び簡易課税制度適用の可否判定の際に用いられる基準となる期間であり、学校法人の場合は、その事業年度の前々事業年度をいいます。基準期間が１年でない法人については、基準期間の課税売上高を年換算した金額で、免税事業者の判定及び簡易課税制度適用の可否判定を行います（消法９②二）。なお、特定期間の定義及び課税事業者の判定については次のフローチャートをご参照ください。

課税事業者判定フローチャート

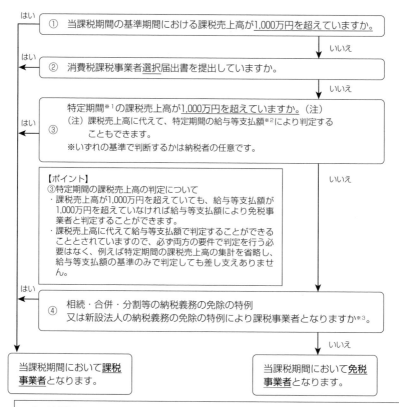

① 当課税期間の基準期間における課税売上高が1,000万円を超えていますか。 （はい／いいえ）

② 消費税課税事業者選択届出書を提出していますか。 （はい／いいえ）

③ 特定期間※1の課税売上高が1,000万円を超えていますか。（注）
（注）課税売上高に代えて、特定期間の給与等支払額※2により判定する
　　　こともできます。
※いずれの基準で判断するかは納税者の任意です。 （はい／いいえ）

【ポイント】
③特定期間の課税売上高の判定について
・課税売上高が1,000万円を超えていても、給与等支払額が
　1,000万円を超えていなければ給与等支払額により免税事
　業者と判定することができます。
・課税売上高に代えて給与等支払額で判定することができる
　こととされていますので、必ず両方の要件で判定を行う必
　要はなく、例えば特定期間の課税売上高の集計を省略し、
　給与等支払額の基準のみで判定しても差し支えありませ
　ん。

④ 相続・合併・分割等の納税義務の免除の特例
　又は新設法人の納税義務の免除の特例により課税事業者となりますか※3。 （はい／いいえ）

当課税期間において**課税**事業者となります。

当課税期間において**免税**事業者となります。

※1　特定期間とは次の期間をいいます。
　　　個人事業者の場合……その年の前年の1月1日から6月30日までの期間
　　　法　人　の　場　合……原則として、その事業年度の前事業年度開始の日以後6か月の期間
　　　※　前事業年度が1年でない場合などの特定期間については、上記の特定期間と異なります。詳
　　　　しくは、次ページの「特定期間の具体的な事例について」をご覧ください。
※2　給与等支払額とは、特定期間中に支払った所得税の課税対象とされる給与、賞与等の合計額です
　　　（未払給与等は対象となりません。）。支払明細書の控えや源泉徴収簿から所得税の課税対象とさ
　　　れるものを合計して算出してください。
※3　法第10条から第12条の2第2項までの各規定により課税事業者となる場合をいいます。
※4　特定期間の課税売上高（又は給与等支払額）の判定により課税事業者となる場合は、「消費税課
　　　税事業者届出書（特定期間用）」を速やかに所轄の税務署長に提出してください。

消費税法改正のお知らせ（平成23年9月　国税庁リーフレット）
https://www.nta.go.jp/publication/pamph/shohi/kaisei/pdf/h23kaisei.pdf

60. 学費軽減補助金の取扱い

 Q 消費税法上における学費軽減補助金の取扱いについて説明してください。

A 学費軽減補助金を「預り金」として処理する方法では消費税法上「不課税」として取り扱われ、「補助金」として処理する方法では「使途不特定の特定収入」として取り扱われます。

—————————— 解　説 ——————————

　学費軽減補助金は、父母の経済的負担を軽減するために、地方公共団体より交付されるものです。具体的な会計処理は、各地方公共団体の指示に従うこととなりますが、交付金額を「預り金」として処理する方法と「補助金」として処理する方法があります（後者の場合の授業料収入の表示方法は、a 授業料収入から直接減額する方法と　b　学生生徒等納付金収入のなかに「補助金による軽減額」等の控除項目を用いて間接的に減額する方法があります）。

　預り金として処理する方法は、父兄から一旦正規の学納金を徴収し、学費軽減額に相当する金額を地方公共団体から学校が窓口となって一旦受領し、父兄に返還する方法であり、消費税法上「不課税」として取り扱われます。一方、補助金として処理する方法は、学費軽減額を差し引いて父兄から学納金を徴収し、学費軽減額を地方公共団体より補助金として受け取ります。この場合、補助金収入の使途が課税仕入等に特定されていないため、「使途不特定の特定収入」として取り扱われます。ただし、各都道府県から発出される通知に留意する必要があります。

61. 各種届出書

Q 消費税法上の各種届出書について説明してください。

A 事業者は、消費税法に定められている各種の届出等の要件に該当する事実が発生した場合及び承認又は許可を受ける必要が生じた場合には、納税地の所轄税務署長に対して、各種の届出書、申請書等を提出しなければなりません。以下、各種届出書を解説します。

────── 解　説 ──────

　消費税法上、届出、承認及び許可を要することとされているもののうち主なものは、次のとおりです。

消費税の各種届出書と提出期限等

届出書名	届出が必要な場合等	提出期限等
消費税課税事業者届出書（基準期間用）（第3-(1)号様式）	基準期間における課税売上高が1千万円超となったとき	事由が生じた場合速やかに
消費税課税事業者届出書（特定期間用）（第3-(2)号様式）	特定期間における課税売上高が1千万超となったとき（注1）	事由が生じた場合速やかに
消費税の納税義務者でなくなった旨の届出書（第5号様式）	基準期間における課税売上高が1千万円以下となったとき	事由が生じた場合速やかに
消費税簡易課税制度選択届出書（軽減第1号様式）	簡易課税制度を選択しようとするとき（注2）	適用を受けようとする課税期間の初日の前日まで（注6）（注7）（注9）
消費税簡易課税制度選択不適用届出書（第25号様式）	簡易課税制度の選択をやめようとするとき（注3）	適用をやめようとする課税期間の初日の前日まで（注6）（注9）

届出書名	届出が必要な場合等	提出期限等
消費税課税事業者選択届出書（第1号様式）	免税事業者が課税事業者になることを選択しようとするとき	選択しようとする課税期間の初日の前日まで（注6）（注7）（注9）
消費税課税事業者選択不適用届出書（第2号様式）	課税事業者を選択していた事業者が免税事業者に戻ろうとするとき（注4）	選択をやめようとする課税期間の初日の前日まで（注6）（注9）
消費税課税期間特例選択・変更届出書（第13号様式）	課税期間の特例を選択又は変更しようとするとき	適用を受けようとする課税期間の初日の前日まで（注6）（注8）
消費税課税期間特例選択不適用届出書（第14号様式）	課税期間の特例の適用をやめようとするとき（注5）	適用をやめようとする課税期間の初日の前日まで（注6）
高額特定資産の取得に係る課税事業者である旨の届出書（第5-(2)号様式）	高額特定資産の仕入れ等を行ったことにより、基準期間の売上が1千万円以下となった課税期間にも課税事業者となるとき	事由が生じた場合速やかに
消費税課税売上割合に準ずる割合の適用承認申請書（第22号様式）	控除対象となる仕入れに係る消費税額の計算方法として個別対応方式を採用している事業者が、課税資産の譲渡等とその他の資産の譲渡等に共通して要する課税仕入れ等の税額を按分する基準として、課税売上割合に代えてこれに準ずる合理的な割合（課税売上割合に準ずる割合）を適用するとき	課税売上割合に準ずる割合は、その適用について税務署長の承認を受けた日の属する課税期間から適用することができます。
消費税課税売上割合に準ずる割合の不適用届出書（第23号様式）	控除対象となる仕入れに係る消費税額の計算において、課税売上割合に準ずる割合を適用することの承認を受けていた事業者が、その準ずる割合の適用をやめて、課税資産の譲渡等とその他の資産の譲渡等に共通して要する課税仕入れ等に係る税額について、本来の課税売上割合により按分しようとするとき及び新たな課税売上割合に準ずる割合の承認を受けようとするとき	提出した日の属する課税期間からその効力が生じることとされていますから、承認を受けている課税売上割合に準ずる割合を用いて控除対象仕入税額の計算をすることをやめようとする課税期間の末日までに提出した場合には、その課税期間から本来の課税売上割合によって控除対象仕入税額の計算をすることができます。

届出書名	届出が必要な場合等	提出期限等
災害等による消費税簡易課税制度選択(不適用)届出に係る特例承認申請書(第35号様式)	事業者が、災害その他やむを得ない理由が生じたことにより被害を受け、当該被害を受けたことにより、当該災害その他やむを得ない理由の生じた日の属する課税期間等について、簡易課税制度(消法37①)の適用を受けることが必要となった又は受けることの必要がなくなった場合に、消費税簡易課税制度選択届出書(消法37の2①)又は消費税簡易課税制度選択不適用届出書(消法37の2⑥)の提出日の特例の承認を受けようとするとき	承認を受けようとする事業者は、この申請書を災害その他やむを得ない理由のやんだ日から2か月以内(当該災害その他やむを得ない理由のやんだ日がその申請に係る消法37の2①又は⑥に規定する課税期間の末日の翌日以後に到来する場合には、当該課税期間等に係る消法45①の規定による申告書の提出期限まで)に、その納税地を所轄する税務署長に提出する必要があります。税務署長の承認を受けた場合には、その適用(不適用)を受けようとする課税期間の初日の前日にその届出書を提出したものとみなされます。
消費税の新設法人に該当する旨の届出書(第10-(2)号様式)	消費税の新設法人に該当することとなったとき	事由が生じた場合速やかにただし、所要の事項を記載した法人設立届出書の提出があった場合は提出不要
消費税申告期限延長届出書(第28-(14)号様式)	消費税の確定申告書を提出すべき法人(法人税の申告期限の延長の特例の適用を受ける法人)が、消費税の確定申告の期限を1月延長しようとするとき	特例の適用を受けようとする事業年度終了の日の属する課税期間の末日まで
消費税申告期限延長不適用届出書(第28-(15)号様式)	消費税の確定申告の期限の延長特例の適用を受けている法人が、その適用をやめようとするとき	消費税の確定申告の期限の延長特例の適用をやめようとする事業年度終了の日の属する課税期間の末日まで

(注1) 特定期間とは、法人の場合は、原則として、その事業年度の前事業年度開始の日以後6か月の期間をいいます。

(注2) 「消費税課税事業者選択届出書」を提出して課税事業者となっている場合、新設法人に該当する場合又は高額特定資産の仕入れ等を行った場合には、一定期間「消費税簡易課税制度選択届出書」を提出できない場合があります。

(注3) 消費税簡易課税制度選択届出書を提出した場合には、原則として、適用を開始した課税期間の初日から2年を経過する日の属する課税期間の初日以後でなければ、適用をやめようとする旨の届出書を提出することができません。ただし、災害その他やむを得ない事由が生じたことにより被害を受けた事業者が、その被害を受けたことにより、簡易課税制度を選択する必要がなくなった場合には、所轄税務署長の承認を受けることにより、災害等の生じた日の属する課税期間等から簡易課税制度の適用をやめることができます。

(注4) 消費税課税事業者選択届出書を提出した場合には、原則として、適用を開始した課税期間

の初日から2年（一定の要件に該当する場合には3年。）を経過する日の属する課税期間の初日以後でなければ、適用をやめようとする旨の届出書を提出することができません。

(注5)　消費税課税期間特例選択届出書を提出した場合には、原則として、適用を開始した課税期間の初日から2年を経過する日の属する課税期間の初日以後でなければ、適用をやめようとする旨の届出書を提出することができません。

(注6)　提出期限等が課税期間の初日の前日までとされている届出書については、該当日が日曜日等の国民の休日に当たる場合であっても、その日までに提出がなければそれぞれの規定の適用を受けることができませんのでご注意ください。ただし、これらの届出書が郵便又は信書便により提出された場合には、その郵便物又は信書便物の通信日付印により表示された日に提出されたものとみなされます。

(注7)　事業を開始した日の属する課税期間から消費税簡易課税制度選択届出書又は消費税課税事業者選択届出書に係る制度を選択する場合には、これらの届出書をその事業を開始した日の属する課税期間の終了の日までに提出すれば、その課税期間から選択することができます。

(注8)　事業を開始した日の属する課税期間から、課税期間の短縮の特例制度を選択する場合には、消費税課税期間特例選択届出書をその事業を開始した日の属する課税期間の末日までに提出すれば、その期間から選択できます。

(注9)　やむを得ない事情があるため、適用を受けようとする課税期間の初日の前日までに提出できなかった場合には、提出できなかった事情などを記載した申請書を、やむを得ない事情がやんだ日から2か月以内に所轄税務署長に提出し、承認を受けることにより、その課税期間の初日の前日にこれらの届出書を提出したものとみなされます。

62. 課税売上割合に準ずる割合の承認

Q 当学校法人では、土地の譲渡対価の額があったことにより課税売上割合が減少してしまい、通常の課税売上割合を適用すると控除対象仕入税額が著しく減少してしまいます。このような場合、課税売上割合に準ずる割合の承認を受けることができると聞きましたが、その概要を説明してください。

A 一定の要件を満たしていれば、課税売上割合に準ずる割合の承認を与えることとして差し支えないこととされています。

解　説

土地の譲渡が単発のものであり、かつ、当該土地の譲渡がなかったとした

場合には、事業の実態に変動がないと認められる場合（※1）に限り、次の①又は②の割合のいずれか低い割合により課税売上割合に準ずる割合（※2）の承認（※3）を与えることとして差し支えないこととされています。（※4）

①　当該土地の譲渡があった課税期間の前3年に含まれる課税期間の通算課税売上割合（消令53③「通算課税売上割合の計算方法」に規定する計算方法により計算した割合をいう。）

②　当該土地の譲渡があった課税期間の前課税期間の課税売上割合

【関係法令通達】消法30③、消令47、消基通11-5-7

（※1）　土地の譲渡がなかったとした場合に、事業の実態に変動がないと認められる場合とは、事業者の営業の実態に変動がなく、かつ、過去3年間で最も高い課税売上割合と最も低い課税売上割合の差が5％以内である場合とします。

（※2）　課税売上割合に準ずる割合は、承認を受けた日の属する課税期間から適用となります。承認審査には一定の期間が必要となりますので、「消費税課税売上割合に準ずる割合の適用承認申請書（第22号様式）」は、余裕をもって提出してください。

（※3）　この課税売上割合に準ずる割合の承認は、たまたま土地の譲渡があった場合に行うものですから、当該課税期間において適用したときは、翌課税期間において適用廃止届出書を提出させるものとし、提出がない場合には、その承認の取消しを行うものとします。

（※4）　国税庁質疑応答事例「たまたま土地の譲渡があった場合の課税売上割合に準ずる割合の承認」

第22号様式

消 費 税 課 税 売 上 割 合 に 準 ず る 割 合 の 適 用 承 認 申 請 書

収受印

令和　　年　　月　　日		（フリガナ）	
	申請者	納 税 地	（〒　　－　　　） （電話番号　　－　　－　　）
		（フリガナ）	
		氏 名 又 は 名 称 及 び 代 表 者 氏 名	
税務署長殿		法 人 番 号	※ 個人の方は個人番号の記載は不要です。

　下記のとおり、消費税法第30条第3項第2号に規定する課税売上割合に準ずる割合の適用の承認を受けたいので、申請します。

適用開始課税期間	自 令和 　年 　月 　日 至 令和 　年 　月 　日		
採 用 し よ う と す る 計 算 方 法			
そ の 計 算 方 法 が 合 理 的 で あ る 理 由			
本 来 の 課 税 売 上 割 合	課税資産の譲渡等の 対価の額の合計額　　　　　　　円 資産の譲渡等の 対価の額の合計額　　　　　　　円	左記の割合 の算出期間	自 平成 　令和 　年 　月 　日 至 平成 　令和 　年 　月 　日
参 考 事 項			
税 理 士 署 名	（電話番号　　－　　－　　）		

※　上記の計算方法につき消費税法第30条第3項第2号の規定により承認します。

　　　　　第　　　　　号

　　　　　　　　　　　　　　　　　　　　　　税務署長　　　　　印

令和　　　年　　　月　　　日

※税務署処理欄	整理番号		部門番号		適用開始年月日	年 月 日	番号確認	
	申請年月日	年 月 日	入力処理	年 月 日		台帳整理	年 月 日	
	通 信 日 付 印 　年 月 日		確認					

注意　1.　この申請書は、裏面の記載要領等に留意の上、2通提出してください。
　　　2.　※印欄は、記載しないでください。

消費税課税売上割合に準ずる割合の適用承認申請書の記載要領等

1 提出すべき場合

この申請書は、控除対象となる仕入れに係る消費税額の計算方法として個別対応方式を採用している事業者が、課税資産の譲渡等とその他の資産の譲渡等に共通して要する課税仕入れ等の税額をあん分する基準として、課税売上割合に代えてこれに準ずる合理的な割合（課税売上割合に準ずる割合）を適用する場合に、その適用の承認を申請する場合に提出します（法30③、令47）。

2 適用課税期間

課税売上割合に準ずる割合は、その適用について税務署長の承認を受けた日の属する課税期間から適用することができます。

（注） 課税売上割合に準ずる割合の適用を受けようとする課税期間の末日までに申請書を提出し、同日の翌日から同日以後1月を経過する日までの間に税務署長の承認を受けた場合は、当該課税期間の末日においてその承認があったものとみなされます。

3 記載要領

(1) 元号は、該当する箇所に○を付します。

(2) 「適用開始課税期間」欄には、課税売上割合に準ずる割合の適用を受けようとする課税期間の初日及び末日を記載します。

(3) 「採用しようとする計算方法」欄には、事業の種類ごと又は販売費、一般管理費等の費用を種類ごとに異なる割合を適用しようとする場合に、その適用対象及び適用しようとする課税売上割合に準ずる割合の計算方法を具体的に記載します。

なお、課税売上割合と課税売上割合に準ずる割合とを併用しようとする場合には、これらの適用関係について具体的に記載します。

(4) 「その計算方法が合理的である理由」欄には、その採用しようとする計算方法が合理的である理由を具体的に記載します。

(5) 「本来の課税売上割合」欄には、上段にこの申請書を提出する日の属する課税期間の直前の課税期間における課税資産の譲渡等の対価の額の合計額を、また下段にその直前の課税期間における資産の譲渡等の対価の額の合計額をそれぞれ記載します。

(6) 「左記の割合の算出期間」欄には、この申請書を提出する日の属する課税期間の直前の課税期間の初日及び末日を記載します。

(7) 承認を受けた計算方法について、その適用対象及び適用する課税売上割合に準ずる割合を変更しようとする場合には、新たな申請書を提出してその適用について承認を受けることになります。

なお、この場合には、既に承認を受けている計算方法について、「消費税課税売上割合に準ずる割合の不適用届出書（第23号様式）」を併せて提出する必要があります。

(8) 「参考事項」欄には、その他参考となる事項等がある場合に記載します。

(9) 記載内容等についてご不明な場合は、最寄りの税務署にお問い合わせください。

63. 資金収支計算書記載科目から見た収入・支出項目の消費税法上の取扱い

> **Q** 資金収支計算書記載科目から見た収入・支出項目の消費税法上の取扱いについて説明してください。

A 資金収支計算書記載科目から見た収入・支出項目の消費税課否判定は、以下のとおりとなります。

1. 資金収支計算書収入項目

大科目	小科目	細目	課否判定 課税	課否判定 非課税	不課税 特定収入	不課税 その他の収入	簡易課税の場合の事業課税区分の	摘要
学生生徒等納付金収入	授業料収入	授業料・聴講料		○				減免があった場合は、減免額を控除して、収入を計上する。入学金は学生が当該学校に入学し得る地位を取得するための対価としての性格を有するものであるため、前受（入金）時点で非課税となり、前期末前受金の振替時点では不課税の特定収入外収入となる。
	入学金収入			○		○		
	実験実習料収入			○				
	施設設備資金収入			○				
	教材料収入			○				
	暖房費収入			○				
	維持費収入			○				
	特定保育料収入			○				
	保育料収入			○				
	入園料収入			○				
	施設等利用給付費収入			○				
手数料収入	入学検定料収入			○				

大科目	小科目	細目	課否判定 課税	課否判定 非課税	課否判定 不課税 特定収入	課否判定 不課税 その他の収入	簡易課税の場合の事業区分	摘　要
	試験料収入	入学試験料、再試験・追試験		○				授業の評価のために行われる試験の対価として徴収される試験料、再試験料、追試験料等については、授業料の一部をなすものとして非課税。ただし、大学入試の模擬試験料等は課税
	証明手数料収入			○				
	入園受入準備費収入			○				
寄付金収入	特別寄付金収入				○			使途不特定の特定収入
		受配者指定寄付金			○			使途の特定は内容により判定
	一般寄付金収入				○			使途不特定の特定収入
補助金収入	国庫補助金収入	物件費（土地を除く）補助金			○			「私立大学等経常費補助金の取扱いについて」（平成元.4　文部省）各都道府県補助金交付要綱等に留意する。
	地方公共団体補助金収入	人件費補助金				○		
		利子補給補助金				○		
		土地購入補助金				○		
		使途の定めのない補助金			○			
	結核予防費補助金				○			課税仕入れ等に使途が特定された特定収入
	学費軽減補助金				○			使途不特定の特定収入ただし、各都道府県から発出される通知に留意する。
	施設型給付費収入			○				所轄庁の指示によっては学納金に表示することもある。
資産売却収入	施設売却収入設備売却収入	土地・借地権売却収入		○				土地と建物を一括譲渡した場合の対価は、合理的に按分する。

大科目	小科目	細目	課否判定					簡易課税の場合の事業区分	摘　要
			課税	非課税	不課税 特定収入	その他の収入			
		建物・構築物売却収入	○					4種	
	有価証券売却収入	ゴルフ会員権売却収入	○					4種	
		その他の有価証券売却収入		○					課税売上割合の計算に際し、売上高の5％を分母に算入する。
	その他の資産売却収入			○				4種	
付随事業・収益事業収入	補助活動収入								内容により判定 消費税法では、課税支出と課税収入を相殺して計算することは認められず、事業収入も総額処理が強制される。
		学生寮・寄宿舎		○					賄い分は課税
	附属事業収入	病院の社会保険医療収入など		○					
		その他の附属事業収入							内容により判定
	受託事業収入		○						内容により判定
	公開講座収入		○					5種	オープンカレッジ含む
	収益事業収入		○						内容により判定
	スクールバス収入					○		5種	利用の有無に関係なく生徒全員から一律に一定額を徴収している場合には非課税となる場合がある。
	給食代収入					○		4種	学校が行う学校給食の提供、学校食堂で、日本標準産業分類上の飲食店業に該当する給食サービスの提供

大科目	小科目	細目	課税	非課税	特定収入	その他の収入	簡易課税の場合の事業区分	摘　要
	預り保育料収入			○				認可外保育施設指導監督基準を満たす証明書の交付を受けた保育園の保育料・入園料 放課後児童健全育成事業に該当する学童保育所の保育料
	免許状更新講習料収入			○				「教員免許更新のための講習に係る受講料の消費税法上の取扱いについて（平21.3.27　国税庁課税部審理室長）」により非課税
	施設等利用給付費収入			○				
受取利息・配当金収入	第3号基本金引当特定資産運用収入	貸付金、預金の利子		○				
	その他の受取利息・配当金収入	相互掛金、定期積金の給与補てん金		○				
		公社債、転換社債、新株引受権付社債の利子		○				非居住者が国内市場において発行する社債等の利子は、非課税資産の輸出等とみなされ、課税売上割合の計算上、受け取る利子の額を分母、分子に算入する（消令51）。
		抵当証券の利子		○				
		割引債の償還差益		○				
		現先取引債券等の売買差益		○				
		合同運用信託の信託収益金		○				
		証券投資信託の利金又は収益の分配金部分		○				

大科目	小科目	細目	課否判定				簡易課税の場合の事業区分	摘　要
			課税	非課税	不課税			
					特定収入	その他の収入		
		証券投資信託の特別配当金部分			○			
		株式配当金、出資分配金			○			
雑収入	施設設備利用料収入	土地・借地権賃貸料		○				施設の利用に付随した土地の使用及び1か月未満の一時使用は課税
		駐車料、教室利用料などの施設使用料	○				6種	平成26年以前と経過措置が適用される課税期間は5種。
		その他の設備利用料	○				5種	
	退職金団体交付金収入				○			
	廃品売却収入		○				4種	
	入学案内書頒布収入		○				2種	
	コピー使用料		○				5種	
	保険事務手数料		○				5種	平成26年以前と経過措置が適用される課税期間は4種。
	教育実習謝金収入		○				5種	他の法人から実習生を受け入れた場合の謝金等の収入
	諸税金の還付金					○		ただし、還付加算金は使途不特定の特定収入
	科研費補助金間接経費				○			使途不特定の特定収入
	損害賠償金収入				○			資産の譲渡等に対する対価性のないものに限られる。
	補償金、違約金収入				○			
	保険金収入				○			
	現金過不足					○		
借入金等収入						○		
前受金収入	授業料前受金収入					○		

大科目	小科目	細目	課否判定 課税	非課税	不課税 特定収入	不課税 その他の収入	簡易課税の場合の事業区分	摘　要
	入学金前受金収入			○				入学金は学生が当該学校に入学し得る地位を取得するための対価としての性格を有するものであるため、前受時点で非課税となる（消基通9-1-27）。
	実験実習料前受金収入					○		
	施設設備資金前受金収入					○		
	教育充実費前受金収入					○		
その他の収入	第2号基本金引当特定資産取崩収入					○		学校法人内部の資金移動取引のため、消費税法上、その収入はなかったものとして取り扱われる。
	第3号基本金引当特定資産取崩収入					○		
	前期末未収入金収入					○		
	貸付金回収収入					○		
	預り金受入収入					○		

２．資金収支計算書支出項目

大科目	小科目	細目	課否判定 課税	非課税又は不課税	輸出免税	摘　要
人件費支出	教員人件費支出 職員人件費支出	本務教職員本給		○		
		本務教職員期末手当		○		
		本務教職員その他の手当（通勤手当）	○			現にその通勤の費用に充てられる部分の金額について、課税仕入れに係る支払対価に該当する。
		本務教職員その他の手当（通勤手当を除く）		○		定期券、回数券等の現物の支給を含む。
		本務教職員所定福利費		○		私学教職員共済掛金、退職金団体掛金、雇用保険料、労災保険料及び児童手当拠出金 課税資産の購入を伴う現物支給は課税
		兼務教職員人件費（通勤手当除く）		○		
	役員報酬支出			○		
	退職金支出			○		
教育研究経費・管理経費支出	消耗品費支出	教材及び保健衛生用消耗品費	○			
		事務用品費	○			
		消耗品費	○			
	光熱水費支出	電気、ガス、水道、下水道代	○			
		灯油その他の燃料費	○			軽油引取税は不課税
	車両燃料費支出	スクールバス等のガソリン代	○			軽油引取税は不課税
	旅費交通費支出	国内旅費運賃	○			
		通常必要と認められる国内出張旅費、宿泊費及び日当	○			

大科目	小科目	細目	課税	非課税又は不課税	輸出免税	摘　要
		課否判定				
		転勤引越費用及び赴任支度金	○			
		一時駐車料及び高速道路通行料	○			
		外部講師等に対する実費支払の交通費、宿泊費	○			
		海外渡航の旅費、交通費、宿泊費、日当等			○	航空会社が国際輸送と一体のものとして契約した24時間以内の国内乗継費用を含む。
		自社使用のプリペイドカード（PASMO 等）の購入（原則は使用時に課税仕入れとなる）		○		消費税の課税仕入れの計上時期は、原則として現実の使用時点であるが、継続適用を条件に購入時とすることもできる（消基通11-3-7）。
	奨学費支出	奨学金制度に基づく奨学金支出		○		減免規程に基づく奨学金の支出額は消費税法上、「売上に係る対価の返還」に該当し、結果として返還後の学納金が収入として取り扱われるものと考えられる（学校法人会計問答集（Ｑ＆Ａ）第10号「学校法人会計に関する消費税について」質問４）。
	福利費支出	学校安全会掛金、傷害保険料		○		
		学生生徒、教職員に対する慶弔費、見舞金		○		
		表彰記念品、見舞品等の購入費用	○			
		福利厚生を目的とした共済会、互助会等に対する補助金		○		

162

大科目	小科目	細目	課否判定			摘　要
			課税	非課税又は不課税	輸出免税	
		同上共済金、互助会等の用具の購入、宿泊費	○			
		教職員国内慰安旅行費用	○			
		教職員海外慰安旅行費用			○	
		教職員に対する制服の支給費用	○			
		教職員の残業夜食代	○			
		教職員の残業夜食代補助金		○		
		寮、教職員住宅、保養所、厚生施設の運営経費（人件費、住宅家賃に該当するものを除く）	○			
		教職員用のレジャー、スポーツクラブ等の会費、入会金	○			
		学生生徒、教職員に係る社会保険の医療費（学校負担分）		○		
	通信運搬費支出	国内電信電話、郵送料	○			
		国際電信電話、郵送料			○	
		自社使用の郵便切手（原則は使用時に課税仕入れとなる。）、テレホンカード		○		消費税の課税仕入れの計上時期は、原則として、現実の使用時点であるが、継続適用を条件に購入時とすることができる（消基通11-3-7）。
		JR運賃、航空運賃、宅急便代	○			

大科目	小科目	細目	課税	非課税又は不課税	輸出免税	摘　要
				課否判定		
		荷造費用	○			
		保管費用	○			
		運送事故保険料		○		
	印刷製本費支出	教材、募集要項、入学案内等の印刷費用	○			
		印刷の製本費用	○			
	出版物費支出	国内の新聞、雑誌及び図書に該当しない書籍の購入費用	○			
		海外の新聞、雑誌等の輸入費用	○			
	修繕費支出	施設設備等の修繕費用	○			
		補修用資材の購入費用	○			
	損害保険料支出	建物等の火災保険料		○		
		車両保険料		○		
	賃借料支出	地代		○		賃借期間が1か月未満の場合の地代は、仕入税額控除の対象となる。
		野球場、プール、テニスコート等の賃借料	○			
		駐車場、駐輪場の使用料	○			
		家賃及び共益費	○			住宅家賃を除く
		リース契約によるリース料	○			法人税法上のリース取引として、売買とみなされたリース契約については、そのリース資産の引渡しを受けた日の属する課税期間において仕入税額控除の規定の適用を受けることになる。
		ファイナンス・リース料のうち利子又は保険料として明示されている金額		○		

大科目	小科目	細目	課否判定 課税	非課税又は不課税	輸出免税	摘　要
		敷金、保証金のうち返還されない部分	○			土地、住宅に係るものは除く
	公租公課支出	不動産取得税		○		
		固定資産税、都市計画税		○		
		印紙税		○		郵便局や印紙売りさばき所等一定の場所以外からの購入は仕入税額控除の対象となる。
		自動車税、自動車重量税、自動車取得税		○		
		登録免許税		○		
	広報費支出	学生生徒の募集のため新聞、雑誌等の広告料	○			
		ポスター、パンフレットの製作、配付等の費用	○			
	諸会費支出	教育関係団体等に対する会費等で対価性のないもの		○		研修会、懇談会等の会費で課税仕入れになる場合があり、個別に判断する（消基通5-5-3）。
	会議費支出	会議のための会場使用料、茶菓、弁当代	○			
	渉外費支出	接待飲食費、交通費，宿泊費用	○			入湯税は不課税
		接待ゴルフプレー費用	○			ゴルフ場利用税は不課税
		贈答用費用	○			
		記念行事の宴会費、交通費、記念品代	○			
		国内の招待旅行、観劇費用	○			

大科目	小科目	細目	課否判定		摘　要
			課税	非課税又は不課税	輸出免税
		海外への招待旅行費用			○	航空会社が国際輸送と一体のものとして契約した24時間以内の国内乗継費用を含む。
		慶弔費		○		
		費途の明らかでない渉外費		○		
		テレホンカード、商品券、ギフト券、図書券等のプリペイドカードの贈答費用		○		
	報酬委託手数料支出	教職員研修会の参加費、受講料	○			
		講演料	○			
		医師の検診料	○			
		施設設備の保守点検料	○			
		弁護士、公認会計士、税理士、弁理士、司法書士等の報酬	○			
		仲介手数料	○			
		銀行振込手数料	○			
		行政手数料		○		
	生徒活動補助金支出	生徒会、クラブ活動等に対する補助金		○		ただし、実費相当額を負担する場合は課税仕入れになる場合もあり得る。
	補助活動仕入支出	給食用材料の購入費用	○			
		販売用品の購入費用	○			
	雑費支出	罰科金		○		
		損害賠償金（ただし、対価性が認められるものは課税）		○		

大科目	小科目	細目	課否判定		摘　要
			課税	非課税又は不課税 / 輸出免税	
		和解金		○	
		各種団体、祭礼等への寄附金		○	
		物品の現物寄附	○		
借入金等利息支出	借入金利息支出			○	
	学校債利息支出			○	
施設関係支出	土地支出	土地の購入代価		○	土地購入に伴う取壊し予定の建物購入代価及びその取壊し費用は課税 購入代価に固定資産税・都市計画税の未経過期間精算金が含まれている場合は当該精算金も非課税
		土地の購入に係る仲介手数料	○		
		土地の造成に係る費用	○		
		不動産取得税、登録免許税		○	
	建物支出			○	購入代価に固定資産税・都市計画税の未経過期間精算金が含まれている場合は当該精算金も課税
	構築物支出		○		
	建設仮勘定支出	土地関係建設仮勘定（ただし、土地造成費用は引渡時に課税仕入れ）		○	
		その他の建設仮勘定		○	部分引渡しをうけるものは、その部分引渡し時に課税仕入れの対象となる。なお、この場合でも、全部の引渡しを待って課税仕入れとすることもできる（消基通11-3-6）。
	借地権支出			○	地上権等を含む。

大科目	小科目	細目	課否判定			摘　要
			課税	非課税又は不課税	輸出免税	
	施設利用権支出	電気・ガス供給施設利用権	○			
		水道施設利用権	○			
設備関係支出	教育研究用機器備品支出		○			
	管理用機器備品支出		○			
	図書支出		○			
	車両支出		○			
	ソフトウエア支出		○			
	電話加入権支出		○			
	立木支出		○			
	動物支出		○			

(注)　資産運用支出：全て非課税又は不課税支出

　　　　その他の支出：非課税又は不課税支出が主だが、内容により個別に判断

64. 一般課税方式

 Q 消費税の一般課税方式について説明してください。

A 消費税の納付税額は、原則として、課税売上高にかかる消費税額から課税仕入高にかかる消費税額を差し引いて計算します。この方式を一般課税方式といいます。

— 解 説 —

　消費税の一般課税方式は、基準期間（課税期間の前々事業年度）の課税売上高が5千万円を超える比較的大規模の事業者に適用する原則的な方式です。ただし、以下の二つの場合には基準期間の課税売上高の金額が幾らであるかに係わらず一般課税方式を選択した方が有利となります。

①　簡易課税適用対象事業者が消費税の還付を受ける場合

②　免税事業者が消費税の還付を受ける場合

　①の場合の一般課税方式については、通常届出等は必要ありません。ただし、簡易課税制度の選択の届出を行っている場合には、簡易課税制度の選択不適用の届出を提出し、一般課税方式の適用を行うことになります。これは課税期間の初日の前日までに行う必要があり、また、事業者が前事業年度中に簡易課税制度の選択の届出を行っている場合には、届出は2年間にわたり効果を発揮するため、当年度及び翌年度の2年間は一般課税方式の選択はできません。

　②の場合には、課税事業者選択届出を事業年度開始の前日までに提出する必要があります。免税事業者が課税事業者選択届出を行った場合には、届出の効果は必ず2年間にわたるため翌年度に免税事業者に戻ることはできず、課税事業者の取扱いが継続して適用されることに注意が必要です。

65. 一般課税方式による具体的な計算過程

> **Q** 消費税の一般課税方式について、学校法人の場合を例に具体的な計算過程を示して説明してください。

A 特定収入割合5％超、課税売上高が5億円超又は課税売上割合95％未満の場合

　学校法人東京会学園の令和2年4月1日から令和3年3月31日までの当課税期間（事業年度）における取引等の状況は次の【資料】のとおりです。これに基づく当課税期間における納付すべき消費税額の計算を説明します。

【前提条件】

1．会計帳簿による経理は、全て消費税及び地方消費税込みの金額により処理しています。

2．取引等は、特に断りのある場合を除き、国内において行われたものとします。

3．確定申告により納付すべき消費税額の計算に当たって、適用される計算方法が2以上ある事項については、それぞれの計算方法による計算結果を示し、当課税期間における納付すべき消費税額が最も少なくなる方法を採用します。また、設立以来前課税期間まで、この学校法人東京会学園は消費税の納税義務者となる場合で課税売上高が5億円超又は課税売上割合が95％未満となるときの課税期間については、個別対応方式（消法30②一に規定する計算方法）により課税仕入れ等に係る消費税額の計算を行っており、当課税期間についても個別対応方式を適用するための課税仕入れ等の区分は正しく行っています。また、課税売上割合に準ずる割合の承認は受けていません。

　　なお、学校法人東京会学園は、設立以来消費税簡易課税制度選択届出書（消法37①に規定する届出書）を提出したことはありません。

4．課税売上割合の著しい変動（消法33）、調整割合の著しい変動（消令

75⑤）及び調整対象固定資産の転用（消法34、35）について該当事項は
ありません。

5．課税仕入れ等の税額の控除に係る帳簿及び請求書等は、法令に従って
保存しています。

【資料】

1．学校法人東京会学園が当課税期間において中間納付した消費税額は
1,782,000円（国税分：1,403,400円、地方税分：378,600円）とします。

2．基準期間における課税売上高は、300,000,000円とします。

3．旧税率が適用される取引はないものとします。

4．学校法人東京会学園の当課税期間（事業年度）の資金収支計算書（一部
抜粋）は次のとおりです。

資金収支計算書（一部抜粋）
自令和2年4月1日　至令和3年3月31日

（単位：円）

科目名	予算	決算	差異
収入の部			
学生生徒等納付金収入	2,318,490,000	2,276,622,207	41,867,793
授業料収入	1,158,001,000	1,177,370,263	△19,369,263
入学金収入	278,085,000	293,450,000	△15,365,000
実験実習料収入	49,564,000	47,266,667	2,297,333
施設設備資金収入	161,240,000	161,143,317	96,683
教育充実費収入	496,500,000	432,129,000	64,371,000
維持費収入	175,100,000	165,262,960	9,837,040
手数料収入	66,897,000	63,586,262	3,310,738
入学検定料収入	63,978,000	60,927,000	3,051,000
試験料収入	742,000	576,000	166,000
証明手数料収入	2,177,000	2,083,262	93,738
寄付金収入	76,387,000	66,553,437	9,833,563
特別寄付金収入	55,000,000	55,120,000	△120,000

科目名	予算	決算	差異
収入の部			
一般寄付金収入	21,387,000	11,433,437	9,953,563
補助金収入	1,079,096,800	1,041,275,713	37,821,087
国庫補助金収入	107,225,000	91,274,000	15,951,000
地方公共団体補助金収入	971,472,000	949,623,000	21,849,000
結核予防補助金収入	399,800	378,713	21,087
資産売却収入	500,000,000	500,420,000	△420,000
車両売却収入	0	420,000	△420,000
有価証券売却収入	500,000,000	500,000,000	0
付随事業・収益事業収入	230,363,000	279,961,604	△49,598,604
補助活動収入	210,143,000	259,489,504	△49,346,504
受託事業収入	15,120,000	15,232,000	△112,000
預り保育料収入	2,100,000	1,971,800	128,200
免許状更新講習料収入	3,000,000	3,268,300	△268,300
受取利息・配当金収入	2,290,000	2,319,698	△29,698
その他の受取利息・配当金収入	2,290,000	2,319,698	△29,698
雑収入	56,751,000	64,223,551	△7,472,551
施設設備利用料収入	43,751,000	50,549,715	△6,798,715
私大退職金財団交付金収入	3,000,000	3,500,000	△500,000
その他の雑収入	10,000,000	10,173,836	△173,836
前受金収入	458,876,600	448,451,950	10,424,650
授業料前受金収入	73,195,600	73,201,950	△6,350
入学金前受金収入	237,085,000	224,160,000	12,925,000
実験実習料前受金収入	6,325,000	9,977,500	△3,652,500
施設設備資金前受金収入	114,695,000	91,900,000	22,795,000
教育充実費前受金収入	13,086,000	9,630,000	3,456,000
維持費前受金収入	14,490,000	39,582,500	△25,092,500

科目名	予算	決算	差異
支出の部			
人件費支出	2,382,428,326	2,339,933,063	42,495,263
教員人件費支出	1,885,145,597	1,869,056,609	16,088,988

科目名	予算	決算	差異
支出の部			
職員人件費支出	491,500,229	464,162,704	27,337,525
役員報酬支出	2,782,500	2,713,750	68,750
退職金支出	3,000,000	4,000,000	△1,000,000
教育研究経費支出	591,014,000	516,636,773	74,377,227
消耗品費支出	34,123,000	29,450,785	4,672,215
光熱水費支出	80,572,000	72,901,250	7,670,750
車両燃料費支出	39,160,000	34,663,310	4,496,690
旅費交通費支出	3,500,000	3,368,883	131,117
奨学費支出	152,480,000	118,790,800	33,689,200
福利費支出	7,464,000	6,975,667	488,333
通信費支出	6,500,000	6,221,383	278,617
印刷製本費支出	9,000,000	8,942,134	57,866
研究費支出	15,000,000	14,463,552	536,448
修繕費支出	90,000,000	89,223,027	776,973
損害保険料支出	6,100,000	6,050,299	49,701
賃借料支出	55,239,000	41,714,735	13,524,265
諸会費支出	1,900,000	1,802,177	97,823
会議費支出	400,000	328,185	71,815
報酬委託手数料支出	88,576,000	80,785,040	7,790,960
雑費支出	1,000,000	955,546	44,454
管理経費支出	394,652,000	386,970,363	7,681,637
消耗品費支出	12,000,000	11,578,854	421,146
光熱水費支出	21,000,000	20,125,320	874,680
旅費交通費支出	7,500,000	7,223,551	276,449
福利費支出	6,365,000	4,974,740	1,390,260
通信費支出	6,100,000	6,096,127	3,873
印刷製本費支出	16,000,000	15,561,630	438,370
修繕費支出	11,000,000	10,302,603	697,397
損害保険料支出	1,500,000	1,469,141	30,859
賃借料支出	4,463,000	2,859,545	1,603,455
公租公課支出	2,859,000	2,731,100	127,900

科目名	予算	決算	差異
支出の部			
諸会費支出	2,267,000	1,304,430	962,570
会議費支出	300,000	287,085	12,915
報酬委託手数料支出	30,000,000	29,337,050	662,950
広報費支出	22,000,000	21,952,503	47,497
補助活動仕入支出	251,000,000	250,886,684	113,316
雑費支出	238,000	223,000	15,000
寄付金支出	60,000	57,000	3,000
施設関係支出	170,500,000	167,741,250	2,758,750
土地支出	2,500,000	2,491,250	8,750
建物支出	160,000,000	157,300,000	2,700,000
構築物支出	8,000,000	7,950,000	50,000
設備関係支出	118,200,000	115,868,291	2,331,709
教育研究用機器備品支出	62,000,000	61,084,748	915,252
管理用機器備品支出	8,600,000	8,522,880	77,120
図書支出	12,600,000	12,563,013	36,987
車両支出	13,000,000	12,038,250	961,750
ソフトウエア支出	22,000,000	21,659,400	340,600

5．資金収支計算書（一部抜粋）の内訳は次のとおりです。

（1）収入の部

① 「学生生徒等納付金収入」のうち、「入学金収入」は全額「前期末入学金前受金」の振替えによるものであり、課税対象外収入に該当します。その他は全額非課税売上です。

② 「手数料収入」については、全額非課税売上です。

③ 「特別寄付金収入」のうち、50,000,000円は受配者指定寄付金であり、非課税売上げのみに要する課税仕入れ等に使途が特定された特定収入に該当し、その他の5,120,000円と「一般寄付金収入」は使途不特定の特定収入に該当します。

④ 「補助金収入」は、交付要綱等でその使途が特定されている補助金

であり、その内訳は以下のとおりです。

ア．「国庫補助金収入」については、「私立大学等経常費補助金の消費
税法上の扱いについて」（平成元年 4 月　文部省）を参考にして、
以下のとおり分類します。

区分	補助金の額(円)	使途の特定
専任教員等給与費	41,505,000	特定収入外収入
専任職員給与費	16,666,000	特定収入外収入
非常勤教員給与費	2,498,000	特定収入外収入
教職員福利厚生費	6,016,000	特定収入外収入
教育研究経常費	23,757,000	使途不特定の特定収入
厚生補導費	562,000	使途不特定の特定収入
研究旅費	270,000	非課税売上げのみに要する課税仕入れ等にのみ使途が特定されている特定収入
合計	91,274,000	

イ．「地方公共団体補助金収入」については、経常費補助金に係る実
績報告書など補助金申請に係る積算内訳表を参考にして、以下のと
おり合理的に分類できるものとします。

区分	補助金の額(円)	使途の特定
人件費	719,933,194	特定収入外収入
通勤手当（教員）	7,812,205	非課税売上げのみに要する課税仕入れにのみ使用される特定収入
通勤手当（職員）	5,208,138	課税・非課税売上げに共通して要する課税仕入れ等にのみ使途が特定されている特定収入
経費	214,356,463	使途不特定の特定収入
産業・理科教育施設設備整備費補助	2,313,000	非課税売上げのみに要する課税仕入れ等にのみ使途が特定されている特定収入
合計	949,623,000	

ウ．「結核予防補助金収入」は、非課税売上げのみに要する課税仕入
れ等にのみ使途が特定されている特定収入に該当します。

⑤　「資産売却収入」の内訳は、次のとおりです。

ア．「車両売却収入」は、課税売上です。

イ．「有価証券売却収入」は、前課税期間以前に購入した国債を500,000,000円で売却したものです。課税売上高割合の計算における資産の譲渡等の対価の額は、当該国債の譲渡の対価の額の百分の五に相当する金額（消令48⑤）とし、特定収入割合の計算における資産の譲渡等の対価の額は、当該国債の譲渡の対価の額そのものを資産の譲渡等の対価の額とします（消法60④、消令48②〜⑥、消令75③）。

⑥　「補助活動収入」のうち、4,440,000円は検定済み教科書の販売による収入であり、非課税売上げに該当します。その他の「補助活動収入」と「受託事業収入」は、全額課税売上げであり、「補助活動収入」のうち、10,800,000円は軽減税率の対象となります。なお、「受託事業収入」に個別対応する課税仕入れ等はないものとします。

⑦　「預り保育料収入」は放課後児童健全育成事業に該当するものであり、また、「免許状更新講習料収入」は、「教員免許更新のための講習に係る受講料の消費税法上の取扱いについて（照会）」（国税庁：消費税文書回答事例参照）に従い、いずれも非課税売上げです。

⑧　「その他の受取利息・配当金収入」のうち、2,098,242円は非居住者が国内市場において発行した社債に係る利子であり、非課税資産の輸出等に該当します。その他は全額非課税売上げです。

⑨　「施設設備利用料収入」は、全額課税売上げです。

⑩　「私大退職金財団交付金収入」は、特定収入外収入です。

⑪　「その他の雑収入」のうち、6,905,536円は課税売上げであり、その他の3,268,300円は、科学研究費補助金による間接経費の受入れであり、使途不特定の特定収入に該当します（文部科学省「科学研究費補助金（科学研究費）の取扱いについて」の一部改正について（通知）参照）。

⑫　「前受金収入」のうち、「入学金前受金収入」は非課税売上げであり、その他の「前受金収入」は全額資産の譲渡等の対価に該当しないものです。

(2) 支出の部

① 「教員人件費支出」のうち、64,820,670円は通勤手当であり、非課税売上げのみに要する課税仕入れ等です。その他は、課税対象外支出です。

② 「職員人件費支出」のうち、44,071,550円は通勤手当であり、課税売上げと非課税売上げに共通して要する課税仕入れ等です。その他は、課税対象外支出です。

③ 「役員報酬支出」、「退職金支出」は全額課税対象外支出です。

④ 「教育研究経費支出」の内訳は以下のとおりです。

ア．「消耗品費支出」、「光熱水費支出」、「車両燃料費支出」、「通信費支出」、「印刷製本費支出」、「研究費支出」、「修繕費支出」、「賃借料支出」、「会議費支出」、「報酬委託手数料支出」は全額非課税売上げのみに要する課税仕入れ等です。

イ．「旅費交通費支出」のうち、1,813,185円は非課税売上げのみに要する課税仕入れ等であり、その他は、課税対象外支出です。

ウ．「奨学費支出」については、「売上に係る対価の返還」として処理します（日本公認会計士協会ホームページ掲載「学校法人会計問答集（Q＆A）第10号」「学校法人会計に関する消費税について」）。

エ．「福利費支出」のうち、4,356,778円は非課税売上げのみに要する課税仕入れ等です。その他は、課税対象外支出です。

オ．「損害保険料支出」、「諸会費支出」は全額課税対象外支出です。

カ．「雑費支出」のうち、666,899円は非課税売上げのみに要する課税仕入れ等であり、そのうち、216,000円は軽減税率の対象となります。その他は、課税対象外支出です。

⑤ 「管理経費支出」の内訳は以下のとおりです。

ア．「消耗品費支出」のうち、49,540円は課税売上げのみに要する課税仕入れ等であり、その他は、課税売上げと非課税売上げに共通して要する課税仕入れ等です。

イ．「光熱水費支出」、「旅費交通費支出」、「通信費支出」、「印刷製本費支出」、「会議費支出」、「報酬委託手数料支出」、「広報費支出」、「雑費支出」は全額課税売上げと非課税売上げに共通して要する課税仕入れ等です。「雑費支出」のうち、75,600円は軽減税率の対象となります。

ウ．「福利費支出」のうち、2,810,321円は課税売上げと非課税売上げに共通して要する課税仕入れ等であり、その他は、課税対象外支出です。

エ．「修繕費支出」のうち、925,520円は課税売上げのみに要する課税仕入れ等であり、その他は、課税売上げと非課税売上げに共通して要する課税仕入れ等です。

オ．「損害保険料支出」、「公租公課支出」、「諸会費支出」、「寄付金支出」は全額課税対象外支出です。

カ．「賃借料支出」のうち、2,045,667円は課税売上げと非課税売上げに共通して要する課税仕入れ等であり、その他は、課税対象外支出です。

キ．「補助活動仕入支出」のうち、4,440,000円は検定済み教科書の仕入れによるものであり、非課税仕入れに該当します。その他は課税売上げのみに要する課税仕入れ等であり、このうち、7,484,400円は軽減税率の対象となります。

⑥　「土地支出」は課税対象外支出です。

⑦　「建物支出」、「構築物支出」は全額非課税売上げのみに要する課税仕入れ等です。

⑧　「教育研究用機器備品支出」、「図書支出」は全額非課税売上げのみに要する課税仕入れ等です。

⑨　「管理用機器備品支出」、「車両支出」、「ソフトウエア支出」は全額課税売上げと非課税売上げに共通して要する課税仕入れ等です。

6．計算手順は次のとおり行います。

段階	計算手順
第1ステップ	資金収支計算書上の収入支出について課否判定を行い、「収入内訳」及び「支出内訳」として表にまとめる。
第2ステップ	「収入内訳」の合計額に基づき、「課税売上高」、「課税売上割合」及び「特定収入割合」といった各種計算割合を算定し、「5億円」、「95％未満」、「5％超」の判定を行う。特定収入割合が5％超となった場合には、別途「調整割合」の算定が必要となる。
第3ステップ	本件の場合は、課税売上割合が95％未満で特定収入割合が5％超であるため、一括比例配分方式と個別対応方式の両計算方法による仕入控除税額を算定し、さらに調整割合など特定収入による影響額を加味する。
第4ステップ	消費税及び地方消費税の納付税額の仮計算を行う。
第5ステップ	上記計算結果に基づき計算表1〜5を作成する。計算表1〜5は消費税確定申告書の添付書類として取り扱う。なお、計算表2「特定収入の金額及びその内訳書」は個別対応方式が計算上有利になるため、個別対応方式のみ作成する。計算表5も同様。
第6ステップ	消費税確定申告書及び付表2-3「課税売上割合・控除対象仕入税額等の計算表」などの付表を作成する。

　本設例は、消費税実務に関与する際にポイントとなる点を参考資料として提供するために作成されたものです。実際の消費税申告実務において課否判定等の事実認定が困難な面についても、合理的に判定できることを前提として作成しています。

第1ステップ　令和2年度消費税（一般課税、特定収入割合5%超、課税売上高が5億円超又は課税売上割合95%未満）収入内訳

科目名	決算	10%通常税率上げ（税込）	9%軽減税率上げ（税込）	課税売上げ計（税込）	免税売上げ	非課税売上げ	課税売上除外又は非課税収入
学生生徒等納付金収入	2,157,831,407						
授業料収入	1,177,370,263					1,177,370,263	0
入学金収入	293,450,000						293,450,000
実験実習料収入	47,266,667					47,266,667	
施設設備資金収入	161,143,317					161,143,317	
教育充実費収入	432,129,000					432,129,000	
維持費収入	165,262,960					165,262,960	
奨学費支出	△118,790,800					△118,790,800	
手数料収入	63,596,262						
入学検定料収入	60,927,000					60,927,000	
試験料収入	576,000					576,000	
証明手数料収入	2,093,282					2,093,282	
寄付金収入	66,553,437						
特別寄付金収入	55,120,000						55,120,000
一般寄付金収入	11,433,437						11,433,437
補助金収入	1,041,275,713						
国庫補助金収入	91,274,000						91,274,000
地方公共団体補助金収入	949,623,000						949,623,000
結核・予防補助金収入	378,713						378,713
資産売却収入	500,420,000						
車両売却収入	420,000	420,000		420,000			
有価証券売却収入	500,000,000					500,000,000	
付随事業・収益事業収入	279,361,604						
補助活動収入	259,488,504	244,248,504	10,800,000	255,049,504		4,440,000	
受託事業収入	15,232,000	15,232,000		15,232,000			
関係会社収入	1,971,800			1,971,800			
免許状更新講習料収入	3,268,300						3,268,300
受取利息・配当金収入	2,319,698			221,456	2,098,242		
その他の受取利息・配当金収入	2,319,698			221,456	2,098,242		
雑収入	64,223,551						
施設設備利用料収入	50,549,715	50,549,715		50,549,715			
私立退職金財団交付金収入	3,500,000						3,500,000
その他の雑収入	10,173,836	6,905,536		6,905,536		3,268,300	
前受金収入	448,451,950						
授業料前受金収入	73,201,950						73,201,950
入学金前受金収入	224,160,000					224,160,000	
実験実習料前受金収入	9,977,500						9,977,500
施設設備資金前受金収入	91,900,000						91,900,000
教育充実費前受金収入	9,630,000						9,630,000
維持費前受金収入	39,582,500						39,582,500
合計		317,356,755	10,800,000	328,156,755	2,098,242	2,187,028,225	1,632,339,400

不課税収入内訳（合計）：特定収入合計 324,479,256（課税仕入等対応 258,497,200、使途不特定 65,982,056）、特定収入以外 1,307,660,144

180

令和２年度消費税（一般課税、特定収入割合５％超、課税売上高が５億円超又は課税売上割合95％未満）支出内訳

科目名	決算	10%課税仕入対象	8%軽減課税仕入対象	課税対象外	10%課税仕入等	8%軽減課税仕入等	課税売上のみ計	10%課税仕入等	8%軽減課税仕入等	課税売上・非課税売上共通	10%課税仕入等	8%軽減課税仕入等	非課税売上のみ分	課税仕入計
支出の部														
人件費支出	2,339,833,063			1,804,235,939										
教員人件費支出	1,869,056,609	64,820,670		420,081,154	64,820,670			64,820,670			64,820,670		64,820,670	64,820,670
職員人件費支出	464,162,704	44,071,550		2,713,750	44,071,550			44,071,550			44,071,550		44,071,550	44,071,550
投員報酬等支出	2,713,750			0										
退職金支出	4,000,000			4,000,000										
教育研究経費支出	516,606,773			0										
消耗品費支出	29,450,785	29,450,785		0	29,450,785			29,450,785			29,450,785		29,450,785	29,450,785
光熱水費支出	72,901,250	72,901,250		0	72,901,250			72,901,250			72,901,250		72,901,250	72,901,250
旅費交通費支出	34,663,310	34,663,310		0	34,663,310			34,663,310			34,663,310		34,663,310	34,663,310
留学費支出	3,368,983	1,813,185	1,555,698		1,813,185			1,813,185			1,813,185		1,813,185	1,813,185
福利厚生費支出	118,790,800		118,790,800											
福利費支出	6,975,667	4,356,778	2,618,889		4,356,778			4,356,778			4,356,778		4,356,778	4,356,778
通信費支出	6,221,383	6,221,383			6,221,383			6,221,383			6,221,383		6,221,383	6,221,383
印刷製本費支出	8,942,134	8,942,134			8,942,134			8,942,134			8,942,134		8,942,134	8,942,134
研究費支出	14,463,552	14,463,552			14,463,552			14,463,552			14,463,552		14,463,552	14,463,552
修繕費支出	89,223,027	89,223,027			89,223,027			89,223,027			89,223,027		89,223,027	89,223,027
損害保険料支出	6,050,299			6,050,299										
賃借料支出	41,714,735	41,714,735			41,714,735			41,714,735			41,714,735		41,714,735	41,714,735
諸会費支出	1,802,177			1,802,177										
報酬委託手数料支出	328,185	328,185			328,185			328,185			328,185		328,185	328,185
雑費支出	80,785,040	80,785,040			80,785,040			80,785,040			80,785,040		80,785,040	80,785,040
	965,546	450,389	216,000	288,647	450,389	216,000		450,389			450,389	216,000	666,899	666,899
管理経費支出	386,970,363													
消耗品費支出	11,578,854	11,578,854			11,578,854	49,540	45,540	11,529,314			11,529,314		11,578,854	11,578,854
光熱水費支出	20,125,320	20,125,320			20,125,320			20,125,320			20,125,320		20,125,320	20,125,320
旅費交通費支出	7,223,551	7,223,551			7,223,551			7,223,551			7,223,551		7,223,551	7,223,551
福利費支出	4,974,740	2,810,321	2,164,419		2,810,321			2,810,321			2,810,321		2,810,321	2,810,321
通信費支出	6,096,127	6,096,127			6,096,127			6,096,127			6,096,127		6,096,127	6,096,127
印刷製本費支出	15,561,630	15,561,630			15,561,630			15,561,630			15,561,630		15,561,630	15,561,630
損害保険料支出	10,302,603	10,302,603			10,302,603	925,520	925,520	9,377,083			9,377,083		10,302,603	10,302,603
賃借料支出	1,469,141			1,469,141										
公租公課支出	2,859,545	2,045,667	813,878		2,045,667			2,045,667			2,045,667		2,045,667	2,045,667
諸会費支出	2,731,100			2,731,100										
報酬委託手数料支出	1,304,430			1,304,430										
広報費支出	287,085	287,085			287,085	75,600		211,485		75,600	287,085		287,085	287,085
修繕維持費支出	29,337,050	29,337,050			29,337,050			29,337,050			29,337,050		29,337,050	29,337,050
雑費支出	21,952,503	21,952,503			21,952,503			21,952,503			21,952,503		21,952,503	21,952,503
報酬委託仕入支出	250,886,684	246,446,684	7,464,400	4,440,000	246,446,684	7,464,400	246,462,284			246,446,684			246,446,684	246,446,684
寄付金支出	223,000	223,000		57,000	223,000		238,962,284	223,000			223,000		223,000	223,000
	57,000			57,000										
設備関係支出	167,741,250			0										
土地支出	2,491,250			2,491,250										
建物支出	157,300,000	157,300,000			157,300,000			157,300,000			157,300,000		157,300,000	157,300,000
	7,960,000	7,960,000			7,960,000			7,960,000			7,960,000		7,960,000	7,960,000
設備関係支出	115,868,291													
教育研究用機器備品支出	61,094,748	61,094,748			61,094,748			61,094,748			61,094,748		61,094,748	61,094,748
管理用機器備品支出	8,522,880	8,522,880			8,522,880			8,522,880			8,522,880		8,522,880	8,522,880
図書支出	12,563,013	12,563,013			12,563,013			12,563,013			12,563,013		12,563,013	12,563,013
車両支出	12,038,250								12,038,250			12,038,250		12,038,250
ソフトウエア支出	21,659,400	21,659,400			21,659,400			21,659,400			21,659,400		21,659,400	21,659,400
合計	1,141,754,169	1,149,531,169	7,776,000	2,377,618,571	239,337,344	7,484,400	247,421,744	212,785,131		212,960,731	212,785,131	216,000	689,248,694	1,149,531,169

第2ステップ

令和2年度消費税各種計算表

(1) 課税売上割合

摘要	No.	金額	計算式
10％課税売上額（税込）	①	317,356,755	
10％課税売上額（税抜）	②	288,506,140	① × 100/110
8％軽減課税売上額（税込）	③	10,800,000	
8％軽減課税売上額（税抜）	④	10,000,000	③ × 100/108
課税売上額（税抜）	⑤	298,506,140	② ＋ ④
免税売上げ（輸出取引等）	⑥	2,098,242	
課税資産の譲渡等の対価の額	⑦	300,604,382	⑤ ＋ ⑥
非課税売上げ	⑧	2,187,029,225	
資産の譲渡等の対価の額の合計	⑨	2,487,633,607	⑦ ＋ ⑧
課税売上割合	⑩	12.08394％	⑦/⑨ ^{（※1）} （端数処理なし）

（※1） 課税売上割合が95％未満であるため、個別対応方式又は一括比例配分方式による仕入控除税額の計算が必要となる。

(2) 特定収入割合

摘要	No.	金額	計算式
資産の譲渡等の対価の額	①	2,487,633,607	1⑨より
有価証券売却による調整（－）	②	△25,000,000 ^{（※2）}	
有価証券売却による調整（＋）	③	500,000,000 ^{（※2）}	
調整後資産の譲渡等の対価の額	④	2,962,633,607	① ＋ ② ＋ ③
特定収入合計	⑤	324,479,256	
合計	⑥	3,287,112,863	④ ＋ ⑤
特定収入割合	⑦	9.87125％	⑤/⑥ ^{（※3）}

（※2） 収入内訳において、有価証券売却収入の5％を非課税売上げに計上しているため、特定収入割合の計算では総収入に戻す処理を行った。

（※3） 特定収入割合が5％超であるため、仕入控除税額の特例計算が必要となる。

(3) 調整割合

摘要	No.	金額	計算式
調整後資産の譲渡等の対価の額	①	2,962,633,607	2④より
使途不特定の特定収入	②	258,497,200	
合計	③	3,221,130,807	① ＋ ②
調整割合	④	8.02504％	②/③ （端数処理なし）

第3ステップ

課税売上高が5億円超又は課税売上割合95%未満、特定収入割合5%超の場合の仕入控除税額の計算

特例適用前課税仕入れ等税額の計算	No.	一括比例配分		個別対応	
		金額	計算式	金額	計算式
課税仕入れ等	①	1,141,755,169 + 7,776,000 = 1,149,531,169	(10%) +（8%軽減）		
課税仕入れ等に係る消費税額	②	80,960,821 + 449,280 = 81,410,101	(10%) ① × 7.8/110 +（8%軽減） ① × 6.24/108		
課税売上にのみ要する課税仕入れ	③			239,937,344 + 7,484,400 = 247,421,744	(10%) +（8%軽減）
課税売上にのみ要する課税仕入れ税額	④			17,013,738 + 432,432 = 17,446,170	(10%) ③ × 7.8/110 +（8%軽減） ③ × 6.24/108
課税・非課税売上に共通して要する課税仕入れ	⑤			212,785,131 + 75,600 = 212,860,731	(10%) +（8%軽減）
課税・非課税売上に共通して要する課税仕入れ税額	⑥			15,088,400 + 4,368 = 15,092,768	(10%) ⑤ × 7.8/110 +（8%軽減） ⑤ × 6.24/108
課税売上割合（端数処理なし）	⑦	12.08394%		12.08394%	第2ステップより
課税・非課税売上共通に要する控除仕入れ税額	⑧			1,823,274 + 527 = 1,823,801	(10%)⑥ × ⑦ +（8%軽減） ⑥ × ⑦
控除する課税仕入れ等の税額	⑨	9,783,264 + 54,290 = 9,837,554	② × ⑦	18,837,012 + 432,959 = 19,269,971	(10%)④ + ⑧ +（8%軽減） ④ + ⑧

仕入控除税額の計算		金額	計算式	金額	計算式
特例適用前課税仕入れ等の税額計	①	9,783,264 + 54,290 = 9,837,554		18,837,012 + 432,959 = 19,269,971	

	No.	一括比例配分		個別対応	
課税仕入れ等にのみ使途が特定された特定収入	②	65,982,056 ＋ 0 ＝65,982,056	(10%) ＋ (8%軽減)		
同上消費税額	③	4,678,727 ＋ 0 ＝ 4,678,727	(10%) ② × 7.8/110 ＋ (8%軽減) ② × 6.24/108		
課税売上にのみ要する課税仕入れ等にのみ使途が特定されている特定収入	④			0	
同上消費税額	⑤			0	(10%) ④ × 7.8/110 ＋ (8%軽減) ④ × 6.24/108
課税・非課税売上に共通に要する課税仕入れ等にのみ使途が特定されている特定収入	⑥			5,208,138 ＋ 0 ＝ 5,208,138	(10%) ＋ (8%軽減)
同上消費税額	⑦			369,304 ＋ 0 ＝ 369,304	(10%) ⑥ × 7.8/110 ＋ (8%軽減) ⑥ × 6.24/108
課税売上割合（端数処理なし）	⑧	12.08394%	第2ステップより	12.08394%	第2ステップより
	⑨			44,626 ＋ 0 ＝ 44,626	(10%)⑦ × ⑧ ＋ (8%軽減) ⑦ × ⑧
消費税調整額	⑩	565,374 ＋ 0 ＝ 565,374	(10%)③ × ⑧ ＋ (8%軽減) ③ × ⑧	44,626 ＋ 0 ＝ 44,626	(10%)⑤ ＋ ⑨ ＋ (8%軽減) ⑤ ＋ ⑨
差引	⑪	9,217,890 ＋ 54,290 ＝ 9,272,180	(10%)① － ⑩ ＋ (8%軽減) ① － ⑩	18,792,386 ＋ 432,959 ＝ 19,225,345	(10%)① － ⑩ ＋ (8%軽減) ① － ⑩
調整割合（端数処理なし）	⑫	8.02504%	第2ステップより	8.02504%	第2ステップより
消費税調整額	⑬	739,739 ＋ 4,356 ＝ 744,095	(10%)⑪ × ⑫ ＋ (8%軽減) ⑪ × ⑫ (8%軽減)	1,508,097 ＋ 34,745 ＝ 1,542,842	(10%)⑪ × ⑫ ＋ (8%軽減) ⑪ × ⑫
特定収入に係る課税仕入れ等の税額	⑭	1,305,113 ＋ 4,356 ＝ 1,309,469	(10%)⑩ ＋ ⑬ ＋ (8%軽減) ⑩ ＋ ⑬	1,552,723 ＋ 34,745 ＝ 1,587,468	(10%)⑩ ＋ ⑬ ＋ (8%軽減) ⑩ ＋ ⑬
控除対象仕入税額	⑮	8,478,151 ＋ 49,934 ＝ 8,528,085	(10%)① － ⑭ ＋ (8%軽減) ① － ⑭	17,284,289 ＋ 398,214 ＝ 17,682,503	(10%)① － ⑭ ＋ (8%軽減) ① － ⑭

（判定）　個別対応方式による課税仕入れ等に係る消費税額の計算の方が有利である。

184

第4ステップ

令和2年度消費税納付税額の計算

	No.	金額（円）	計算式
課税標準額	①	328,156,755	税込 （10%）317,356,755 （8%軽減）10,800,000
	②	298,506,140	税抜 （10%）288,506,140 （8%軽減）10,000,000
	③	298,506,000	千円未満切捨て
消費税額	④	23,127,478	（10%）22,503,478 （8%軽減）624,000
控除対象仕入税額	⑤	17,682,503	
差引税額		5,444,975	④ － ⑤
	⑥	5,444,900	100円未満切捨て
中間納付税額	⑦	1,403,400	
納付税額	⑧	4,041,500	⑥ － ⑦
譲渡割納税額	⑨	1,535,700	⑥ × 22/78 ＝ 1,535,741 100円未満切捨て
中間納付譲渡割額	⑩	378,600	
納付譲渡割額	⑪	1,157,100	⑨ － ⑩
合計税額	⑫	5,198,600	⑧ ＋ ⑪

第5ステップ

計算表1　資産の譲渡等の対価の計算表

内容		税率6.24%適用分（8%軽減）	税率7.8%適用分（10%）	合計
課税売上	通常の課税売上げ、役員への贈与及び低額譲渡 ①	10,000,000	288,506,140	298,506,140
	課税標準に対する消費税額の計算の特例適用の課税売上げ ②	0	0	0
免税売上げ（輸出取引等） ③				2,098,242
非課税売上げ ④				2,187,029,225
資産の譲渡等の対価の額の合計額 ⑤				（計算表3①）2,487,633,607

（注1）　各欄の金額は、いずれも消費税額及び地方消費税額に相当する額を含みません。

（注2）　各欄の金額について、売上げに係る対価の返還等の額がある場合でも、売上げに係る対価の返還等の額を控除する前の金額を記入してください。

（注3）　非課税売上げについては、課税売上割合を計算する場合の調整はありませんから、そのままの金額を記入してください。

（注4）　②欄には、消費税法施行規則の一部を改正する省令（平成15年財務省令第92号）附則第2条「課税標準額に対する消費税額の計算の特例」の適用を受けるものを記載します。

計算表2　特定収入の金額及びその内訳書

(1)　特定収入、課税仕入れ等に係る特定収入、課税仕入れ等に係る特定収入以外の特定収入の内訳表

内容		資産の譲渡等の対価以外の収入	特定収入 A	Aのうち課税仕入れ等にのみ使途が特定されている金額（「課税仕入れ等に係る特定収入」）税率7.8％適用分（10%） B	A－Bの金額（「課税仕入れ等に係る特定収入以外の特定収入」） C
租　　　　　　税	①				
補助金・交付金等	②	1,041,275,713	254,657,519	15,982,056	238,675,463
他会計からの繰入金	③				
寄　　附　　金	④	66,553,437	66,553,437	50,000,000	16,553,437
出資に対する配当金	⑤				
保　　険　　金	⑥				
損 害 賠 償 金	⑦				
会 費・入 会 金	⑧				
喜　捨　　金	⑨				
債 務 免 除 益	⑩				
借　入　　金	⑪				
出 資 の 受 入 れ	⑫				
貸 付 回 収 金	⑬				
入 学 金 等 そ の 他	⑭	524,510,250	3,268,300	0	3,268,300
	⑮				0
合計	⑯	1,632,339,400	計算表3⑤ 324,479,256	計算表2(2)⑯D 65,982,056	計算表4② 258,497,200

（注）　免税事業者である課税期間において行った課税仕入れ等を借入金等で賄い、その後、課税事業者となった課税期間において当該借入金等の返済のために交付を受けた補助金等は特定収入に該当しません。

計算表2　特定収入の金額及びその内訳書（個別対応方式用）

(2)　課税売上げにのみ要する課税仕入れ等にのみ使途が特定されている特定収入、課税・非課税売上げに共通して要する課税仕入れ等にのみ使途が特定されている特定収入の内訳書

※この表は課税売上割合が95％未満で個別対応方式を採用している場合のみ使用

内容		課税仕入れ等（税率7.8％）に係る特定収入 （計算表2(1)のB欄の金額） D	Dの金額のうち	
			課税売上げにのみ要する課税仕入れ等にのみ使途が特定されている特定収入 E	課税・非課税売上げに共通して要する課税仕入れ等にのみ使途が特定されている特定収入 F
租　　　　　　税	①			
補 助 金 ・ 交 付 金 等	②	15,982,056	0	5,208,138
他 会 計 か ら の 繰 入 金	③	0		
寄　　　附　　　金	④	50,000,000	0	0
出 資 に 対 す る 配 当 金	⑤	0		
保　　　険　　　金	⑥			
損 害 賠 償 金	⑦	0		
会 費 ・ 入 会 金	⑧	0		
喜　　　捨　　　金	⑨	0		
債 務 免 除 益	⑩	0		
借　　　入　　　金	⑪	0		
出 資 の 受 入 れ	⑫	0		
貸 付 回 収 金	⑬	0		
	⑭	0		
	⑮	0		
合計	⑯	65,982,056	計算表5② 0	計算表5④ 5,208,138

計算表3　特定収入割合の計算表

内容		金額等
資産の譲渡等の対価の額の合計額（計算表1⑤）	①	2,487,633,607
有価証券売却による調整（－）	②	△25,000,000
有価証券売却による調整（＋）	③	500,000,000
調整後資産の譲渡等の対価の額の合計額（① ＋ ② ＋ ③）	④	2,962,633,607
特定収入の合計額（計算表2(1)⑯のA）	⑤	324,479,256
分母の額（④ ＋ ⑤）	⑥	3,287,112,863
特定収入割合（⑤ ÷ ⑥）	⑦	9.87125…％ ⇒ 9.872％

（注）　⑦欄は、小数点第4位以下の端数を切上げて、百分率で記入してください。

計算表4　調整割合の計算表

内容		金額等
資産の譲渡等の対価の額の合計額（計算表3④）	①	2,962,633,607
課税仕入れ等に係る特定収入以外の特定収入 （計算表2(1)⑯のC合計）	②	258,497,200
分母の額（① ＋ ②）	③	3,221,130,807
調整割合　②の金額／③の金額	④	258,497,200／3,221,130,807

計算表5(2)⑩へ

○特定収入割合が

・5％を超える場合 ⇒ 課税仕入れ等の税額の調整が必要です。引き続き「計算表4、5」の作成を行います。

・5％以下の場合 ⇒ 課税仕入れ等の税額の調整は不要です。通常の計算により計算した課税仕入れ等の税額の合計額を控除対象仕入税額として申告書の作成を行います。

計算表5　調整後税額の計算表

課税売上割合が95％未満で個別対応方式を採用している場合

内容		金額等
調整前の課税仕入れ等の税額の合計額	①	（税率7.8％適用分） 18,837,012 ＋（税率6.24％適用分） 432,959 ＝ 19,269,971
課税売上にのみ要する課税仕入れ等にのみ使途が特定されている特定収入（計算表2(2)⑯のE）	②	0
② × 7.8/110（1円未満の端数切捨て） ② × 6.24/108（1円未満の端数切捨て）	③	0
課税・非課税売上に共通して要する課税仕入れ等にのみ使途が特定されている特定収入（計算表2(2)⑯のF）	④	5,208,138

④ × 7.8/110（1円未満の端数切捨て） ④ × 6.24/108（1円未満の端数切捨て）	⑤	（税率7.8%適用分）369,304 ＋（税率6.24%適用分） 0 ＝ 369,304
課税売上割合（準ずる割合の承認を受けている場合はその割合）	⑥	300,604,382 ――――――――― 2,487,633,607
⑤ × ⑥（1円未満の端数切捨て）	⑦	（税率7.8%適用分）44,626 ＋（税率6.24%適用分） 0 ＝ 44,626
③ ＋ ⑦	⑧	（税率7.8%適用分）44,626 ＋（税率6.24%適用分） 0 ＝ 44,626
① － ⑧	⑨	（税率7.8%適用分） 18,792,386 ＋（税率6.24%適用分） 432,959 ＝ 19,225,345
調整割合（計算表4④）	⑩	258,497,200 ――――――――― 3,221,130,807
⑨ × ⑩（1円未満の端数切捨て）	⑪	（税率7.8%適用分） 1,508,097 ＋（税率6.24%適用分） 34,745 ＝ 1,542,842
特定収入に係る課税仕入れ等の税額（⑧ ＋ ⑪）	⑫	（税率7.8%適用分） 1,552,723 ＋（税率6.24%適用分） 34,745 ＝ 1,587,468
控除対象仕入税額（① － ⑫）	⑬	（税率7.8%適用分） 17,284,289 ＋（税率6.24%適用分） 398,214 ＝ 17,682,503

（注）　⑨、⑪、⑫、⑬欄の計算結果がマイナスの場合には、「△」で表示します。

⑬欄の金額が	
プラス（＋）の場合	申告書付表2-3の㉔欄及び申告書（一般用）の④（控除対象仕入税額）へ転記します。
マイナス（－）の場合	申告書付表2-3の㉕欄及び申告書（一般用）の③（控除過大調整税額）の金額に加算します。

第6ステップ

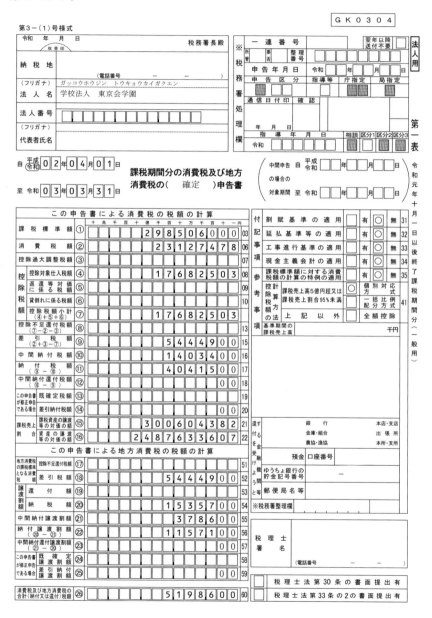

第3-(1)号様式

令和　年　月　日　収受印		税務署長殿

納税地

（電話番号　　　　－　　　　－　　　　）

（フリガナ）　ガッコウホウジン　トウキョウカイガクエン

法人名　学校法人　東京会学園

法人番号

（フリガナ）

代表者氏名

※税務署処理欄

一連番号

署番号　整理番号

翌年以降送付不要

法人用

申告年月日　令和　　年　　月　　日

申告区分　指導等　庁指定　局指定

通信日付印　確認

　年　月　日

指導年月日　相談　区分1　区分2　区分3

令和

第一表

自 平成（令和）02年04月01日

至 令和03年03月31日

課税期間分の消費税及び地方消費税の（　確定　）申告書

中間申告　自 平成・令和　　年　　月　　日
の場合の　対象期間　至 令和　　年　　月　　日

令和元年十月一日以後終了課税期間分（一般用）

この申告書による消費税の税額の計算

			十兆千百十億千百十万千百十一円	
課税標準額	①		2 9 8 5 0 6 0 0 0	03
消費税額	②		2 3 1 2 7 4 7 8	06
控除過大調整税額	③			07
控除税額	控除対象仕入税額	④	1 7 6 8 2 5 0 3	08
	返還等対価に係る税額	⑤		09
	貸倒れに係る税額	⑥		10
	控除税額小計（④+⑤+⑥）	⑦	1 7 6 8 2 5 0 3	11
控除不足還付税額（⑦-②-③）	⑧			13
差引税額（②+③-⑦）	⑨		5 4 4 4 9 0 0	15
中間納付税額	⑩		1 4 0 3 4 0 0	16
納付税額（⑨-⑩）	⑪		4 0 4 1 5 0 0	17
中間納付還付税額（⑩-⑨）	⑫		0 0	18
この申告書が修正申告である場合	既確定税額	⑬		19
	差引納付税額	⑭	0 0	20
課税売上割合	課税資産の譲渡等の対価の額	⑮	3 0 0 6 0 4 3 8 2	21
	資産の譲渡等の対価の額	⑯	2 4 8 7 6 3 3 6 0 7	22

この申告書による地方消費税の税額の計算

地方消費税の課税標準となる消費税額	控除不足還付税額	⑰		51
	差引税額	⑱	5 4 4 4 9 0 0	52
譲渡割額	還付額	⑲		53
	納税額	⑳	1 5 3 5 7 0 0	54
中間納付譲渡割額	㉑		3 7 8 6 0 0	55
納付譲渡割額（⑳-㉑）	㉒		1 1 5 7 1 0 0	56
中間納付還付譲渡割額（㉑-⑳）	㉓		0 0	57
この申告書が修正申告である場合	既確定譲渡割額	㉔		58
	差引納付譲渡割額	㉕	0 0	59
消費税及び地方消費税の合計（納付又は還付）税額	㉖		5 1 9 8 6 0 0	60

付記事項・参考事項

割賦基準の適用	有 ○ 無		31
延払基準等の適用	有 ○ 無		32
工事進行基準の適用	有 ○ 無		33
現金主義会計の適用	有 ○ 無		34
課税標準額に対する消費税額の計算の特例の適用	有 ○ 無		35
控除税額の計算の方法	課税売上高5億円超又は課税売上割合95%未満	○	個別対応方式	一括比例配分方式	41
	上記以外	全額控除	

基準期間の課税売上高　　　　　千円

還付を受けようとする金融機関等

銀行　本店・支店
金庫・組合　出張所
農協・漁協　本所・支所

預金　口座番号

ゆうちょ銀行の貯金記号番号　　－

郵便局名等

※税務署整理欄

税理士署名

（電話番号　　　　－　　　　－　　　　）

税理士法第30条の書面提出有

税理士法第33条の2の書面提出有

第4-(10)号様式

付表2-3　　課税売上割合・控除対象仕入税額等の計算表

一 般

課 税 期 間	令和 2・4・1 ～ 令和 3・3・31	氏名又は名称	学校法人 東京会学園

項　　　目		税率6.24%適用分 A	税率7.8%適用分 B	合　計 C (A+B)
課 税 売 上 額 （ 税 抜 き ）	①	10,000,000	288,506,140	298,506,140
免 税 売 上 額	②			2,098,242
非 課 税 資 産 の 輸 出 等 の 金 額 、海 外 支 店 等 へ 移 送 し た 資 産 の 価 額	③			
課税資産の譲渡等の対価の額（①+②+③）	④			※第一表の㊦欄へ 300,604,382
課税資産の譲渡等の対価の額（④の金額）	⑤			300,604,382
非 課 税 売 上 額	⑥			2,187,029,225
資 産 の 譲 渡 等 の 対 価 の 額 （⑤+⑥）	⑦			※第一表の㊦欄へ 2,487,633,607
課 税 売 上 割 合 （ ④ ／ ⑦ ）	⑧			[12.08%] ※端数切捨て
課税仕入れに係る支払対価の額（税込み）	⑨	7,776,000	1,141,755,169	1,149,531,169
課 税 仕 入 れ に 係 る 消 費 税 額	⑩	(⑨A欄×6.24/108) 449,280	(⑨B欄×7.8/110) 80,960,821	81,410,101
特定課税仕入れに係る支払対価の額	⑪	※⑪及び⑫欄は、課税売上割合が95%未満、かつ、特定課税仕入れがある事業者のみ記載する。		
特定課税仕入れに係る消費税額	⑫		(⑪B欄×7.8/100)	
課 税 貨 物 に 係 る 消 費 税 額	⑬			
納 税 義 務 の 免 除 を 受 け な い (受 け る)こ と と な っ た 場 合 に お け る 消 費 税 額の 調 整 (加 算 又 は 減 算) 額	⑭			
課 税 仕 入 れ 等 の 税 額 の 合 計 額（⑩+⑫+⑬+⑭）	⑮	449,280	80,960,821	81,410,101
課 税 売 上 高 が 5 億 円 以 下 、 か つ 、課 税 売 上 割 合 が 95 % 以 上 の 場 合（⑮の金額）	⑯			
⑮のうち、課税売上げにのみ要するもの	⑰	432,432	17,013,738	17,446,170
⑮のうち、課税売上げと非課税売上げに共通して要するもの	⑱	4,368	15,088,400	15,092,768
個別対応方式により控除する課税仕入れ等の税額（⑰+(⑱×④/⑦)）	⑲	432,959	18,837,012	19,269,971
一括比例配分方式により控除する課税仕入れ等の税額（⑮×④/⑦）	⑳			
課税売上割合変動時の調整対象固定資産に係る消費税額の調整（加算又は減算）額	㉑			
調整対象固定資産を課税業務用（非課税業務用）に転用した場合の調整（加算又は減算）額	㉒			
居住用賃貸建物を課税賃貸用に供した（譲渡した）場合の加算額	㉓			
控 除 対 象 仕 入 税 額〔(⑯、⑲又は⑳の金額)±㉑±㉒+㉓〕がプラスの時	㉔	※付表1-3の④A欄へ 398,214	※付表1-3の④B欄へ 17,284,289	17,682,503
控 除 過 大 調 整 税 額〔(⑯、⑲又は⑳の金額)±㉑±㉒+㉓〕がマイナスの時	㉕	※付表1-3の③A欄へ	※付表1-3の③B欄へ	
貸 倒 回 収 に 係 る 消 費 税 額	㉖	※付表1-3の③A欄へ	※付表1-3の③B欄へ	

注意　1　金額の計算においては、1円未満の端数を切り捨てる。
　　　2　⑨及び⑩欄には、値引き、割戻し、割引など仕入対価の返還等の金額がある場合（仕入対価の返還等の金額を仕入金額から直接減額している場合を除く。）には、その金額を控除した後の金額を記載する。

65-2. 税率引上げに伴う経過措置についての具体的な計算過程

> **Q** 消費税率の引上げに伴う経過措置を適用した場合の申告書の記載方法について、学校法人の場合を例に具体的な計算過程を示して説明してください。

A 特定収入割合5%以下、課税売上割合95%未満の場合

　学校法人東京会学園の令和2年4月1日から令和3年3月31日までの当課税期間（事業年度）における収入、支出の状況は次の【資料】のとおりです。これに基づき、当課税期間における納付すべき消費税額を計算します。

【資料】

1. 学校法人東京会学園が当課税期間において中間納付した消費税額は5,677,700円（国税分：5,300,000円、地方税分：377,700円）である。
2. 会計帳簿による経理は、全て消費税及び地方消費税込みの金額により処理している。なお、取引等は、全て国内において行われたものである。
3. 収入内訳

科目名	決算	課税売上げ	非課税売上げ	不課税収入
収入の部				
学生生徒納付金収入	2,600,000,000			
授業料収入	1,560,000,000		1,560,000,000	
入学金収入	390,000,000			390,000,000
実験実習料収入	64,000,000		64,000,000	
施設設備資金収入	170,000,000		170,000,000	
教育充実費収入	416,000,000		416,000,000	
手数料収入	65,000,000			
入学検定料収入	60,000,000		60,000,000	
試験料収入	2,000,000		2,000,000	

科目名	決算	課税売上げ	非課税売上げ	不課税収入
収入の部				
証明手数料収入	3,000,000		3,000,000	
寄付金収入	56,000,000			
特別寄付金収入	45,000,000			45,000,000
一般寄付金収入	11,000,000			11,000,000
補助金収入	840,000,000			
国庫補助金収入	84,000,000			84,000,000
地方公共団体補助金収入	756,000,000			756,000,000
資産売却収入	420,000			
車両売却収入	420,000	420,000		
付随事業・収益事業収入	280,000,000			
補助活動収入	265,000,000	255,000,000	10,000,000	
受託事業収入	15,000,000	15,000,000		
受取利息・配当金収入	2,400,000			
その他の受取利息・配当金収入	2,400,000		2,400,000	
雑収入	62,600,000			
私大退職金財団交付金収入	3,500,000			3,500,000
施設設備利用料収入	50,600,000	50,600,000		
その他の雑収入	8,500,000	7,500,000		1,000,000
前受金収入	500,000,000			
授業料前受金収入	75,000,000			75,000,000
入学金前受金収入	345,000,000		345,000,000	
実験実習料前受金収入	10,000,000			10,000,000
施設設備資金前受金収入	50,000,000			50,000,000
教育充実費前受金収入	20,000,000			20,000,000
合計		328,520,000	2,632,400,000	1,445,500,000

(1) 課税売上げのうち、消費税率引上げに伴う経過措置を適用すべきものはない。

(2) 課税売上割合は、10.18％である。設立以来、前課税期間まで、消費税の納税義務者となる場合で課税売上割合が95％未満となるときの課税期間については、一括比例配分方式（消法30②二に規定する計算方法）により課税仕入れ等に係る消費税額の計算を行っており、当課税期間についても同様に、一括比例配分方式を適用する。

$$課税売上割合 = \frac{328,520,000/1.1}{328,520,000/1.1 + 2,632,400,000}$$

⑶ 不課税収入（1,445,500,000円）のうち、特定収入は148,100,000円であり、特定収入割合は4.8％となる。5％以下のため、特定収入に係る課税仕入れ等の調整は不要である。

$$特定収入割合 = \frac{148,100,000}{328,520,000/1.1 + 2,632,400,000 + 148,100,000}$$

4．支出内訳

科目名	決算	課税仕入れ等	うち税率6.3%分	うち税率7.8%分	課税対象外
支出の部					
人件費支出	2,300,000,000				
教員人件費支出	1,840,000,000	63,000,000		63,000,000	1,777,000,000
職員人件費支出	450,000,000	43,000,000		43,000,000	407,000,000
役員報酬支出	4,000,000				4,000,000
退職金支出	6,000,000				6,000,000
教育研究経費支出	395,000,000				
消耗品費支出	30,000,000	30,000,000		30,000,000	
光熱水費支出	72,000,000	72,000,000		72,000,000	
車両燃料費支出	35,000,000	35,000,000		35,000,000	
旅費交通費支出	3,000,000	1,500,000		1,500,000	1,500,000
福利費支出	7,000,000	4,400,000		4,400,000	2,600,000
通信費支出	6,000,000	6,000,000		6,000,000	
印刷製本費支出	8,000,000	8,000,000		8,000,000	
研究費支出	15,000,000	15,000,000		15,000,000	
修繕費支出	90,000,000	90,000,000		90,000,000	
賃借料支出	40,000,000	40,000,000	25,000,000	15,000,000	
諸会費支出	8,000,000				8,000,000
報酬委託手数料支出	80,000,000	80,000,000		80,000,000	
雑費支出	1,000,000	700,000		700,000	300,000
管理経費支出	385,500,000				
消耗品費支出	11,000,000	11,000,000		11,000,000	
光熱水費支出	20,000,000	20,000,000		20,000,000	

科目名	決算	課税仕入れ等	うち税率6.3%分	うち税率7.8%分	課税対象外
支出の部					
旅費交通費支出	7,000,000	7,000,000		7,000,000	
福利費支出	5,000,000	3,000,000		3,000,000	2,000,000
通信費支出	6,000,000	6,000,000		6,000,000	
印刷製本費支出	15,000,000	15,000,000		15,000,000	
修繕費支出	10,000,000	10,000,000		10,000,000	
賃借料支出	4,000,000	4,000,000	3,000,000	1,000,000	
公租公課支出	2,500,000				2,500,000
諸会費支出	3,000,000				3,000,000
報酬委託手数料支出	30,000,000	30,000,000		30,000,000	
広報費支出	21,000,000	21,000,000		21,000,000	
補助活動仕入支出	250,000,000	245,000,000		245,000,000	5,000,000
雑費支出	1,000,000	1,000,000		1,000,000	
施設関係支出	170,000,000				
土地支出	3,000,000				3,000,000
建物支出	159,000,000	159,000,000	159,000,000		
構築物支出	8,000,000	8,000,000		8,000,000	
設備関係支出	110,000,000				
教育研究用機器備品支出	55,000,000	55,000,000		55,000,000	
管理用機器備品支出	10,000,000	10,000,000		10,000,000	
図書支出	13,000,000	13,000,000		13,000,000	
車両支出	12,000,000	12,000,000		12,000,000	
ソフトウエア支出	20,000,000	20,000,000		20,000,000	
合計		1,138,600,000	187,000,000	951,600,000	2,221,900,000

(1) 教育研究経費支出の「賃借料支出」は賃貸借処理を行った所有権移転外ファイナンス・リース取引に係るリース料であり、全額課税仕入れ等である。このうち、25,000,000円は令和元年9月1日に引渡しを受けたものであるため、消費税率の引上げに伴う経過措置を適用する。

(2) 管理経費支出の「賃借料支出」は賃貸借処理を行った所有権移転外ファイナンス・リース取引に係るリース料であり、全額課税仕入れ等である。このうち、3,000,000円は令和元年9月1日に引渡しを受けたものであるため、消費税率の引上げに伴う経過措置を適用する。

(3)　施設関係支出の「建物支出」は校舎の新築工事に関する支出であり、全額課税仕入れ等である。なお、当該工事に関する契約は平成31年3月1日に締結しているため、消費税率の引上げに伴う経過措置を適用する。

第3-(1)号様式

GK0304

令和　年　月　日　　税務署長殿

納税地	（電話番号　　　－　　　－　　　）
（フリガナ）	ガッコウホウジン　トウキョウカイガクエン
法人名	学校法人　東京会学園
法人番号	
（フリガナ）	
代表者氏名	

※税務署処理欄

法人用　第一表

一連番号	翌年以降送付不要

整理番号

申告年月日　令和　年　月　日
申告区分　指導等　庁指定　局指定
通信日付印　確認
年　月　日
指導　年　月　日　相談　区分1　区分2　区分3
令和

自 平成（令和）02年04月01日
至 令和 03年03月31日

課税期間分の消費税及び地方消費税の（　確定　）申告書

中間申告 自 平成令和　年　月　日
の場合の 対象期間 至 令和　年　月　日

令和元年十月一日以後終了課税期間分（一般用）

この申告書による消費税の税額の計算

		金額	
課税標準額	①	298654000	03
消費税額	②	23295012	06
控除過大調整税額	③		07
控除税額 控除対象仕入税額	④	7986942	08
返還等対価に係る税額	⑤		09
貸倒れに係る税額	⑥		10
控除税額小計（④+⑤+⑥）	⑦	7986942	
控除不足還付税額（⑦-②-③）	⑧		13
差引税額（②+③-⑦）	⑨	15308000	15
中間納付税額	⑩	5300000	16
納付税額（⑨-⑩）	⑪	10008000	17
中間納付還付税額（⑩-⑨）	⑫	00	18
この申告書が修正申告である場合 既確定税額	⑬		19
差引納付税額	⑭	00	20
課税売上割合 課税資産の譲渡等の対価の額	⑮	298654545	21
資産の譲渡等の対価の額	⑯	293105454	22

この申告書による地方消費税の税額の計算

地方消費税の課税標準となる消費税額 控除不足還付税額	⑰		51
差引税額	⑱	15308000	52
譲渡割額 還付額	⑲		53
納税額	⑳	4331200	54
中間納付譲渡割額	㉑	3775000	55
納付譲渡割額（⑳-㉑）	㉒	3953500	56
中間納付還付譲渡割額（㉑-⑳）	㉓	00	57
この申告書が修正申告である場合 既確定譲渡割額	㉔		58
差引納付譲渡割額	㉕	00	59
消費税及び地方消費税の合計（納付又は還付）税額	㉖	13961500	60

付記事項・参考事項

割賦基準の適用	有	○無	31
延払基準等の適用	有	○無	32
工事進行基準の適用	有	○無	33
現金主義会計の適用	有	○無	34
課税標準額に対する消費税額の計算の特例の適用	有	○無	35

控除税額の計算方法
課税売上高5億円超又は課税売上割合95%未満　個別対応方式／一括比例配分方式 41
上記以外　全額控除

基準期間の課税売上高　　　千円

還付を受けようとする金融機関等
銀行／金庫・組合／農協・漁協　本店・支店／出張所／本所・支店
預金　口座番号
ゆうちょ銀行の貯金記号番号　－
郵便局名等
※税務署整理欄

税理士署名
（電話番号　　　－　　　－　　　）

税理士法第30条の書面提出有
税理士法第33条の2の書面提出有

197

第3-(2)号様式

課税標準額等の内訳書

整理番号									法人用

改正法附則による税額の特例計算		
軽減売上割合（10営業日）	附則38①	51
小売等軽減仕入割合	附則38②	52
小売等軽減売上割合	附則39①	53

納 税 地	
	（電話番号　　　　－　　　　－　　　　）
（フリガナ）	ガッコウホウジン　トウキョウカイガクエン
法 人 名	学校法人　東京会学園
（フリガナ）	
代表者氏名	

自 平成（令和）02年04月01日
至 令和03年03月31日

課税期間分の消費税及び地方消費税の（　確定　）申告書

中間申告の場合の対象期間　自 平成・令和 □□年□□月□□日　至 令和 □□年□□月□□日

令和元年十月一日以後終了課税期間分

第二表

課　税　標　準　額　　※申告書（第一表）の①欄へ	①							2	9	8	6	5	4	0	0	0	01

課税資産の譲渡等の対価の額の合計額	3 ％適用分	②															02
	4 ％適用分	③															03
	6.3 ％適用分	④															04
	6.24 ％適用分	⑤															05
	7.8 ％適用分	⑥							2	9	8	6	5	4	5	4	5	06
		⑦							2	9	8	6	5	4	5	4	5	07
特定課税仕入れに係る支払対価の額の合計額	6.3 ％適用分	⑧															11
	7.8 ％適用分	⑨															12
（注1）		⑩															13

消　費　税　額　　※申告書（第一表）の②欄へ	⑪								2	3	2	9	5	0	1	2	21
⑪ の 内 訳	3 ％適用分	⑫															22
	4 ％適用分	⑬															23
	6.3 ％適用分	⑭															24
	6.24 ％適用分	⑮															25
	7.8 ％適用分	⑯								2	3	2	9	5	0	1	2	26

返　還　等　対　価　に　係　る　税　額　　※申告書（第一表）の⑤欄へ	⑰																31
⑰の内訳	売上げの返還等対価に係る税額	⑱															32
	特定課税仕入れの返還等対価に係る税額　（注1）	⑲															33

地方消費税の課税標準となる消費税額		⑳								1	5	3	0	8	0	7	0	41
	4 ％適用分	㉑															42
	6.3 ％適用分	㉒									−	1	1	1	1	4	8	5	43
（注2）	6.24 ％及び 7.8 ％適用分	㉓								1	6	4	1	9	5	5	5	44

198

第4-(1)号様式

付表1-1 税率別消費税額計算表 兼 地方消費税の課税標準となる消費税額計算表
〔経過措置対象課税資産の譲渡等を含む課税期間用〕

一 般

課 税 期 間	令和 2・4・1〜 令和 3・3・31	氏名又は名称	学校法人 東京会学園	

区 分		旧税率分小計 X	税率6.24%適用分 D	税率7.8%適用分 E	合 計 F (X+D+E)
課 税 標 準 額	①	(付表1-2の①X欄の金額) 円 000	円 000	円 298,654,000	※第二表の①欄へ 円 298,654,000
①の内訳 課税資産の譲渡等の対価の額	①-1	(付表1-2の①-1X欄の金額)	※第二表の⑤欄へ	※第二表の⑥欄へ 298,654,545	※第二表の⑦欄へ 298,654,545
特定課税仕入れに係る支払対価の額	①-2	(付表1-2の①-2X欄の金額)	※①欄は、課税売上割合が95%未満、かつ、特定課税仕入れがある事業者のみ記載する。	※第二表の⑨欄へ	※第二表の⑩欄へ
消 費 税 額	②	(付表1-2の②X欄の金額)	※第二表の⑮欄へ	※第二表の⑯欄へ 23,295,012	※第二表の⑪欄へ 23,295,012
控除過大調整税額	③	(付表1-2の③X欄の金額)	(付表2-1の⑤・⑧D欄の合計金額)	(付表2-1の⑤・⑧E欄の合計金額)	※第一表の③欄へ
控除税額 控除対象仕入税額	④	(付表1-2の④X欄の金額) 1,111,485	(付表2-1の⑤D欄の金額)	(付表2-1の⑤E欄の金額) 6,875,457	※第一表の④欄へ 7,986,942
返還等対価に係る税額	⑤	(付表1-2の⑤X欄の金額)			※第二表の⑰欄へ
⑤の内訳 売上げの返還等対価に係る税額	⑤-1	(付表1-2の⑤-1X欄の金額)			※第二表の⑱欄へ
特定課税仕入れの返還等対価に係る税額	⑤-2	(付表1-2の⑤-2X欄の金額)	※⑤-2欄は、課税売上割合が95%未満、かつ、特定課税仕入れがある事業者のみ記載する。		※第二表の⑲欄へ
貸倒れに係る税額	⑥	(付表1-2の⑥X欄の金額)			※第一表の⑥欄へ
控除税額小計 (④+⑤+⑥)	⑦	(付表1-2の⑦X欄の金額) 1,111,485		6,875,457	※第一表の⑦欄へ 7,986,942
控除不足還付税額 (⑦-②-③)	⑧	(付表1-2の⑧X欄の金額) 1,111,485	※⑪E欄へ	※⑪E欄へ	1,111,485
差 引 税 額 (②+③-⑦)	⑨	(付表1-2の⑨X欄の金額)	※⑫E欄へ	※⑫E欄へ 16,419,555	16,419,555
合 計 差 引 税 額 (⑨-⑧)	⑩				※マイナスの場合は第一表の⑧欄へ ※プラスの場合は第一表の⑨欄へ 15,308,070
地方消費税の課税標準となる消費税額 控除不足還付税額	⑪	(付表1-2の⑪X欄の金額) 1,111,485		(⑧D欄と⑧E欄の合計金額) 1,111,485	
差 引 税 額	⑫	(付表1-2の⑫X欄の金額) 16,419,555		(⑨D欄と⑨E欄の合計金額) 16,419,555	
合計差引地方消費税の課税標準となる消費税額 (⑫-⑪)	⑬	(付表1-2の⑬X欄の金額) △1,111,485		※第二表の㉑欄へ 16,419,555	※マイナスの場合は第一表の⑱欄へ ※プラスの場合は第一表の⑳欄へ ※第二表の㉒欄へ 15,308,070
譲渡割額 還 付 額	⑭	(付表1-2の⑭X欄の金額) 299,924		(⑪E欄×22/78) 	299,924
納 税 額	⑮	(付表1-2の⑮X欄の金額)		(⑫E欄×22/78) 4,631,156	4,631,156
合計差引譲渡割額 (⑮-⑭)	⑯				※マイナスの場合は第一表の㉑欄へ ※プラスの場合は第一表の㉒欄へ 4,331,232

注意 1 金額の計算においては、1円未満の端数を切り捨てる。
　　 2 旧税率が適用された取引がある場合は、付表1-2を作成してから当該付表を作成する。

第4-(5)号様式

付表1−2　税率別消費税額計算表 兼 地方消費税の課税標準となる消費税額計算表
　　　　　〔経過措置対象課税資産の譲渡等を含む課税期間用〕

一 般

| 課 税 期 間 | 令和 2・4・1〜令和 3・3・31 | 氏名又は名称 | 学校法人　東京会学園 |

区　分		税率3％適用分 A	税率4％適用分 B	税率6.3％適用分 C	旧税率分小計 X (A+B+C)
課 税 標 準 額	①	円 000	円 000	円 000	※付表1−1の①X欄へ 円 000
①の内訳	課税資産の譲渡等の対価の額 ①-1	※第二表の②欄へ	※第二表の③欄へ	※第二表の④欄へ	※付表1−1の①−1X欄へ
	特定課税仕入れに係る支払対価の額 ①-2	※①-2欄は、課税売上割合が95％未満、かつ、特定課税仕入れがある事業者のみ記載する。		※第二表の⑧欄へ	※付表1−1の①−2X欄へ
消 費 税 額	②	※第二表の⑫欄へ	※第二表の⑬欄へ	※第二表の⑭欄へ	※付表1−1の②X欄へ
控除過大調整税額	③	(付表2-2の㉕・㉘A欄の合計金額)	(付表2-2の㉕・㉘B欄の合計金額)	(付表2-2の㉕・㉘C欄の合計金額)	※付表1−1の③X欄へ
控除税額	控除対象仕入税額 ④	(付表2-2の㉔A欄の金額)	(付表2-2の㉔B欄の金額)	(付表2-2の㉔C欄の金額) 1,111,485	※付表1−1の④X欄へ 1,111,485
	返還等対価に係る税額 ⑤				※付表1−1の⑤X欄へ
	⑤の内訳 売上げの返還等対価に係る税額 ⑤-1				※付表1−1の⑤−1X欄へ
	特定課税仕入れの返還等対価に係る税額 ⑤-2	※⑤-2欄は、課税売上割合が95％未満、かつ、特定課税仕入れがある事業者のみ記載する。			※付表1−1の⑤−2X欄へ
	貸倒れに係る税額 ⑥				※付表1−1の⑥X欄へ
	控除税額小計 (④+⑤+⑥) ⑦			1,111,485	※付表1−1の⑦X欄へ 1,111,485
控除不足還付税額 (⑦−②−③) ⑧			※⑪B欄へ	※⑪C欄へ 1,111,485	※付表1−1の⑧X欄へ 1,111,485
差 引 税 額 (②+③−⑦) ⑨			※⑫B欄へ	※⑫C欄へ	※付表1−1の⑨X欄へ
合 計 差 引 税 額 (⑨−⑧) ⑩					
地方消費税の課税標準となる消費税額	控除不足還付税額 ⑪		(⑧B欄の金額)	(⑧C欄の金額) 1,111,485	※付表1−1の⑪X欄へ 1,111,485
	差 引 税 額 ⑫		(⑨B欄の金額)	(⑨C欄の金額)	※付表1−1の⑫X欄へ
合計差引地方消費税の課税標準となる消費税額 (⑫−⑪) ⑬			※第二表の㉑欄へ	※第二表の㉒欄へ △1,111,485	※付表1−1の⑬X欄へ △1,111,485
譲渡割額	還 付 額 ⑭		(⑪B欄×25/100)	(⑪C欄×17/63) 299,924	※付表1−1の⑭X欄へ 299,924
	納 税 額 ⑮		(⑫B欄×25/100)	(⑫C欄×17/63)	※付表1−1の⑮X欄へ
合 計 差 引 譲 渡 割 額 (⑮−⑭) ⑯					

注意　1　金額の計算においては、1円未満の端数を切り捨てる。
　　　2　旧税率が適用された取引がある場合は、当該付表を作成してから付表1−1を作成する。

200

第4-(2)号様式

付表2-1　　課税売上割合・控除対象仕入税額等の計算表
〔経過措置対象課税資産の譲渡等を含む課税期間用〕　　　　　　一 般

課税期間	令和 2・4・1 ～ 令和 3・3・31	氏名又は名称	学校法人 東京会学園

項　目		旧税率分小計 X	税率6.24%適用分 D	税率7.8%適用分 E	合　計 F (X＋D＋E)
課 税 売 上 額（税 抜 き）	①	(付表2-2の①X欄の金額) 円	円	円 298,654,545	円 298,654,545
免 税 売 上 額	②				
非課税資産の輸出等の金額、海外支店等へ移送した資産の価額	③				
課税資産の譲渡等の対価の額（①＋②＋③）	④				※第一表の⑤欄へ ※付表2-2の④X欄へ 298,654,545
課税資産の譲渡等の対価の額（④の金額）	⑤				298,654,545
非 課 税 売 上 額	⑥				2,632,400,000
資産の譲渡等の対価の額（⑤＋⑥）	⑦				※第一表の⑩欄へ ※付表2-2の⑦X欄へ 2,931,054,545
課 税 売 上 割 合（④ ／ ⑦）	⑧				※付表2-2の⑧X欄へ [10.18%] ※端数切捨て
課税仕入れに係る支払対価の額（税込み）	⑨	(付表2-2の⑨X欄の金額) 187,000,000		951,600,000	1,138,600,000
課税仕入れに係る消費税額	⑩	(付表2-2の⑩X欄の金額) 10,908,333	(⑨D欄×6.24/108)	(⑨E欄×7.8/110) 67,477,090	78,385,423
特定課税仕入れに係る支払対価の額	⑪	(付表2-2の⑪X欄の金額)		※⑪及び⑫欄は、課税売上割合が95%未満、かつ、特定課税仕入れがある事業者のみ記載する。	
特定課税仕入れに係る消費税額	⑫	(付表2-2の⑫X欄の金額)		(⑪E欄×7.8/100)	
課税貨物に係る消費税額	⑬	(付表2-2の⑬X欄の金額)			
納税義務の免除を受けない（受ける）こととなった場合における消費税額の調整（加算又は減算）額	⑭	(付表2-2の⑭X欄の金額)			
課税仕入れ等の税額の合計額（⑩＋⑫＋⑬±⑭）	⑮	(付表2-2の⑮X欄の金額) 10,908,333		67,477,090	78,385,423
課税売上高が5億円以下、かつ、課税売上割合が95%以上の場合（⑮の金額）	⑯	(付表2-2の⑯X欄の金額)			
課5課95税億売未円上満割合のが高又がは合 個別対応方式	⑮のうち、課税売上げにのみ要するもの	⑰	(付表2-2の⑰X欄の金額)			
	⑮のうち、課税売上げと非課税売上げに共通して要するもの	⑱	(付表2-2の⑱X欄の金額)			
	個別対応方式により控除する課税仕入れ等の税額〔⑰＋（⑱×④／⑦）〕	⑲	(付表2-2の⑲X欄の金額)			
一括比例配分方式により控除する課税仕入れ等の税額（⑮×④／⑦）	⑳	(付表2-2の⑳X欄の金額) 1,111,485		6,875,457	7,986,942
控の除税額調整 課税売上割合変動時の調整対象固定資産に係る消費税額の調整（加算又は減算）額	㉑	(付表2-2の㉑X欄の金額)			
調整対象固定資産を課税業務用（非課税業務用）に転用した場合の調整（加算又は減算）額	㉒	(付表2-2の㉒X欄の金額)			
居住用賃貸建物を課税賃貸用に供した（譲渡した）場合の加算額	㉓	(付表2-2の㉓X欄の金額)			
差引 控 除 対 象 仕 入 税 額〔（⑯、⑲又は⑳の金額）±㉑±㉒＋㉓〕がプラスの時	㉔	(付表2-2の㉔X欄の金額) 1,111,485	※付表1-1の④D欄へ	※付表1-1の④E欄へ 6,875,457	7,986,942
控 除 過 大 調 整 税 額〔（⑯、⑲又は⑳の金額）±㉑±㉒＋㉓〕がマイナスの時	㉕	(付表2-2の㉕X欄の金額)	※付表1-1の③D欄へ	※付表1-1の③E欄へ	
貸 倒 回 収 に 係 る 消 費 税 額	㉖	(付表2-2の㉖X欄の金額)	※付表1-1の③D欄へ	※付表1-1の③E欄へ	

注意　1　金額の計算においては、1円未満の端数を切り捨てる。
　　　2　旧税率が適用された取引がある場合は、付表2-2を作成してから当該付表を作成する。
　　　3　⑨及び⑨欄には、値引き、割戻し、割引きなど仕入対価の返還等の金額がある場合（仕入対価の返還等の金額を仕入金額から直接減額している場合を除く。）には、その金額を控除した後の金額を記載する。

第4-(6)号様式

付表2-2　課税売上割合・控除対象仕入税額等の計算表
〔経過措置対象課税資産の譲渡等を含む課税期間用〕

〔一般〕

| | | 課 税 期 間 | 令和 2・4・1 ～ 令和 3・3・31 | 氏名又は名称 | 学校法人 東京会学園 |

項　目		税率3％適用分 A	税率4％適用分 B	税率6.3％適用分 C	旧税率分小計X (A+B+C)
課 税 売 上 額 （ 税 抜 き ）	①	円	円	円	※付表2-1の①X欄へ　円
免 税 売 上 額	②				
非課税資産の輸出等の金額、海外支店等へ移送した資産の価額	③				
課税資産の譲渡等の対価の額（①＋②＋③）	④				(付表2-1の④F欄の金額) 298,654,545
課税資産の譲渡等の対価の額（④の金額）	⑤				
非 課 税 売 上 額	⑥				
資産の譲渡等の対価の額（⑤＋⑥）	⑦				(付表2-1の⑦F欄の金額) 2,931,054,545
課 税 売 上 割 合 （ ④ ／ ⑦ ）	⑧				(付表2-1の⑧F欄の割合) [10.18%]※端数切捨て
課税仕入れに係る支払対価の額（税込み）	⑨			187,000,000	※付表2-1の⑨X欄へ 187,000,000
課 税 仕 入 れ に 係 る 消 費 税 額	⑩	(⑨A欄×3/103)	(⑨B欄×4/105)	(⑨C欄×6.3/100) 10,908,333	※付表2-1の⑩X欄へ 10,908,333
特定課税仕入れに係る支払対価の額	⑪	※⑪及び⑫欄は、課税売上割合が95％未満、かつ、特定課税仕入れがある事業者のみ記載する。			※付表2-1の⑪X欄へ
特定課税仕入れに係る消費税額	⑫			(⑪C欄×6.3/100)	※付表2-1の⑫X欄へ
課 税 貨 物 に 係 る 消 費 税 額	⑬				※付表2-1の⑬X欄へ
納税義務の免除を受けない（受ける）こととなった場合における消費税額の調整（加算又は減算）額	⑭				※付表2-1の⑭X欄へ
課税仕入れ等の税額の合計額（⑩＋⑫＋⑬±⑭）	⑮			10,908,333	※付表2-1の⑮X欄へ 10,908,333
課税売上高が5億円以下、かつ、課税売上割合が95％以上の場合（⑮の金額）	⑯				※付表2-1の⑯X欄へ
課税売上高が5億円超又は課税売上割合が95％未満の場合 個別対応方式	⑮のうち、課税売上げにのみ要するもの	⑰				※付表2-1の⑰X欄へ
	⑮のうち、課税売上げと非課税売上げに共通して要するもの	⑱				※付表2-1の⑱X欄へ
	個別対応方式により控除する課税仕入れ等の税額〔⑰＋（⑱×④／⑦）〕	⑲				※付表2-1の⑲X欄へ
	一括比例配分方式により控除する課税仕入れ等の税額（⑮×④／⑦）	⑳			1,111,485	※付表2-1の⑳X欄へ 1,111,485
控除税額の調整	課税売上割合変動時の調整対象固定資産に係る消費税額の調整（加算又は減算）額	㉑				※付表2-1の㉑X欄へ
	調整対象固定資産を課税業務用（非課税業務用）に転用した場合の調整（加算又は減算）額	㉒				※付表2-1の㉒X欄へ
	居住用賃貸建物を課税賃貸用に供した（譲渡した）場合の加算額	㉓				※付表2-1の㉓X欄へ
差引	控除対象仕入税額〔（⑯、⑲又は⑳の金額）±㉑±㉒＋㉓〕がプラスの時	㉔	※付表1-2の④A欄へ	※付表1-2の④B欄へ	※付表1-2の④C欄へ 1,111,485	※付表2-1の㉔X欄へ 1,111,485
	控除過大調整税額〔（⑯、⑬又は⑳の金額）±㉑±㉒＋㉓〕がマイナスの時	㉕	※付表1-2の③A欄へ	※付表1-2の③B欄へ	※付表1-2の③C欄へ	※付表2-1の㉕X欄へ
貸 倒 回 収 に 係 る 消 費 税 額	㉖	※付表1-2の③A欄へ	※付表1-2の③B欄へ	※付表1-2の③C欄へ	※付表2-1の㉖X欄へ

注意　1　金額の計算においては、1円未満の端数を切り捨てる。
　　　2　旧税率が適用された取引がある場合は、当該付表を作成してから付表2-1を作成する。
　　　3　④、⑨及び⑮X欄は、付表2-1の⑪の欄を計算した後に記載する。
　　　4　⑨及び⑩欄には、値引き、割戻し、割引きなど仕入対価の返還等の金額がある場合（仕入対価の返還等の金額を仕入金額から直接減額している場合を除く。）には、その金額を控除した後の金額を記載する。

202

66. 簡易課税方式

> **Q** 消費税の簡易課税方式について説明してください。

A 消費税の簡易課税方式は、基準期間の課税売上が5千万円以下で、簡易課税制度の適用を受ける旨の届出書を事前に提出している事業者が選択により適用可能な方式です。この方式は、仕入控除税額を課税売上高に対する税額の一定割合とするというものです。この一定割合をみなし仕入率といい、売上げを卸売業、小売業、製造業等、サービス業等及びその他の事業の六つに区分し、それぞれの区分ごとのみなし仕入率を適用します。

──── **解 説** ────

事業区分ごとのみなし仕入率と学校法人における具体的な事例は以下のとおりです。

	区分	みなし仕入率	学校法人における収入
第1種	卸売業	90%	
第2種	小売業	80%	指定品販売収入 入学案内書頒布収入
第3種	製造業等	70%	
第4種	その他の事業	60%	給食代収入 車両、備品売却収入
第5種	運輸通信業 サービス業（飲食店業を除く） 金融業及び保険業	50%	コピー使用料収入 スクールバス収入（注） 保険代理収入
第6種	不動産業	40%	施設設備利用料収入 （教室、グラウンド、セミナーハウス、駐車場等）

（注） 利用の有無に関係なく、生徒全員から一律に一定額を徴収している場合には非課税となる場合があります（Q43参照）。

（※） 令和元年10月1日を含む課税期間（同日前の取引は除きます。）から、第三種事業である農業、林業、漁業のうち消費税の軽減税率が適用される飲食品の譲渡を行う事業を第二種事業とし、そのみなし仕入率は80%が適用されます。

67. 簡易課税制度を適用する場合の届出書提出期限及び注意点

> **Q** 消費税の簡易課税制度を適用する場合、所轄税務署に対し、どのような届出書をいつまでに提出する必要がありますか。また、その際に注意すべき点を教えてください。

A 消費税の簡易課税制度の適用を受けるためには、納税地を所轄する税務署長に原則として適用しようとする課税期間の開始の日の前日までに「消費税簡易課税制度選択届出書」を提出することが必要です。この「消費税簡易課税制度選択届出書」を提出した事業者は、原則として、2年間は実額計算による仕入税額の控除に変更することはできません。

解　説

　消費税の簡易課税制度の適用を受けるためには、納税地を所轄する税務署長に原則として適用しようとする課税期間の開始の日の前日までに「消費税簡易課税制度選択届出書」を提出することが必要です。ただし、平成22年4月1日以後に「消費税課税事業者選択届出書」を提出して課税事業者となっている場合、又は新設法人に該当する場合で調整対象固定資産 ^(※1) の仕入れ等を行った場合は、一定期間「消費税簡易課税制度選択届出書」を提出できない場合がありますので注意が必要です。この「消費税簡易課税制度選択届出書」を提出した事業者は、原則として、2年間は実額計算による仕入税額の控除に変更することはできません。

　また、簡易課税制度の適用をとりやめて実額による仕入税額の控除を行う場合には、原則として、やめようとする課税期間の開始の日の前日までに「消費税簡易課税制度選択不適用届出書」を提出する必要があり、とりやめる課税期間の初日から課税仕入れ関係の帳簿及び請求書などを保存することが必要です。

なお、簡易課税制度選択届出書を提出している場合であっても、基準期間の課税売上高が5千万円を超える場合には、その課税期間については、簡易課税制度は適用できませんので注意が必要です。

さらに、平成28年4月の消費税法改正より、課税事業者が、原則として、平成28年4月1日以後に高額特定資産の仕入れ等を行った場合は、当該高額特定資産の仕入れ等の日の属する課税期間の翌課税期間から一定の期間について、簡易課税制度の適用が制限されるため注意が必要です。ただし、平成27年12月31日までに締結した契約に基づき、平成28年4月1日以後に高額特定資産の仕入れ等を行った場合には、当該特例の適用はありません。

高額特定資産とは、一の取引の単位につき、課税仕入れに係る支払対価の額（税抜き）が1,000万円以上の棚卸資産又は調整対象固定資産をいいます。事業者免税点制度及び簡易課税制度の適用を受けない課税期間中に高額特定資産の仕入れ等を行った場合には、当該高額特定資産の仕入れ等の日の属する課税期間の翌課税期間から当該高額特定資産の仕入れ等の日の属する課税期間の初日以後3年を経過する日の属する課税期間までの各課税期間においては、簡易課税制度を選択して申告することができません。

簡易課税方式を適用できる場合であっても、大規模な建物の建設や、多額の機械等の購入を予定している場合には、一般課税方式を採用した方が有利になる場合があります。一般課税で計算すれば消費税が還付になる場合でも、簡易課税を選択している場合には、還付は受けられませんので、どちらの方式を選択するかについては慎重に検討する必要があります。

（※1）「調整対象固定資産」とは、棚卸資産以外の資産で、建物及びその付属設備、構築物、機械及び装置、船舶、航空機、車両及び運搬具、工具、器具及び備品、鉱業権その他の資産で一の取引単位の価額（消費税及び地方消費税に相当する額を除いた金額）が100万円以上のものをいいます。

68. 簡易課税方式による具体的な計算過程

> 消費税の簡易課税方式について、学校法人の場合を例に具体的な
> 計算過程を示して説明してください。

A 簡易課税を選択した場合

　学校法人東京会学園の令和2年4月1日から令和3年3月31日までの当
課税期間（事業年度）における取引等の状況は次の【資料】のとおりです。
これに基づく当課税年度における納付すべき消費税額の計算を説明します。

【前提条件】

1．会計帳簿による経理は、全て消費税及び地方消費税込みの金額により
　処理しています。

2．取引等は、全て国内において行われたものとします。

3．学校法人東京会学園は、令和2年3月31日までに消費税簡易課税制度
　選択届出書（消法37①に規定する届出書）を納税地の所轄税務署長に提
　出しています。なお、調整対象固定資産の仕入れ等を行った場合の制限
　（消法37②）は受けていないものとします。

4．当課税期間中に行った課税資産の譲渡等については、その事業の種類
　の区分を行った帳票が保存されています。

【資料】

1．学校法人東京会学園が当課税期間において中間納付した消費税額はあり
　ません。

2．基準期間における課税売上高は、15,000,000円です。

3．学校法人東京会学園の当課税期間（事業年度）の資金収支計算書（一部
　抜粋）は次のとおりです。

資金収支計算書（一部抜粋）

自　令和2年4月1日　至　令和3年3月31日

（単位：円）

科目名	決算
収入の部	
学生生徒等納付金収入	71,796,900
授業料収入	62,701,400
入学金収入	5,295,000
施設設備費収入	860,000
冷暖房費収入	2,940,500
手数料収入	735,000
入学検定料収入	735,000
寄付金収入	2,486,650
特別寄付金収入	1,746,650
一般寄付金収入	740,000
補助金収入	70,030,820
地方公共団体補助金収入	70,030,820
資産売却収入	420,000
車両売却収入	420,000
付随事業・収益事業収入	17,233,801
補助活動収入	17,233,801
用品収入	3,103,271
給食収入	5,093,610
スクールバス収入	4,943,650
預り保育料収入	4,093,270
受取利息・配当金収入	1,297,375
その他の受取利息・配当金収入	1,297,375
雑収入	3,145,052
施設設備利用料収入	815,083
退職金財団交付金収入	1,560,375
その他の雑収入	769,594

4．資金収支計算書（一部抜粋）の内訳は次のとおりです。

「学生生徒等納付金収入」、「手数料収入」、「寄付金収入」、「補助金収入」、「預り保育料収入」、「受取利息・配当金収入」、「退職金財団交付金収入」は全額非課税売上げ又は不課税取引に該当します。

「施設設備利用料収入」のうち210,000円は、教室等を利用させたことによる収入であり、課税売上げ（第六種事業）に該当し、その他は課税売上げ（第五種事業）に該当します。

「車両売却収入」は、課税売上げ（第四種事業）に該当します。

「用品収入」は、授業等での指定品の販売による収入であり、課税売上げ（第二種事業）に該当します。

「給食収入」は、学園内に調理場を設けて生徒に給食を調理しており、日本標準産業分類上の飲食店業に該当するものであり、課税売上げ（第四種事業）に該当します。なお、当該給食は、軽減税率の対象となる学校給食に該当します。

「スクールバス収入」は、バス利用を希望する園児からのみ徴収している収入であり、課税売上げ（第五種事業）に該当します。

「その他の雑収入」は、全額コピーによる代金であり、課税売上げ（第五種事業）に該当します。

①令和2年度消費税（簡易課税）計算表

科目名	決算	非課税売上げ不課税売上げ	課税売上げ	課税売上げ(10%) 第二種事業	第四種事業	第五種事業	第六種事業	課税売上げ(8%) 第四種事業
収入の部								
学生生徒等納付金収入								
授業料収入	62,701,400	62,701,400						
入学金収入	5,295,000	5,295,000						
施設設備費収入	860,000	860,000						
冷暖房費収入	2,940,500	2,940,500						
手数料収入								
入学検定料収入	735,000	735,000						
寄付金収入								
特別寄付金収入	1,746,650	1,746,650						
一般寄付金収入	740,000	740,000						
補助金収入								
地方公共団体補助金収入	70,030,820	70,030,820						
資産売却収入								
車両売却収入	420,000		420,000		420,000			
付随事業・収益事業収入								
補助活動収入								
用品収入	3,103,271		3,103,271	3,103,271				
給食収入	5,093,610		5,093,610					5,093,610
スクールバス収入	4,943,650		4,943,650			4,943,650		
預り保育料収入	4,093,270	4,093,270						
受取利息・配当金収入								
その他の受取利息・配当金収入	1,297,375	1,297,375						
雑収入								
施設設備利用料収入	815,083		815,083			605,083	210,000	
退職金財団交付金収入	1,560,375	1,560,375						
その他の雑収入	769,594		769,594			769,594		
合計	167,145,598	152,000,390	15,145,208	3,103,271	420,000	6,318,327	210,000	5,093,610
税抜き				2,821,155	381,818	5,743,934	190,909	4,716,305
消費税				22,050	29,781	448,026	14,890	294,278
みなし仕入れ率				80%	60%	50%	40%	60%

		うち10%分	うち8%分
1．課税売上げに対する消費税（申告書第二表⑮⑯より）	1,006,964	712,686	294,278
2．控除仕入税額（付表5-1Ⅲ(3)ハより）	600,406	423,840	176,566
3．納付消費税額（申告書第一表⑪及び付表4-1⑨より）	406,500	288,846	117,712
4．納付地方消費税額（申告書第一表㉒より）※税率ごとの地方消費税額は「3．納付消費税額」に22/78を乗じて算定している。	114,600	81,469	33,200
5．年税額合計	521,100		
6．仕訳	（管理経費)公租公課　521,100円　／　未払金　521,100円		

②課税所得分の消費税及び地方消費税（確定）申告書

第3-(3)号様式

GK0405

令和　年　月　日　　　　　　　　　　税務署長殿

収受印

納 税 地	
	（電話番号　　　−　　　−　　　）
（フリガナ）	ガッコウホウジン　トウキョウカイガクエン
法 人 名	学校法人　東京会学園
法 人 番 号	
（フリガナ）	
代表者氏名	

簡 法人用 第一表

令和元年十月一日以後終了課税期間分（簡易課税用）

※税務署処理欄		
一 連 番 号		翌年以降送付不要
所管　署否	整理番号	
申告年月日	令和　　年　　月　　日	
申告区分	指導等　庁指定　局指定	
通信日付印　確認		
年　月　日		
指導　年　月　日	相談　区分1　区分2　区分3	
令和		

自 平成（令和） 02 年 04 月 01 日
至 令和 03 年 03 月 31 日

課税期間分の消費税及び地方消費税の（　確定　）申告書

中間申告 自 平成（令和）　　年　　月　　日
の場合の 対象期間 至 令和　　年　　月　　日

この申告書による消費税の税額の計算

		十億千百十万千百十一円	
課 税 標 準 額	①	13853000	03
消 費 税 額	②	10006964	06
貸倒回収に係る消費税額	③		07
控除税額 控除対象仕入税額	④	600406	08
返還等対価に係る税額	⑤		09
貸倒れに係る税額	⑥		10
控除税額小計（④+⑤+⑥）	⑦	600406	11
控除不足還付税額（⑦-②-③）	⑧		13
差 引 税 額（②+③-⑦）	⑨	406500	15
中 間 納 付 税 額	⑩	00	16
納 付 税 額（⑨-⑩）	⑪	406500	17
中間納付還付税額（⑩-⑨）	⑫	00	18
この申告書が修正申告である場合 既確定税額	⑬		19
差引納付税額	⑭	00	20
この課税期間の課税売上高	⑮	13854121	21
基準期間の課税売上高	⑯	15000000	

この申告書による地方消費税の税額の計算

地方消費税の課税標準となる消費税額 控除不足還付税額	⑰		51
差 引 税 額	⑱	406500	52
譲渡割額 還 付 額	⑲		53
納 税 額	⑳	114600	54
中 間 納 付 譲 渡 割 額	㉑		55
納 付 譲 渡 割 額（⑳-㉑）	㉒	114600	56
中間納付還付譲渡割額（㉑-⑳）	㉓		57
この申告書が修正申告である場合 既確定譲渡割額	㉔		58
差引納付譲渡割額	㉕	00	59
消費税及び地方消費税の合計（納付又は還付）税額	㉖	521100	60

付記事項			
割賦基準の適用	有　○無		31
延払基準等の適用	有　○無		32
工事進行基準の適用	有　○無		33
現金主義会計の適用	有　○無		34
課税標準額に対する消費税額の計算の特例の適用	有　○無		35

参考事項 事業区分	区分	課税売上高（免税売上高を除く）千円	売上割合%	
	第1種			36
	第2種	2,821	20.3	37
	第3種			38
	第4種	5,098	36.7	39
	第5種	5,744	41.4	42
	第6種	191	1.3	43
特例計算適用（令57③）		有　○無		40

還付を受けようとする金融機関等	
銀　行　本店・支店	
金庫・組合　出張所	
農協・漁協　本所・支所	
預金　口座番号	
ゆうちょ銀行の貯金記号番号	−
郵便局名等	

※税務署整理欄

税理士署名	
（電話番号　　　−　　　−　　　）	

税理士法第30条の書面提出有
税理士法第33条の2の書面提出有

210

第3-(2)号様式

課税標準額等の内訳書

GK0601

| 整理番号 | | | | | | | | 法人用 |

改正法附則による税額の特例計算

軽減売上割合（10営業日）		附則38①	51
小売等軽減仕入割合		附則38②	52
小売等軽減売上割合		附則39①	53

納税地	
	（電話番号　　　　－　　　　－　　　　）
（フリガナ）	ガッコウホウジン　トウキョウカイガクエン
法人名	学校法人　東京会学園
（フリガナ）	
代表者氏名	

第二表

自 平成（令和）02年04月01日
至 令和03年03月31日

課税期間分の消費税及び地方消費税の（　確定　）申告書

中間申告の場合の対象期間　自 平成（令和）　　年　　月　　日　至 令和　　年　　月　　日

令和元年十月一日以後終了課税期間分

| 課　税　標　準　額 ※申告書（第一表）の①欄へ | ① | 1 3 8 5 3 0 0 0 | 01 |

課税資産の譲渡等の対価の額の合計額	3　％適用分	②		02
	4　％適用分	③		03
	6.3　％適用分	④		04
	6.24 ％適用分	⑤	4 7 1 6 3 0 5	05
	7.8　％適用分	⑥	9 1 3 7 8 1 6	06
		⑦	1 3 8 5 4 1 2 1	07
特定課税仕入れに係る支払対価の額の合計額（注1）	6.3　％適用分	⑧		11
	7.8　％適用分	⑨		12
		⑩		13

| 消　費　税　額 ※申告書（第一表）の②欄へ | ⑪ | 1 0 0 6 9 6 4 | 21 |

⑪　の　内　訳	3　％適用分	⑫		22
	4　％適用分	⑬		23
	6.3　％適用分	⑭		24
	6.24 ％適用分	⑮	2 9 4 2 7 8	25
	7.8　％適用分	⑯	7 1 2 6 8 6	26

返還等対価に係る税額 ※申告書（第一表）の⑤欄へ	⑰		31
⑰の内訳	売上げの返還等対価に係る税額	⑱		32
	特定課税仕入れの返還等対価に係る税額（注1）	⑲		33

地方消費税の課税標準となる消費税額（注2）		⑳	4 0 6 5 0 0	41
	4　％適用分	㉑		42
	6.3　％適用分	㉒		43
	6.24％及び7.8％適用分	㉓	4 0 6 5 0 0	44

211

第4-(11)号様式

付表4－3　税率別消費税額計算表　兼　地方消費税の課税標準となる消費税額計算表　　　　　[簡　易]

課　税　期　間	令和 2・4・1～令和 3・3・31	氏 名 又 は 名 称	学校法人　東京会学園

区　　　　分		税 率 6.24 % 適 用 分 A	税 率 7.8 % 適 用 分 B	合　　　　計　　C （ A ＋ B ）
課 税 標 準 額	①	円 4,716,000	円 9,137,000	※第二表の①欄へ 円 13,853,000
課 税 資 産 の 譲 渡 等 の 対 価 の 額	①-1	※第二表の⑤欄へ 4,716,305	※第二表の⑥欄へ 9,137,816	※第二表の⑦欄へ 13,854,121
消 費 税 額	②	※付表5-3の①A欄へ ※第二表の⑮欄へ 294,278	※付表5-3の①B欄へ ※第二表の⑯欄へ 712,686	※付表5-3の①C欄へ ※第二表の⑪欄へ 1,006,964
貸倒回収に係る消費税額	③	※付表5-3の②A欄へ	※付表5-3の②B欄へ	※付表5-3の②C欄へ ※第一表の③欄へ
控除税額 控 除 対 象 仕 入 税 額	④	(付表5-3の⑤A欄又は㉒A欄の金額) 176,566	(付表5-3の⑤B欄又は㉒B欄の金額) 423,840	(付表5-3の⑤C欄又は㉒C欄の金額) ※第一表の④欄へ 600,406
返 還 等 対 価 に 係 る 税 額	⑤	※付表5-3の③A欄へ	※付表5-3の③B欄へ	※付表5-3の③C欄へ ※第二表の⑰欄へ
貸 倒 れ に 係 る 税 額	⑥			※第一表の⑥欄へ
控 除 税 額 小 計 （④＋⑤＋⑥）	⑦	176,566	423,840	※第一表の⑦欄へ 600,406
控 除 不 足 還 付 税 額 （⑦－②－③）	⑧			※第一表の⑧欄へ
差 引 税 額 （②＋③－⑦）	⑨			※第一表の⑨欄へ 406,500
地方消費税の課税標準となる消費税額 控 除 不 足 還 付 税 額 （⑧）	⑩			※第一表の⑰欄へ ※マイナス「－」を付して第二表の㉑及び㉖欄へ
差 引 税 額 （⑨）	⑪			※第一表の⑱欄へ ※第二表の㉑及び㉖欄へ 406,500
譲渡割額 還 付 額	⑫			(⑩C欄×22/78) ※第一表の㉑欄へ
納 税 額	⑬			(⑪C欄×22/78) ※第一表の⑳欄へ 114,600

注意　　金額の計算においては、1円未満の端数を切り捨てる。

④付表5－3　控除対象仕入税額等の計算表

第4-(12)号様式

付表5－3　　控除対象仕入税額等の計算表　　　　　　　　　　　　　　　　　　　　| 簡　易 |

| 課税期間 | 令和　2・4・1～令和　3・3・31 | 氏名又は名称 | 学校法人 東京会学園 |

Ⅰ　控除対象仕入税額の計算の基礎となる消費税額

項　　　目		税率6.24%適用分 A	税率7.8%適用分 B	合計C (A＋B)
課税標準額に対する消費税額	①	(付表4-3の②A欄の金額)　　　　円 294,278	(付表4-3の②B欄の金額)　　　　円 712,686	(付表4-3の②C欄の金額)　　　　円 1,006,964
貸倒回収に係る消費税額	②	(付表4-3の③A欄の金額)	(付表4-3の③B欄の金額)	(付表4-3の③C欄の金額)
売上対価の返還等に係る消費税額	③	(付表4-3の⑤A欄の金額)	(付表4-3の⑤B欄の金額)	(付表4-3の⑤C欄の金額)
控除対象仕入税額の計算の基礎となる消費税額 （①＋②－③）	④	294,278	712,686	1,006,964

Ⅱ　1種類の事業の専業者の場合の控除対象仕入税額

項　　　目		税率6.24%適用分 A	税率7.8%適用分 B	合計C (A＋B)
④×みなし仕入率 (90%・80%・70%・60%・50%・40%)	⑤	※付表4-3の④A欄へ　　　　円	※付表4-3の④B欄へ　　　　円	※付表4-3の④C欄へ　　　　円

Ⅲ　2種類以上の事業を営む事業者の場合の控除対象仕入税額
(1)　事業区分別の課税売上高(税抜き)の明細

項　　　目		税率6.24%適用分 A	税率7.8%適用分 B	合計C (A＋B)	売上割合
事業区分別の合計額	⑥	円 4,716,305	円 9,137,816	円 13,854,121	％
第一種事業 （卸売業）	⑦			※第一表「事業区分」欄へ	
第二種事業 （小売業等）	⑧		2,821,155	※ 〃 2,821,155	20.3
第三種事業 （製造業等）	⑨			※ 〃	
第四種事業 （その他）	⑩	4,716,305	381,818	※ 〃 5,098,123	36.7
第五種事業 （サービス業等）	⑪		5,743,934	※ 〃 5,743,934	41.4
第六種事業 （不動産業）	⑫		190,909	※ 〃 190,909	1.3

(2)　(1)の事業区分別の課税売上高に係る消費税額の明細

項　　　目		税率6.24%適用分 A	税率7.8%適用分 B	合計C (A＋B)
事業区分別の合計	⑬	円 294,297	円 712,747	円 1,007,044
第一種事業 （卸売業）	⑭			
第二種事業 （小売業等）	⑮		220,050	220,050
第三種事業 （製造業等）	⑯			
第四種事業 （その他）	⑰	294,297	29,781	324,078
第五種事業 （サービス業等）	⑱		448,026	448,026
第六種事業 （不動産業）	⑲		14,890	14,890

注意　1　金額の計算においては、1円未満の端数を切り捨てる。
　　　2　課税売上げにつき返品を受け又は値引き・割戻しをした金額(売上対価の返還等の金額)があり、売上(収入)金額から減算しない方法で経理して経費に含めている場合には、⑥から⑫欄
　　　　(には売上対価の返還等の金額(税抜き)を控除した後の金額を記載する。

(1／2)

(3) 控除対象仕入税額の計算式区分の明細

イ 原則計算を適用する場合

控除対象仕入税額の計算式区分		税率6.24%適用分 A	税率7.8%適用分 B	合計C (A+B)
④×みなし仕入率 $\left[\dfrac{⑭×90\%+⑮×80\%+⑯×70\%+⑰×60\%+⑱×50\%+⑲×40\%}{⑬}\right]$	⑳	円 176,566	円 423,840	円 600,406

ロ 特例計算を適用する場合
(イ) 1種類の事業で75%以上

控除対象仕入税額の計算式区分		税率6.24%適用分 A	税率7.8%適用分 B	合計C (A+B)
(⑦C/⑥C・⑧C/⑥C・⑨C/⑥C・⑩C/⑥C・⑪C/⑥C・⑫C/⑥C) ≧75% ④×みなし仕入率 (90 %・80 % ・70 % ・60 % ・50 % ・40 %)	㉑	円	円	円

(ロ) 2種類の事業で75%以上

控除対象仕入税額の計算式区分			税率6.24%適用分 A	税率7.8%適用分 B	合計C (A+B)
第一種事業及び第二種事業 (⑦C+⑧C) / ⑥C≧75%	④×	$\dfrac{⑭×90\%+(⑬-⑭)×80\%}{⑬}$	㉒	円	円	円
第一種事業及び第三種事業 (⑦C+⑨C) / ⑥C≧75%	④×	$\dfrac{⑭×90\%+(⑬-⑭)×70\%}{⑬}$	㉓			
第一種事業及び第四種事業 (⑦C+⑩C) / ⑥C≧75%	④×	$\dfrac{⑭×90\%+(⑬-⑭)×60\%}{⑬}$	㉔			
第一種事業及び第五種事業 (⑦C+⑪C) / ⑥C≧75%	④×	$\dfrac{⑭×90\%+(⑬-⑭)×50\%}{⑬}$	㉕			
第一種事業及び第六種事業 (⑦C+⑫C) / ⑥C≧75%	④×	$\dfrac{⑭×90\%+(⑬-⑭)×40\%}{⑬}$	㉖			
第二種事業及び第三種事業 (⑧C+⑨C) / ⑥C≧75%	④×	$\dfrac{⑮×80\%+(⑬-⑮)×70\%}{⑬}$	㉗			
第二種事業及び第四種事業 (⑧C+⑩C) / ⑥C≧75%	④×	$\dfrac{⑮×80\%+(⑬-⑮)×60\%}{⑬}$	㉘			
第二種事業及び第五種事業 (⑧C+⑪C) / ⑥C≧75%	④×	$\dfrac{⑮×80\%+(⑬-⑮)×50\%}{⑬}$	㉙			
第二種事業及び第六種事業 (⑧C+⑫C) / ⑥C≧75%	④×	$\dfrac{⑮×80\%+(⑬-⑮)×40\%}{⑬}$	㉚			
第三種事業及び第四種事業 (⑨C+⑩C) / ⑥C≧75%	④×	$\dfrac{⑯×70\%+(⑬-⑯)×60\%}{⑬}$	㉛			
第三種事業及び第五種事業 (⑨C+⑪C) / ⑥C≧75%	④×	$\dfrac{⑯×70\%+(⑬-⑯)×50\%}{⑬}$	㉜			
第三種事業及び第六種事業 (⑨C+⑫C) / ⑥C≧75%	④×	$\dfrac{⑯×70\%+(⑬-⑯)×40\%}{⑬}$	㉝			
第四種事業及び第五種事業 (⑩C+⑪C) / ⑥C≧75%	④×	$\dfrac{⑰×60\%+(⑬-⑰)×50\%}{⑬}$	㉞	176,566	359,320	535,886
第四種事業及び第六種事業 (⑩C+⑫C) / ⑥C≧75%	④×	$\dfrac{⑰×60\%+(⑬-⑰)×40\%}{⑬}$	㉟			
第五種事業及び第六種事業 (⑪C+⑫C) / ⑥C≧75%	④×	$\dfrac{⑱×50\%+(⑬-⑱)×40\%}{⑬}$	㊱			

ハ 上記の計算式区分から選択した控除対象仕入税額

項目		税率6.24%適用分 A	税率7.8%適用分 B	合計C (A+B)
選択可能な計算式区分 (⑳～㊱) の内から選択した金額	㊲	※付表4-3の④A欄へ 円 176,566	※付表4-3の④B欄へ 円 423,840	※付表4-3の④C欄へ 円 600,406

注意　金額の計算においては、1円未満の端数を切り捨てる。

(2／2)

68-2. 税率引上げに伴う経過措置についての具体的な計算過程－簡易課税方式の場合

Q 学校法人東京会学園の令和2年4月1日から令和3年3月31日までの当課税期間（事業年度）における収入は次の【資料】のとおりです。これに基づく当課税期間における納付すべき消費税額および消費税の申告書はどのようになりますか。

A 【資料】

1．基準期間の課税売上高は5,000万円以下であり、令和2年度において簡易課税を選択しています。（以下の申告書では、基準期間の課税売上高の記載は省略しています。）

2．学校法人東京会学園が当課税期間において中間納付した消費税額はありません。

3．会計帳簿による経理は、全て消費税及び地方消費税込みの金額により処理しています。

4．収入内訳

科目名	決算	非課税売上げ 不課税	課税売上げ	課税売上げの内訳					
				第1種事業	第2種事業	第3種事業	第4種事業	第5種事業	第6種事業
				10%	10%	10%	10%	10%	8%
収入の部									
学生生徒等納付金収入									
授業料収入	62,701,400	62,701,400							
入学金収入	5,295,000	5,295,000							
施設設備費収入	860,000	860,000							
冷暖房費収入	2,940,500	2,940,500							
手数料収入									
入学検定料収入	735,000	735,000							
寄付金収入									
特別寄付金収入	1,746,650	1,746,650							
一般寄付金収入	740,000	740,000							
補助金収入									
地方公共団体補助金収入	70,030,820	70,030,820							
資産売却収入									
車両売却収入	420,000		420,000				420,000		
付随事業・収益事業収入									
補助活動収入									
用品収入	3,103,271		3,103,271	3,103,271					
給食収入	5,093,610		5,093,610				5,093,610		
スクールバス収入	4,943,650		4,943,650					4,943,650	
預り保育料収入	4,093,270	4,093,270							
受取利息・配当金収入									
受取利息・配当金収入	1,297,375	1,297,375							
雑収入									
施設設備利用料収入	815,083		815,083					605,083	210,000
退職金財団交付金収入	1,560,375	1,560,375							
その他の雑収入	769,594		769,594					769,594	
合計	167,145,598	152,000,390	15,145,208	0	3,103,271	0	5,513,610	6,318,327	210,000
	税抜き（8%）	194,444		-	-	-	-	-	194,444
	税抜き（10%）	13,577,461		0	2,821,155	0	5,012,372	5,743,933	-
	計	13,771,905		0	2,821,155	0	5,012,372	5,743,933	194,444

216

当課税年度における納付すべき消費税額および消費税の申告書は以下のようになります。

① 令和2年度　消費税（簡易課税）計算表

科目名	決算	非課税売上げ不課税	課税売上げ	課税売上げの内訳					
				第1種事業	第2種事業	第3種事業	第4種事業	第5種事業	第6種事業
				10%	10%	10%	10%	10%	8%
収入の部									
学生生徒等納付金収入									
授業料収入	62,701,400	62,701,400							
入学金収入	5,295,000	5,295,000							
施設設備費収入	860,000	860,000							
冷暖房費収入	2,940,500	2,940,500							
手数料収入									
入学検定料収入	735,000	735,000							
寄付金収入									
特別寄付金収入	1,746,650	1,746,650							
一般寄付金収入	740,000	740,000							
補助金収入									
地方公共団体補助金収入	70,030,820	70,030,820							
資産売却収入									
車両売却収入	420,000		420,000				420,000		
付随事業・収益事業収入									
補助活動収入									
用品収入	3,103,271		3,103,271		3,103,271				
給食収入	5,093,610		5,093,610				5,093,610		
スクールバス収入	4,943,650		4,943,650					4,943,650	
預り保育料収入	4,093,270	4,093,270							
受取利息・配当金収入									
その他の受取利息・配当金収入	1,297,375	1,297,375							
雑収入									
施設設備利用料収入	815,083		815,083					605,083	210,000
退職金財団交付金収入	1,560,375	1,560,375							
その他の雑収入	769,594		769,594					769,594	
合計	167,145,598	152,000,390	15,145,208	0	3,103,271	0	5,513,610	6,318,327	210,000
税抜き（8%）			194,444	–	–	–	–	–	194,444
税抜き（10%）			13,577,461	0	2,821,155	0	5,012,372	5,743,933	–
計			13,771,905	0	2,821,155	0	5,012,372	5,743,933	194,444
消費税（8%）			15,556	–	–	–	–	–	15,556
消費税（10%）			1,357,746	0	282,116	0	501,237	574,393	–
みなし仕入れ率				90%	80%	70%	60%	50%	40%
控除仕入税額（8%）			6,222						6,222
控除仕入税額（10%）			813,631	0	225,692	0	300,742	287,197	

課税売上に対する消費税	1,373,302
控除仕入税額	819,854
納付消費税額	431,700
納付地方消費税額	121,600
年税額合計	553,300
仕訳	（管理費）公租公課　533,300円　／　未払金　533,300円

② 課税期間分の消費税及び地方消費税の（確定）申告書

第3-（3）号様式

GK0405

令和　年　月　日　　　　　　　　　税務署長殿

収受印

納　税　地

（電話番号　　　－　　　－　　　）

（フリガナ）

法　人　名　学校法人　東京会学園

法人番号

（フリガナ）

代表者氏名

※税務署処理欄

一　連　番　号		翌年以降送付不要
所管	要否 整理番号	
申告年月日	令和　　年　　月　　日	
申告区分	指導等　庁指定　局指定	
通信日付印　確認		
年　月　日		
指導年月日	相談　区分1 区分2 区分3	
令和		

自 平成（令和）02年04月01日
至 令和03年03月31日

課税期間分の消費税及び地方
消費税の（　確定　）申告書

中間申告　自 平成令和　　年　　月　　日
の場合の
対象期間　至 令和　　年　　月　　日

令和元年十月一日以後終了課税期間分（簡易課税用）

この申告書による消費税の税額の計算

		十億千百十万千百十一円	
課税標準額	①	1 3 7 7 1 0 0 0	03
消費税額	②	1 0 7 1 2 2 8	06
貸倒回収に係る消費税額	③		07
控除税額 控除対象仕入税額	④	6 3 9 4 9 9	08
返還等対価に係る税額	⑤		09
貸倒れに係る税額	⑥		10
控除税額小計（④+⑤+⑥）	⑦	6 3 9 4 9 9	13
控除不足還付税額（⑦-②-③）	⑧		13
差引税額（②+③-⑦）	⑨	4 3 1 7 0 0	15
中間納付税額	⑩	0 0	16
納付税額（⑨-⑩）	⑪	4 3 1 7 0 0	17
中間納付還付税額（⑩-⑨）	⑫	0 0	18
この申告書が修正申告である場合 既確定税額	⑬		19
差引納付税額	⑭	0 0	20
この課税期間の課税売上高	⑮	1 3 7 7 1 9 0 5	21
基準期間の課税売上高	⑯		

この申告書による地方消費税の税額の計算

地方消費税の課税標準となる消費税額 控除不足還付税額	⑰		51
差引税額	⑱	4 3 1 7 0 0	52
譲渡割額 還付額	⑲		53
納税額	⑳	1 2 1 6 0 0	54
中間納付譲渡割額	㉑	0 0	55
納付譲渡割額（⑳-㉑）	㉒	1 2 1 6 0 0	56
中間納付還付譲渡割額（㉑-⑳）	㉓	0 0	57
この申告書が修正申告である場合 既確定譲渡割額	㉔		58
差引納付譲渡割額	㉕	0 0	59
消費税及び地方消費税の合計（納付又は還付）税額	㉖	5 5 3 3 0 0	60

付記事項			
割賦基準の適用	有 ○無	31
延払基準等の適用	有 ○無	32
工事進行基準の適用	有 ○無	33
現金主義会計の適用	有 ○無	34
参考事項 課税標準額に対する消費税額の計算の特例の適用	有 ○無	35

事業区分	区分 課税売上高（免税売上高を除く）	売上割合 %	
第1種	千円		36
第2種	2,821	2 0 . 4	37
第3種			38
第4種	5,012	3 6 . 3	39
第5種	5,744	4 1 . 7	42
第6種	194	1 . 4	43
特例計算適用（令57③）	有 ○無	40

還付を受けようとする金融機関等	銀行　　　　本店・支店 金庫・組合　　出張所 農協・漁協　　本所・支所
	預金　口座番号
	ゆうちょ銀行の貯金記号番号　　－
	郵便局名等

※税務署整理欄

税理士署名

（電話番号　　　－　　　－　　　）

□ 税理士法第30条の書面提出有
□ 税理士法第33条の2の書面提出有

218

第3-(2)号様式

課税標準額等の内訳書

GK0601

整理番号		法人用

改正法附則による税額の特例計算

軽減売上割合(10営業日)		附則38①	51
小売等軽減仕入割合		附則38②	52
小売等軽減売上割合		附則39①	53

納税地	
	(電話番号 － －)
(フリガナ)	
法人名	学校法人　東京会学園
(フリガナ)	
代表者氏名	

第二表

自 平成(令和) 02年04月01日
至 令和 03年03月31日

課税期間分の消費税及び地方消費税の(確定)申告書

中間申告 自 平成/令和 [ ]年[ ]月[ ]日
の場合の 対象期間 至 令和 [ ]年[ ]月[ ]日

令和元年十月一日以後終了課税期間分

課税標準額 ※申告書(第一表)の①欄へ		①	137,771,000	01
課税資産の譲渡等の対価の額の合計額	3 % 適用分	②		02
	4 % 適用分	③		03
	6.3 % 適用分	④	194,444	04
	6.24 % 適用分	⑤		05
	7.8 % 適用分	⑥	13,577,461	06
		⑦	13,771,905	07
特定課税仕入れに係る支払対価の額の合計額 (注1)	6.3 % 適用分	⑧		11
	7.8 % 適用分	⑨		12
		⑩		13

消費税額 ※申告書(第一表)の②欄へ		⑪	1,071,228	21
⑪ の 内 訳	3 % 適用分	⑫		22
	4 % 適用分	⑬		23
	6.3 % 適用分	⑭	12,222	24
	6.24 % 適用分	⑮		25
	7.8 % 適用分	⑯	1,059,006	26

返還等対価に係る税額 ※申告書(第一表)の⑤欄へ		⑰		31
⑰の内訳	売上げの返還等対価に係る税額	⑱		32
	特定課税仕入れの返還等対価に係る税額 (注1)	⑲		33

地方消費税の課税標準となる消費税額 (注2)		⑳	431,729	41
	4 % 適用分	㉑		42
	6.3 % 適用分	㉒	7,334	43
	6.24 % 及び 7.8 % 適用分	㉓	424,395	44

③付表４－１ 付表４－２　税率別消費税額計算表 兼地方消費税の課税標準となる消費税額計算表〔経過措置対象課税資産の譲渡等を含む課税期間用〕

第4-(3)号様式

付表4-1　税率別消費税額計算表 兼 地方消費税の課税標準となる消費税額計算表〔経過措置対象課税資産の譲渡等を含む課税期間用〕 ［簡易］

課税期間	令和 2・4・1～令和 3・3・31	氏名又は名称	学校法人 東京会学園

区分	旧税率分小計 X	税率6.24％適用分 D	税率7.8％適用分 E	合計 F (X+D+E)
課税標準額 ①	(付表4-2の①X欄の金額) 円 194,000	円 000	円 13,577,000	※第二表の①欄へ 円 13,771,000
課税資産の譲渡等の対価の額 ①-1	(付表4-2の①-1X欄の金額) 194,444	※第二表の⑤欄へ	※第二表の⑥欄へ 13,577,461	※第二表の⑦欄へ 13,771,905
消費税額 ②	(付表4-2の②X欄の金額) 12,222	※付表5-1の①D欄へ ※第二表の⑮欄へ	※付表5-1の①E欄へ ※第二表の⑯欄へ 1,059,006	※付表5-1の①F欄へ ※第二表の⑪欄へ 1,071,228
貸倒回収に係る消費税額 ③	(付表4-2の③X欄の金額)	※付表5-1の②D欄へ	※付表5-1の②E欄へ	※付表5-1の②F欄へ ※第一表の③欄へ
控除 控除対象仕入税額 ④	(付表4-2の④X欄の金額) 4,888	(付表5-1の⑤D欄又は㉑D欄の金額)	(付表5-1の⑤E欄又は㉑E欄の金額) 634,611	(付表5-1の⑤F欄又は㉑F欄の金額) ※第一表の④欄へ 639,499
除 返還等対価に係る税額 ⑤	(付表4-2の⑤X欄の金額)	※付表5-1の③D欄へ	※付表5-1の③E欄へ	※付表5-1の③F欄へ ※第二表の⑰欄へ
税 貸倒れに係る税額 ⑥	(付表4-2の⑥X欄の金額)			※第一表の⑥欄へ
額 控除税額小計 (④+⑤+⑥) ⑦	(付表4-2の⑦X欄の金額) 4,888		634,611	※第一表の⑦欄へ 639,499
控除不足還付税額 (⑦-②-③) ⑧	(付表4-2の⑧X欄の金額)	※⑪E欄へ	※⑪E欄へ	
差引税額 (②+③-⑦) ⑨	(付表4-2の⑨X欄の金額) 7,334	※⑫E欄へ	※⑫E欄へ 424,395	431,729
合計差引税額 (⑨-⑧) ⑩				※マイナスの場合は第一表の⑧欄へ ※プラスの場合は第一表の⑨欄へ 431,729
地方消費税の課税標準となる消費税額 控除不足還付税額 ⑪	(付表4-2の⑪X欄の金額)		(⑧D欄と⑧E欄の合計金額)	
差引税額 ⑫	(付表4-2の⑫X欄の金額) 7,334		(⑨D欄と⑨E欄の合計金額) 424,395	431,729
合計差引地方消費税の課税標準となる消費税額 (⑫-⑪) ⑬	(付表4-2の⑬X欄の金額) 7,334		※第二表の⑳欄へ 424,395	※マイナスの場合は第一表の⑰欄へ ※プラスの場合は第一表の⑱欄へ ※第二表の⑳欄へ 431,729
譲渡割額 還付額 ⑭	(付表4-2の⑭X欄の金額)		(⑪E欄×22/78)	
納税額 ⑮	(付表4-2の⑮X欄の金額) 1,979		(⑫E欄×22/78) 119,701	121,680
合計差引譲渡割額 (⑮-⑭) ⑯				※マイナスの場合は第一表の㉑欄へ ※プラスの場合は第一表の㉒欄へ 121,680

注意　1　金額の計算においては、1円未満の端数を切り捨てる。
　　　2　旧税率が適用された取引がある場合は、付表4-2を作成してから当該付表を作成する。

220

第4-(7)号様式

付表4-2 税率別消費税額計算表 兼 地方消費税の課税標準となる消費税額計算表
〔経過措置対象課税資産の譲渡等を含む課税期間用〕

簡 易

	課 税 期 間	令和 2・4・1〜令和 3・3・31	氏 名 又 は 名 称	学校法人 東京会学園

区 分		税率3%適用分 A	税率4%適用分 B	税率6.3%適用分 C	旧税率分小計 X (A+B+C)
課 税 標 準 額	①	円 000	円 000	円 194,000	※付表4-1の①X欄へ 円 194,000
課税資産の譲渡等 の 対 価 の 額	① -1	※第二表の②欄へ	※第二表の③欄へ 	※第二表の④欄へ 194,444	※付表4-1の①-1X欄へ 194,444
消 費 税 額	②	※付表5-2の①A欄へ ※第二表の⑫欄へ	※付表5-2の①B欄へ ※第二表の⑬欄へ	※付表5-2の①C欄へ ※第二表の⑭欄へ 12,222	※付表4-1の②X欄へ 12,222
貸倒回収に係る消費税額	③	※付表5-2の②A欄へ	※付表5-2の②B欄へ	※付表5-2の②C欄へ	※付表4-1の③X欄へ
控除税額	控除対象仕入税額	④	(付表5-2の⑤A欄又は㉖A欄の金額)	(付表5-2の⑤B欄又は㉖B欄の金額)	(付表5-2の⑤C欄又は㉖C欄の金額) 4,888	※付表4-1の④X欄へ 4,888
	返 還 等 対 価 に 係 る 税 額	⑤	※付表5-2の③A欄へ	※付表5-2の③B欄へ	※付表5-2の③C欄へ	※付表4-1の⑤X欄へ
	貸倒れに係る税額	⑥				※付表4-1の⑥X欄へ
	控 除 税 額 小 計 (④+⑤+⑥)	⑦			4,888	※付表4-1の⑦X欄へ 4,888
控 除 不 足 還 付 税 額 (⑦-②-③)	⑧		※⑪B欄へ	※⑪C欄へ	※付表4-1の⑧X欄へ
差 引 税 額 (②+③-⑦)	⑨		※⑫B欄へ	※⑫C欄へ 7,334	※付表4-1の⑨X欄へ 7,334
合 計 差 引 税 額 (⑨-⑧)	⑩				
地方消費税の課税標準となる消費税額	控除不足還付税額	⑪		(⑧B欄の金額)	(⑧C欄の金額)	※付表4-1の⑪X欄へ
	差 引 税 額	⑫		(⑨B欄の金額)	(⑨C欄の金額) 7,334	※付表4-1の⑫X欄へ 7,334
合計差引地方消費税の 課税標準となる消費税額 (⑫-⑪)	⑬		※第二表の⑳欄へ	※第二表の㉑欄へ 7,334	※付表4-1の⑬X欄へ 7,334
譲渡割額	還 付 額	⑭		(⑪B欄×25/100)	(⑪C欄×17/63)	※付表4-1の⑭X欄へ
	納 税 額	⑮		(⑫B欄×25/100)	(⑫C欄×17/63) 1,979	※付表4-1の⑮X欄へ 1,979
合 計 差 引 譲 渡 割 額 (⑮-⑭)	⑯				

注意 1 金額の計算においては、1円未満の端数を切り捨てる。
2 旧税率が適用された取引がある場合は、当該付表を作成してから付表4-1を作成する。

④ 付表5－1　付表5－2 控除対象仕入税額等の計算表
　　〔経過措置対象課税資産の譲渡等を含む課税期間用〕

第4-(4)号様式

付表5－1　控除対象仕入税額等の計算表
　　　　　〔経過措置対象課税資産の譲渡等を含む課税期間用〕　　　　　　　　| 簡 易 |

| 課税期間 | 令和 2・4・1～令和 3・3・31 | 氏名又は名称 | 学校法人　東京会学園 |

I　控除対象仕入税額の計算の基礎となる消費税額

項　　目		旧税率分小計 X	税率6.24%適用分 D	税率7.8%適用分 E	合計F (X＋D＋E)
課税標準額に対する消費税額	①	(付表5-2の①X欄の金額)　円 12,222	(付表4-1の②D欄の金額)　円	(付表4-1の②E欄の金額)　円 1,059,006	(付表4-1の②F欄の金額)　円 1,071,228
貸倒回収に係る消費税額	②	(付表5-2の②X欄の金額)　円	(付表4-1の③D欄の金額)　円	(付表4-1の③E欄の金額)　円	(付表4-1の③F欄の金額)　円
売上対価の返還等に係る消費税額	③	(付表5-2の③X欄の金額)　円	(付表4-1の⑤D欄の金額)　円	(付表4-1の⑤E欄の金額)　円	(付表4-1の⑤F欄の金額)　円
控除対象仕入税額の計算の基礎となる消費税額（①＋②－③）	④	(付表5-2の④X欄の金額)　円 12,222		1,059,006	1,071,228

II　1種類の事業の専業者の場合の控除対象仕入税額

項　　目		旧税率分小計 X	税率6.24%適用分 D	税率7.8%適用分 E	合計F (X＋D＋E)
④×みなし仕入率 (90%・80%・70%・60%・50%・40%)	⑤	(付表5-2の⑤X欄の金額)　円	※付表4-1の④D欄へ	※付表4-1の④E欄へ	※付表4-1の④F欄へ　円

III　2種類以上の事業を営む事業者の場合の控除対象仕入税額
(1) 事業区分別の課税売上高(税抜き)の明細

項　　目		旧税率分小計 X	税率6.24%適用分 D	税率7.8%適用分 E	合計F (X＋D＋E)	売上割合
事業区分別の合計額	⑥	(付表5-2の⑥X欄の金額)　円 194,444	円	13,577,461	13,771,905	
第一種事業（卸売業）	⑦	(付表5-2の⑦X欄の金額)　円		※第一表「事業区分」欄へ	%
第二種事業（小売業等）	⑧	(付表5-2の⑧X欄の金額)　円		※ 〃 2,821,155	※ 2,821,155	20.4
第三種事業（製造業等）	⑨	(付表5-2の⑨X欄の金額)　円		※ 〃	※	
第四種事業（その他）	⑩	(付表5-2の⑩X欄の金額)　円		※ 〃 5,012,372	※ 5,012,372	36.3
第五種事業（サービス業等）	⑪	(付表5-2の⑪X欄の金額)　円		※ 〃 5,743,933	※ 5,743,933	41.7
第六種事業（不動産業）	⑫	(付表5-2の⑫X欄の金額)　円 194,444		※ 〃	※ 194,444	1.4

(2) (1)の事業区分別の課税売上高に係る消費税額の明細

項　　目		旧税率分小計 X	税率6.24%適用分 D	税率7.8%適用分 E	合計F (X＋D＋E)
事業区分別の合計額	⑬	(付表5-2の⑬X欄の金額)　円 12,250	円	1,059,041	1,071,291
第一種事業（卸売業）	⑭	(付表5-2の⑭X欄の金額)　円			
第二種事業（小売業等）	⑮	(付表5-2の⑮X欄の金額)　円		220,050	220,050
第三種事業（製造業等）	⑯	(付表5-2の⑯X欄の金額)　円			
第四種事業（その他）	⑰	(付表5-2の⑰X欄の金額)　円		390,965	390,965
第五種事業（サービス業等）	⑱	(付表5-2の⑱X欄の金額)　円		448,026	448,026
第六種事業（不動産業）	⑲	(付表5-2の⑲X欄の金額)　円 12,250			12,250

注意　1　金額の計算においては、1円未満の端数を切り捨てる。
　　　2　旧税率が適用された取引がある場合は、付表5-2を作成してから当該付表を作成する。
　　　3　課税売上げにつき返品を受け又は値引き・割戻しをした金額（売上対価の返還等の金額）があり、売上（収入）金額から減算しない方法で経理して経費に含めている場合には、⑥から⑫
　　　　には売上対価の返還等の金額（税抜き）を控除した後の金額を記載する。

(1／2)

222

(3) 控除対象仕入税額の計算式区分の明細

イ 原則計算を適用する場合

控除対象仕入税額の計算式区分	旧税率分小計 X	税率6.24%適用分 D	税率7.8%適用分 E	合計F (X+D+E)
④ × みなし仕入率 ⑳ [⑭×90%+⑮×80%+⑯×70%+⑰×60%+⑱×50%+⑲×40%]／⑬	(付表5-2の⑳X欄の金額) 円 4,888	円	円 634,611	円 639,499

ロ 特例計算を適用する場合

(イ) 1種類の事業で75%以上

控除対象仕入税額の計算式区分	旧税率分小計 X	税率6.24%適用分 D	税率7.8%適用分 E	合計F (X+D+E)
(⑦F/⑥F・⑧F/⑥F・⑨F/⑥F・⑩F/⑥F・⑪F/⑥F・⑫F/⑥F)≧75% ⑳ ④×みなし仕入率（90%・80%・70%・60%・50%・40%）	(付表5-2の④X欄の金額) 円	円	円	円

(ロ) 2種類の事業で75%以上

控除対象仕入税額の計算式区分	旧税率分小計 X	税率6.24%適用分 D	税率7.8%適用分 E	合計F (X+D+E)
第一種事業及び第二種事業 (⑦F+⑧F)／⑥F≧75% ㉒ ④×[⑭×90%+(⑬-⑭)×80%]／⑬	(付表5-2の㉒X欄の金額) 円	円	円	円
第一種事業及び第三種事業 (⑦F+⑨F)／⑥F≧75% ㉓ ④×[⑭×90%+(⑬-⑭)×70%]／⑬	(付表5-2の㉓X欄の金額)			
第一種事業及び第四種事業 (⑦F+⑩F)／⑥F≧75% ㉔ ④×[⑭×90%+(⑬-⑭)×60%]／⑬	(付表5-2の㉔X欄の金額)			
第一種事業及び第五種事業 (⑦F+⑪F)／⑥F≧75% ㉕ ④×[⑭×90%+(⑬-⑭)×50%]／⑬	(付表5-2の㉕X欄の金額)			
第一種事業及び第六種事業 (⑦F+⑫F)／⑥F≧75% ㉖ ④×[⑭×90%+(⑬-⑭)×40%]／⑬	(付表5-2の㉖X欄の金額)			
第二種事業及び第三種事業 (⑧F+⑨F)／⑥F≧75% ㉗ ④×[⑮×80%+(⑬-⑮)×70%]／⑬	(付表5-2の㉗X欄の金額)			
第二種事業及び第四種事業 (⑧F+⑩F)／⑥F≧75% ㉘ ④×[⑮×80%+(⑬-⑮)×60%]／⑬	(付表5-2の㉘X欄の金額)			
第二種事業及び第五種事業 (⑧F+⑪F)／⑥F≧75% ㉙ ④×[⑮×80%+(⑬-⑮)×50%]／⑬	(付表5-2の㉙X欄の金額)			
第二種事業及び第六種事業 (⑧F+⑫F)／⑥F≧75% ㉚ ④×[⑮×80%+(⑬-⑮)×40%]／⑬	(付表5-2の㉚X欄の金額)			
第三種事業及び第四種事業 (⑨F+⑩F)／⑥F≧75% ㉛ ④×[⑯×70%+(⑬-⑯)×60%]／⑬	(付表5-2の㉛X欄の金額)			
第三種事業及び第五種事業 (⑨F+⑪F)／⑥F≧75% ㉜ ④×[⑯×70%+(⑬-⑯)×50%]／⑬	(付表5-2の㉜X欄の金額)			
第三種事業及び第六種事業 (⑨F+⑫F)／⑥F≧75% ㉝ ④×[⑯×70%+(⑬-⑯)×40%]／⑬	(付表5-2の㉝X欄の金額)			
第四種事業及び第五種事業 (⑩F+⑪F)／⑥F≧75% ㉞ ④×[⑰×60%+(⑬-⑰)×50%]／⑬	(付表5-2の㉞X欄の金額) 6,111	568,598		574,709
第四種事業及び第六種事業 (⑩F+⑫F)／⑥F≧75% ㉟ ④×[⑰×60%+(⑬-⑰)×40%]／⑬	(付表5-2の㉟X欄の金額)			
第五種事業及び第六種事業 (⑪F+⑫F)／⑥F≧75% ㊱ ④×[⑱×50%+(⑬-⑱)×40%]／⑬	(付表5-2の㊱X欄の金額)			

ハ 上記の計算式区分から選択した控除対象仕入税額

項目	旧税率分小計 X	税率6.24%適用分 D	税率7.8%適用分 E	合計F (X+D+E)
選択可能な計算式区分（⑳～㊱）の内から選択した金額 ㊲	(付表5-2の㊲X欄の金額) 円 4,888	※付表4-1の④D欄へ 円 634,611	※付表4-1の④E欄へ 円	※付表4-1の④F欄へ 円 639,499

注意 1 金額の計算においては、1円未満の端数を切り捨てる。
　　 2 旧税率が適用された取引がある場合は、付表5-2を作成してから当該付表を作成する。

(2／2)

223

付表5-2　控除対象仕入税額等の計算表
〔経過措置対象課税資産の譲渡等を含む課税期間用〕

簡　易

課税期間	令和 2・4・1～令和 3・3・31	氏名又は名称	学校法人　東京会学園

I 控除対象仕入税額の計算の基礎となる消費税額

項　　目	税率3%適用分 A	税率4%適用分 B	税率6.3%適用分 C	旧税率分小計 X (A+B+C)
課税標準額に対する消費税額 ①	(付表4-2の②A欄の金額) 円	(付表4-2の②B欄の金額) 円	(付表4-2の②C欄の金額) 12,222	※付表5-1の①X欄へ 円 12,222
貸倒回収に係る消費税額 ②	(付表4-2の③A欄の金額)	(付表4-2の③B欄の金額)	(付表4-2の③C欄の金額)	※付表5-1の②X欄へ
売上対価の返還等に係る消費税額 ③	(付表4-2の⑤A欄の金額)	(付表4-2の⑤B欄の金額)	(付表4-2の⑤C欄の金額)	※付表5-1の③X欄へ
控除対象仕入税額の計算の基礎となる消費税額 (①＋②－③) ④			12,222	※付表5-1の④X欄へ 12,222

II 1種類の事業の専業者の場合の控除対象仕入税額

項　　目	税率3%適用分 A	税率4%適用分 B	税率6.3%適用分 C	旧税率分小計 X (A+B+C)
④ × みなし仕入率 (90%・80%・70%・60%・50%・40%) ⑤	※付表4-2の④A欄へ 円	※付表4-2の④B欄へ 円	※付表4-2の④C欄へ 円	※付表5-1の⑤X欄へ 円

III 2種類以上の事業を営む事業者の場合の控除対象仕入税額
(1) 事業区分別の課税売上高(税抜き)の明細

項　　目	税率3%適用分 A	税率4%適用分 B	税率6.3%適用分 C	旧税率分小計 X (A+B+C)
事業区分別の合計額 ⑥	円	円	円 194,444	※付表5-1の⑥X欄へ 円 194,444
第一種事業 (卸 売 業) ⑦				※付表5-1の⑦X欄へ
第二種事業 (小 売 業 等) ⑧				※付表5-1の⑧X欄へ
第三種事業 (製 造 業 等) ⑨				※付表5-1の⑨X欄へ
第四種事業 (そ の 他) ⑩				※付表5-1の⑩X欄へ
第五種事業 (サービス業等) ⑪				※付表5-1の⑪X欄へ
第六種事業 (不 動 産 業) ⑫			194,444	※付表5-1の⑫X欄へ 194,444

(2) (1)の事業区分別の課税売上高に係る消費税額の明細

項　　目	税率3%適用分 A	税率4%適用分 B	税率6.3%適用分 C	旧税率分小計 X (A+B+C)
事業区分別の合計額 ⑬	円	円	円 12,250	※付表5-1の⑬X欄へ 円 12,250
第一種事業 (卸 売 業) ⑭				※付表5-1の⑭X欄へ
第二種事業 (小 売 業 等) ⑮				※付表5-1の⑮X欄へ
第三種事業 (製 造 業 等) ⑯				※付表5-1の⑯X欄へ
第四種事業 (そ の 他) ⑰				※付表5-1の⑰X欄へ
第五種事業 (サービス業等) ⑱				※付表5-1の⑱X欄へ
第六種事業 (不 動 産 業) ⑲			12,250	※付表5-1の⑲X欄へ 12,250

注意　1　金額の計算においては、1円未満の端数を切り捨てる。
　　　2　旧税率が適用された取引がある場合は、当該付表を作成してから付表5-1を作成する。
　　　3　課税売上げにつき返品を受け又は値引き・割戻しをした金額(売上対価の返還等の金額)があり、売上(収入)金額から減算しない方法で経理して経費に含めている場合には、⑥から⑫欄には売上対価の返還等の金額(税抜き)を控除した後の金額を記載する。

(1／2)

(3) 控除対象仕入税額の計算式区分の明細

イ 原則計算を適用する場合

控除対象仕入税額の計算式区分		税率3%適用分 A	税率4%適用分 B	税率6.3%適用分 C	旧税率分小計 X (A＋B＋C)
④×みなし仕入率 $\dfrac{⑭×90\%+⑮×80\%+⑯×70\%+⑰×60\%+⑱×50\%+⑲×40\%}{⑬}$	⑳	円	円	円 4,888	※付表5-1の㉖X欄へ 円 4,888

ロ 特例計算を適用する場合
(イ) 1種類の事業で75%以上

控除対象仕入税額の計算式区分 (各項のF欄については付表5-1のF欄を参照のこと)		税率3%適用分 A	税率4%適用分 B	税率6.3%適用分 C	旧税率分小計 X (A＋B＋C)
(⑦F／⑥F・⑧F／⑥F・⑨F／⑥F・⑩F／⑥F・⑪F／⑥F・⑫F／⑥F)≧75% ④×みなし仕入率(90%・80%・70%・60%・50%・40%)	㉑	円	円	円	※付表5-1の㉖X欄へ 円

(ロ) 2種類の事業で75%以上

控除対象仕入税額の計算式区分 (各項のF欄については付表5-1のF欄を参照のこと)		税率3%適用分 A	税率4%適用分 B	税率6.3%適用分 C	旧税率分小計 X (A＋B＋C)
第一種事業及び第二種事業 (⑦F＋⑧F)／⑥F≧75%	④× $\dfrac{⑭×90\%+(⑬－⑭)×80\%}{⑬}$ ㉒	円	円	円	※付表5-1の㉖X欄へ 円
第一種事業及び第三種事業 (⑦F＋⑨F)／⑥F≧75%	④× $\dfrac{⑭×90\%+(⑬－⑭)×70\%}{⑬}$ ㉓				※付表5-1の㉖X欄へ
第一種事業及び第四種事業 (⑦F＋⑩F)／⑥F≧75%	④× $\dfrac{⑭×90\%+(⑬－⑭)×60\%}{⑬}$ ㉔				※付表5-1の㉖X欄へ
第一種事業及び第五種事業 (⑦F＋⑪F)／⑥F≧75%	④× $\dfrac{⑭×90\%+(⑬－⑭)×50\%}{⑬}$ ㉕				※付表5-1の㉖X欄へ
第一種事業及び第六種事業 (⑦F＋⑫F)／⑥F≧75%	④× $\dfrac{⑭×90\%+(⑬－⑭)×40\%}{⑬}$ ㉖				※付表5-1の㉖X欄へ
第二種事業及び第三種事業 (⑧F＋⑨F)／⑥F≧75%	④× $\dfrac{⑮×80\%+(⑬－⑮)×70\%}{⑬}$ ㉗				※付表5-1の㉖X欄へ
第二種事業及び第四種事業 (⑧F＋⑩F)／⑥F≧75%	④× $\dfrac{⑮×80\%+(⑬－⑮)×60\%}{⑬}$ ㉘				※付表5-1の㉖X欄へ
第二種事業及び第五種事業 (⑧F＋⑪F)／⑥F≧75%	④× $\dfrac{⑮×80\%+(⑬－⑮)×50\%}{⑬}$ ㉙				※付表5-1の㉖X欄へ
第二種事業及び第六種事業 (⑧F＋⑫F)／⑥F≧75%	④× $\dfrac{⑮×80\%+(⑬－⑮)×40\%}{⑬}$ ㉚				※付表5-1の㉖X欄へ
第三種事業及び第四種事業 (⑨F＋⑩F)／⑥F≧75%	④× $\dfrac{⑯×70\%+(⑬－⑯)×60\%}{⑬}$ ㉛				※付表5-1の㉖X欄へ
第三種事業及び第五種事業 (⑨F＋⑪F)／⑥F≧75%	④× $\dfrac{⑯×70\%+(⑬－⑯)×50\%}{⑬}$ ㉜				※付表5-1の㉖X欄へ
第三種事業及び第六種事業 (⑨F＋⑫F)／⑥F≧75%	④× $\dfrac{⑯×70\%+(⑬－⑯)×40\%}{⑬}$ ㉝				※付表5-1の㉖X欄へ
第四種事業及び第五種事業 (⑩F＋⑪F)／⑥F≧75%	④× $\dfrac{⑰×60\%+(⑬－⑰)×50\%}{⑬}$ ㉞			6,111	※付表5-1の㉖X欄へ 6,111
第四種事業及び第六種事業 (⑩F＋⑫F)／⑥F≧75%	④× $\dfrac{⑰×60\%+(⑬－⑰)×40\%}{⑬}$ ㉟				※付表5-1の㉖X欄へ
第五種事業及び第六種事業 (⑪F＋⑫F)／⑥F≧75%	④× $\dfrac{⑱×50\%+(⑬－⑱)×40\%}{⑬}$ ㊱				表月表5-1の㉖X欄へ

ハ 上記の計算式区分から選択した控除対象仕入税額

項目		税率3%適用分 A	税率4%適用分 B	税率6.3%適用分 C	旧税率分小計 X (A＋B＋C)
選択可能な計算式区分(⑳～㊱) の内から選択した金額	㊲	※付表4-2の④A欄へ 円	※付表4-2の④B欄へ 円	※付表4-2の④C欄へ 円 4,888	※付表5-1の㉖X欄へ 円 4,888

注意 1 金額の計算においては、1円未満の端数を切り捨てる。
　　 2 旧税率が適用された取引がある場合には、当該付表を作成してから付表5-1を作成する。

(2/2)

69. 消費税の確定申告と納税

 Q 消費税の確定申告と納税について説明してください。

A 課税事業者は、原則として課税期間（課税期間の特例の適用を受けている場合の課税期間を含みます。）ごとにその課税期間の終了の日の翌日から2か月以内に、納税地を所轄する税務署長に消費税の確定申告書を提出するとともに、その税金を納付しなければなりません。

ただし、令和3年3月31日以後終了事業年度より消費税法の延長特例が創設されており、「法人税の申告期限の延長の特例」の適用を受ける法人が、納税地を所轄する税務署長に「消費税申告期限延長届出書」を提出した場合には、その提出をした日の属する事業年度以後の各事業年度終了の日の属する課税期間に係る消費税の確定申告の期限が1月延長されます。なお、申告期限が延長された期間の消費税及び地方消費税の納付については、その延長された期間に係る利子税を併せて納付する必要があります。

一方、課税事業者であっても、課税取引がなく、かつ、納付税額がない課税期間については、確定申告書を提出する必要はありませんが、課税仕入れに対する消費税額や中間納付額があるときは還付申告をすることができます。

（注） 還付明細書添付の義務付け

控除不足還付税額のある還付申告書を提出する場合には、必須の添付書類として、「消費税の還付申告に関する明細書」が必要です（消規22③）。「消費税の還付申告に関する明細書」は、「仕入控除税額に関する明細書」の内容を強化するものであり、課税仕入れ等に関する情報のみならず、課税資産の譲渡等及び輸出免税取引に係る情報について記載することとされています。なお、控除不足還付税額のない申告書（中間納付還付税額のみの還付申告書）には添付する必要はありません。

70. 消費税の中間申告

 消費税の中間申告について説明してください。

 消費税の課税期間は原則として１年とされていますが、中間申告制度が設けられています。

中間申告は直前の課税期間の確定消費税額^{（※1）}に応じて、次のようになります。

直前の課税期間の確定消費税額	48万円以下	48万円超～400万円以下	400万円超～4,800万円以下	4,800万円超
中間申告の回数	中間申告不要	年１回	年３回	年11回
中間申告提出・納付期限		各中間申告の対象となる課税期間の末日の翌日から２月以内		（注）のとおり
中間納付税額		直前の課税期間の確定消費税額の1/2	直前の課税期間の確定消費税額の1/4	直前の課税期間の確定消費税額の1/12
１年の合計申告回数	確定申告１回	確定申告１回 中間申告１回	確定申告１回 中間申告３回	確定申告１回 中間申告11回

（注） 年11回の中間申告の申告・納付期限は、以下のとおりになります。

その課税期間開始後の１月分	⇒	その課税期間開始の日から２月を経過した日から２月以内
上記１月分以降の10か月	⇒	中間申告対象期間の末日の翌日から２月以内

―――――――――――――― 解　説 ――――――――――――――

1．中間申告書の提出が必要な事業者

　　中間申告書の提出が必要な事業者は、法人の場合は前事業年度（以下「前課税期間」といいます。）の消費税の年税額が48万円を超える者です。ただし、課税期間の特例制度を適用している事業者は、中間申告書を提出する必要はありません。なお、法人の場合は設立（合併による設立は除きます）の日の属する課税期間及び3か月を超えない課税期間については、中間申告書を提出する必要はありません。

（任意の中間申告制度について）

　　直前の課税期間の確定消費税額（地方消費税額を含まない年税額）が48万円以下の事業者（中間申告義務のない事業者）が、任意に中間申告書（年1回）を提出する旨を記載した届出書を納税地の所轄税務署長に提出した場合には、当該届出書を提出した日以後にその末日が最初に到来する6月中間申告対象期間(※2)から、自主的に中間申告・納付(※3)することができます。

　　なお、任意の中間申告制度を適用する場合であっても、仮決算を行って計算した消費税額及び地方消費税額により中間申告・納付することができます。

　　任意の中間申告制度を適用した場合、6月中間申告対象期間の末日の翌日から2月以内に、所定の事項を記載した中間申告書を納税地の所轄税務署長に提出するとともに、その申告に係る消費税額及び地方消費税額を併せて納付する必要があります。なお、期限までに納付されない場合には、延滞税が課される場合がありますので留意が必要です。

　　また、中間申告書をその提出期限までに提出しなかった場合には、6月中間申告対象期間の末日に、任意の中間申告制度の適用をやめようとする旨を記載した届出書の提出があったものとみなされます。なお、直前の課

税期間の確定消費税額が48万円超の事業者（中間申告義務のある事業者）が中間申告書をその提出期限までに提出しない場合には、中間申告書の提出があったものとみなすこととされていますが、任意の中間申告制度の場合、中間申告書の提出があったものとみなされません（中間納付することができないこととなります。）。

2．仮決算に基づいて申告・納付する場合

　上記に代えて、「中間申告対象期間」を一課税期間とみなして仮決算を行い、それに基づいて納付すべき消費税額及び地方消費税額を計算することもできます。なお、この場合、計算した税額がマイナスとなっても還付を受けることはできません（消基通15-1-5）。また、仮決算を行う場合にも、簡易課税制度の適用があります（消基通15-1-3）。

3．確定申告による中間納付税額の調整

　中間申告による納付税額がある場合には、確定申告の際にその納付税額が控除され、控除しきれない場合には還付されます。

4．延滞税

　納付すべき消費税額及び地方消費税額の納付が遅れた場合、納付の日までの延滞税を本税と併せて納付する必要があります。（消法42、43、消法45、消法48、消法53、通則法60）

（※1）「確定消費税額」とは、中間申告対象期間の末日までに確定した消費税の年税額をいいます（地方消費税は含みません）。

（※2）「6月中間申告対象期間」とは、その課税期間開始の日以後6月の期間で、年1回の中間申告の対象となる期間をいいます。

（※3）中間納付税額は、直前の課税期間の確定消費税額の1/2の額となります。また、中間納付税額と併せて地方消費税の中間納付税額を納付することとなります。

71. 仕入税額控除の計算方式の変更による更正請求の可否

Q 当学校法人は、過去2年以上仕入税額控除の計算において一括比例配分方式を採用して申告を行っており、前期（令和2年3月期）においても当該方式を採用して確定申告を済ませましたが、令和3年6月に再度見直してみたところ、個別対応方式による方が納付税額が少なくなることが判明しました。さらに、免許状更新講習料収入を平成30年3月期より課税処理していたことも判明しました。そこで、個別対応方式によって計算をやり直し、消費税の還付を受けたいと思うのですが、更正の請求は認められるのでしょうか。

A 本事例における一括比例配分方式から個別対応方式への変更は、更正の請求理由には該当しないので、個別対応方式によって計算をやり直すことはできません。したがって、免許状更新講習料収入に係る課非判定の誤りのみ、一括比例配分方式によって更正の請求が可能と思われます。

───────────────── **解　説** ─────────────────

更正の請求は、法律の規定に従っていなかったり、計算に誤りがあった場合に認められる手続です。当初の確定申告においてこのような事実がない限り更正の請求理由には該当せず、更正の請求はできないことになっています。また、消費税の修正申告をする場合にも、当初の確定申告と修正申告とで異なる方法を選択することはできない旨が通達で明らかにされています（消基通15-2-7）。

なお、平成23年度税制改正により、平成23年12月2日以後に法定申告期限が到来する国税について、更正の請求期間が原則1年から5年に延長されました。このため、本事例の場合、法定申告期限が令和2年5月末日なので、令和7年5月末日までの期間で更正の請求手続が可能です。

第6-(2)号様式

消費税及び地方消費税の更正の請求書

※整理番号

	納 税 地	(〒 　 － 　)
令和　年　月　日		（電話　 － 　 － 　 ）
	（フリガナ）	
	法 人 名	
	法 人 番 号	
	（フリガナ）	
税務署長殿	代 表 者 氏 名	

国税通則法第23条及び地方税法附則第9条の4の規定に基づき
消費税法第56条

自 平成・令和　年　月　日　課税期間の
至 平成・令和　年　月　日

平成・令和　年　月　日付　申告・更正・決定に係る課税標準等又は税額等について下記のとおり更正の請求をします。

記

区 分			この請求前の金額	更正の請求金額
消費税の税額の計算	課 税 標 準 額	①	000円	000円
	消 費 税 額	②		
	控 除 過 大 調 整 税 額	③		
	控除税額 控 除 対 象 仕 入 税 額	④		
	返 還 等 対 価 に 係 る 税 額	⑤		
	貸 倒 れ に 係 る 税 額	⑥		
	控 除 税 額 小 計（④+⑤+⑥）	⑦		
	控 除 不 足 還 付 税 額（⑦-②-③）	⑧		
	差 引 税 額（②+③-⑦）	⑨	00	00
	中 間 納 付 税 額	⑩	00	00
	納 付 税 額（⑨-⑩）	⑪	00	00
	中 間 納 付 還 付 税 額（⑩-⑨）	⑫	00	00
地方消費税の税額の計算	地方消費税の課税標準となる消費税額 控 除 不 足 還 付 税 額	⑬		
	差 引 税 額	⑭		00
	譲渡割額 還 付 額	⑮		
	納 税 額	⑯	00	00
	中 間 納 付 譲 渡 割 額	⑰	00	00
	納 付 譲 渡 割 額（⑯-⑰）	⑱	00	00
	中間納付還付譲渡割額（⑰-⑯）	⑲	00	00

（更正の請求をする理由等）

修正申告書提出年月日	平成・令和　年　月　日	添付書類	
更正決定通知書受理年月日	平成・令和　年　月　日		

還付される税金の受取場所	イ 銀行等の預金口座に振込みを希望する場合　　銀 行　本店・支店　金庫・組合　出 張 所　漁協・農協　本所・支所　預金 口座番号	ロ ゆうちょ銀行の貯金口座に振込みを希望する場合　貯金口座の記号番号　　－　ハ 郵便局等の窓口での受け取りを希望する場合　郵便局名等

税理士署名	

※税務署処理欄	部門	決算期	業種番号	番号確認	整理簿	備考	通信日付印　年　月　日	確認

231

消費税及び地方消費税の更正の請求書の記載要領

1　この請求書は、国税通則法第23条《更正の請求》又は消費税法第56条《前課税期間の消費税額等の更正等に伴う更正の請求の特例》並びに地方税法附則第9条の4《譲渡割の賦課徴収の特例等》の規定により更正の請求をする場合に使用するものです。

2　この請求書は、次の区分に応じてそれぞれの提出期限までに提出する必要があります。

区　　　分	提　出　期　限
(1)　国税通則法第23条第1項の規定に基づいて提出する場合	請求のもとになる申告の法定申告期限から5年以内（注）
(2)　国税通則法第23条第2項の規定に基づいて提出する場合	国税通則法第23条第2項の各号に掲げる事実に該当した日の翌日から起算して2月以内
(3)　消費税法第56条の規定に基づいて提出する場合	請求の起因となる修正申告書を提出した日又は更正決定の通知を受けた日の翌日から起算して2月以内

（注）1　平成23年12月2日より前に法定申告期限が到来する申告については1年以内となります。

　　　2　消費税法第46条《還付を受けるための申告》に規定する申告書に係る更正の請求を行う場合の提出期限については、最寄りの税務署にお問い合わせください。

　　　3　地方消費税についても消費税の例により、この請求書によって提出することとなります。

3　この請求書には、取引の記録等に基づいて請求の理由の基礎となる事実を証明する書類を添付して下さい。

4　この請求書の各欄の記載は、次によります。

　(1)　元号は、該当する箇所を〇で囲んでください。

　(2)　「納税地」欄等は、納税申告書の書き方の要領によって記載してください。

　(3)　本文中の「平成 令和 　　年　　月　　日 申告・更正・決定に係る」の箇所は、更正の請求をする納税申告書等の対象課税期間又は更正若しくは決定通知書の日付を記載し、かつ、「申告」、「更正」又は「決定」のいずれかを〇で囲んでください。

　(4)　「消費税の税額の計算」及び「地方消費税の税額の計算」の各欄には、更正の請求の対象とする課税標準額及び消費税額等を、納税申告書、更正通知書などを基に記載してください。

　(5)　「更正の請求をする理由等」欄には、当該理由、事情等をできるだけ詳しく記載してください。

　　　なお、国税通則法第23条第2項《更正の請求》の規定に基づき更正の請求をする場合には、同項、国税通則法施行令第6条第1項《更正の請求》に規定する理由の生じた日及びその理由を具体的に記載してください。

　(6)　「修正申告書提出年月日」又は「更正決定通知書受理年月日」欄には、消費税法第56条《前課税期間の消費税額等の更正に伴う更正の請求の特例》の規定に基づき更正の請求をする場合に記載してください。

　(7)　「還付される税金の受取場所」欄には、還付金の支払を受ける場合に、取引銀行等の預金口座への振込みを希望されるときは、その取引銀行等の名称等（該当の文字を〇で囲んでください。）、預金の種類及びその口座番号を記載してください。ゆうちょ銀行の貯金口座への振込みを希望されるときは、その貯金口座の記号番号を記載してください。

　　　また、ゆうちょ銀行又は郵便局窓口での受け取りを希望される場合には、支払を受けるのに便利な郵便局名等を記載してください。

　(8)　更正の請求の対象が仮決算による中間申告、確定申告又は還付請求申告である場合には、消費税及び地方消費税の申告書第二表（課税標準額等の内訳書）及び次の書類のうち、該当する書類を併せて提出してください。

　　イ　消費税法第43条第3項《仮決算をした場合の中間申告の記載事項等》、第45条第5項《課税資産の譲渡等及び特定課税仕入れについての確定申告》又は第46条第3項《還付を受けるための申告》に規定する書類（付表1-1～5-3のうち該当するもの）

　　ロ　平成28年改正法附則第38条第1項《元年軽減対象資産の譲渡等を行う中小事業者の課税標準の計算等に関する経過措置》、同条第2項及び第39条第1項《課税仕入れ等を適用税率別に区分することが困難な小売業等を営む中小事業者に対する経過措置》に規定する書類（課税資産の譲渡等の対価の額の計算表又は課税仕入れ等の税額の計算表のうち該当するもの）

　(9)　「税理士署名」欄は、この請求書を税理士及び税理士法人が作成した場合に、その税理士等が署名してください。

　(10)　「※」欄は、記載しないでください

72. （子ども・子育て支援新制度）入園前に徴収する、検定料、入園料の取扱い

Q 子ども・子育て支援新制度の施設型給付へ移行した幼稚園については、従来の私学助成を受ける幼稚園とは異なる会計処理がなされるということですが、これに伴い消費税の処理がどのように変わるかを説明してください。入園前に徴収する検定料、入園料の取扱いはどうなりますか。

A 検定料については収受した年度において非課税収入として取り扱われます。一方、入園料については、「入園受入準備費」に該当するものは収受した年度において非課税収入として取り扱われますが、特定負担額（特定保育料）に該当するものは、入園した年度において非課税収入として処理されることになります。

———————— **解　説** ————————

検定料については従来の私学助成を受ける幼稚園と異なる点はありません。

従来の会計処理と大きく異なるのは、「入園料」の取扱いです。従来の「入園料」については、その費用の性質は「入園受入準備費」「入園地位の対価」「保育料、施設整備費等の前納」などであるとされ、このうち、「入園地位の対価」部分は利用者負担制度との関係上は想定されないとされています。

その上で、「入園受入準備費」と、保育料、施設整備費等の前納である「特定負担額（特定保育料）」とに区分し、次のように会計処理することになりました。

徴収名称	大科目	小科目
入園受入準備費	手数料収入	入園受入準備費収入
使途を示す「施設整備費」等あるいは「入園料」	学生生徒等納付金収入	特定保育料収入

「入園受入準備費」は、手数料収入であり、収受した年度の収入であるため、消費税も収受した年度の非課税収入として取り扱うことになります。

　一方、使途を示す「施設整備費」等あるいは「入園料」と総称して徴収する特定負担額（特定保育料）については、入園前に「入園料」と総称して徴収する場合であっても、入園後の役務提供の対価であることから、入園後の帰属収入となる年度において非課税収入として処理されることになります。

参考：「5　施設型給付費及び地域型保育給付費等の対象となる施設・事業者を利用した場合の保育料等に係る消費税の非課税措置」「子ども・子育て支援新制度に係る税制上の取扱いについて（通知）」（府政共生1093号26初幼教第19号　雇児保発1118第1号　平成26年11月18日）

73. （子ども・子育て支援新制度）実費徴収の取扱い

> **Q**　実費徴収の取扱いについて説明してください。

　実費徴収については、給付に係る教育・保育に要する費用として、消費税は非課税となります。

—————————　**解　説**　—————————

　実費徴収は、教育・保育施設の利用において通常必要とされる経費であって、保護者に負担させることが適当と認められるものです。具体的には、①教材、学用品、制服、アルバム等、②特別行事、園外活動等、③1号認定子どもの給食（人件費の一部は公定価格の加算に含まれる）、2号認定子どもの主食、④スクールバス（人件費の一部は公定価格の加算に含まれる）、⑤その他施設の利用において通常必要な便宜に要する費用（PTA会費等）が対象となります。

　これら実費徴収については、給付に係る教育・保育に要する費用として、消費税は非課税となり、従来の私学助成を受ける幼稚園とは取扱いが異なり

ます。

　なお、Q72の「参考」に記載されている通知では「子ども・子育て支援法に基づく確認を受ける幼稚園における食事の提供に要する費用や当該幼稚園に通う際に提供される便宜に要する費用等の特定教育・保育施設及び特定地域型保育事業の運営に関する基準（平成26年内閣府令第39号。以下「運営基準」という。）第13条第4項に規定するものについては、施設型給付費等の支給に係る事業として行われる資産の譲渡等として非課税となること。」と示されています。

74. 軽減税率について

> **Q** 軽減税率制度とはどのようなものか説明してください。また、軽減税率制度の実施により学校法人の税務事務に対しどのような影響があるか教えてください。

　A 軽減税率制度とは、一定の対象品目に係る譲渡については軽減税率を適用し、それ以外の品目に係る譲渡については標準税率を適用するものです。学校法人の税務事務においては、これらの複数税率による消費税の申告に対応するために区分経理を実施する必要があります。また、仕入税額控除のために帳簿及び請求書等の保存が必要となります。

● ─────────── **解　説** ─────────── ●

(1)　軽減税率制度の概要

　令和元年10月1日から、消費税及び地方消費税の税率が8％から10％へ引き上げられると同時に消費税の軽減税率制度が実施されています。軽減税率制度とは、令和元年10月1日からの消費税等の税率は、標準税率（10％）と軽減税率（8％）の複数税率とし、一定の品目の譲渡については軽減税率を適用するものです。

(2) 学校法人の税務事務への影響

　　軽減税率制度の実施に伴い、消費税の税率が標準税率と軽減税率の複数税率になるため、事業者である学校法人は、消費税の申告のために、取引等を税率の異なるごとに区分して記帳するなどの経理（区分経理）が必要となります。また、仕入税額控除には、帳簿及び請求書等の保存が必要となります。帳簿及び請求書等の保存方式としては、令和元年10月1日から令和5年9月30日までは、区分記載請求書等保存方式によることとされ、令和5年10月1日以降は、適格請求書等保存方式によることとされています。

　　区分経理参考図

https://www.nta.go.jp/taxes/shiraberu/zeimokubetsu/shohi/keigenzeiritsu/pdf/sakusei_nagare/01.pdf

75. 軽減税率導入に伴う帳簿・請求書等の保存方式

> **Q** 軽減税率の導入に伴い、仕入税額控除には帳簿や請求書等の保存が必要となったと聞きますが、具体的にはどのように対応すれば良いか教えてください。

A 帳簿・請求書等の保存方式については、令和元年10月1日から令和5年9月30日までは、区分記載請求書等保存方式により、帳簿と所定の事項が記載された区分記載請求書等を保存する必要があります。帳簿については、取引等を税率の異なるごとに区分経理する必要があります。区分経理にあたっては、課税仕入れが他の者から受けた軽減対象資産の譲渡等に係るものである場合にはその旨を記載する必要があります。

　　なお、令和5年10月1日以降は、適格請求書等保存方式による必要があ

るとされています。

—————— 解　説 ——————

　令和元年10月１日からの軽減税率の導入に伴い、事業者は消費税の申告を行うために、取引等を税率の異なるごとに区分経理することが必要となりました。また、仕入税額控除には、帳簿及び請求書等の保存が必要です。

　帳簿・請求書等の保存方式については、令和元年10月１日から令和５年９月30日までは、区分記載請求書等保存方式による必要があります。また、令和５年10月１日以降は、適格請求書等保存方式による必要があるとされています。詳細については国税庁のホームページをご参照ください。

76. イートインとテイクアウト

> **Q** 学校内の飲食店で消費税の軽減税率が適用されるのはどのような場合でしょうか。

　A 学校法人が定めた飲食設備又は学校法人と外部業者で合意等をした飲食設備を利用して顧客が飲食を行う場合は、イートインとして標準税率10％が適用されますが、これ以外の場所で飲食をする場合は、テイクアウトとして軽減税率８％が適用されます。

—————— 解　説 ——————

　軽減税率の対象から除かれる外食（イートイン）とは、飲食店業等を営む者が、飲食に用いられる設備がある場所において、飲食料品を飲食させる役務の提供をいうものとされます（消費税法改正附則34①一イ）。また、国税庁の「消費税の軽減税率制度に関する取扱通達」（最終改正令和２年４月１日課軽２−１）別冊８によると、「飲食設備は、飲食料品の飲食に用いられる設備であれば、その規模や目的は問わないから、例えば、テーブルのみ、椅

237

子のみ、カウンターのみ若しくはこれら以外の設備であっても、又は飲食目的以外の施設等に設置されたテーブル等であっても、これらの設備が飲食料品の飲食に用いられるのであれば、飲食設備に該当する」としています。

したがって、飲食設備の範囲は、食堂やカフェに限られず、教室、図書館、庭や通路にあるベンチなども飲食に用いる設備とするのであれば飲食設備に該当しうるものと考えられます。いずれにしても、飲食設備をどこにするかは学校法人が決定することになります。なお、飲食設備以外の"飲食禁止"の掲示をしている設備であっても、実態として顧客に飲食に用いる設備として利用させている場合はイートインと認定される可能性がありますので注意が必要です。

外部の業者が学校の敷地や設備を借りて飲食店を営業している場合は、学校法人と外部の業者との間の合意等に基づき、飲食設備を外部の業者の顧客に利用させることとしているときは、当該飲食設備を利用する飲食料品の提供はイートインとして扱われます。

ところで、どこで飲食をするかは顧客の意思により決まります。そのため、学校法人で飲食設備の決定又は外部業者と合意等をした場合は、当該飲食設備について十分に周知する必要があります。また、飲食料品を持帰りのための容器に入れ、又は包装を施して行う譲渡の場合は、顧客が飲食設備を利用する意思表示を行っている場合を除き、テイクアウトとして扱われます。一方、学内店舗で持帰り用の容器や包装を特に実施していない場合は、飲食設備を利用するかどうかという顧客の意思を確認した上でイートインかテイクアウトかを判断することになります。なお、顧客の意思確認は個別の顧客ごとに実施する必要はなく、顧客に対し飲食設備を使用する場合の申し出を掲示等で要求すれば足りるとされています。

Column　学業やスポーツ等の成績優秀生に対する学納金の減免について

　学業やスポーツ等の成績優秀生に対する学納金の減免額については、学校法人委員会報告第30号に従い減免額控除前の金額を学生生徒等納付金収入に計上するとされています。ここで、この納付金の減免額については消費税の計算上、どのように取り扱われるのでしょうか。

　この点、学校法人会計問答集（Ｑ＆Ａ）第10号「学校法人会計に関する消費税について」（平2.1.18　学委）によると、以下のとおり解説されています。

　「収支計算書において、事務処理の都合上収入の額に計上されていても、当該減免額はそもそも消費税計算の対象外として取り扱うべきものであります。なお、学納金の収納管理の都合上、納付金減免額について一旦全額納入してもらい、後日返却した場合にも、それが減免規程に基づく場合には、単に事務処理の都合上の取扱いであって、実態においては上記と同様であり、また仮にこの収納が消費税法上資産の譲渡等に該当するとしても、学納金の返却は「売上に係る対価の返還」ですので、結果として返還後の学納金が収入として取り扱われるものと考えられます。ただし、減免規程によらない奨学金の支出額は対価の返還とは異なるので、同額の学納金は当然収入があったものとして取り扱われます。」

　上記のとおり、平成2年1月18日現在での学校法人委員会の見解としては、納付金の減免額は消費税法上、「売上げに係る対価の返還等」（消法38①）であると公表しています。ここでいうところの「売上げに係る対価の返還等」をした場合の消費税額の控除とは、課税事業者が、国内において行った課税資産の譲渡等について、値引きや返品等により対価の返還等をした場合、その返還等をした日の属する課税期間の課税標準額に対する消費税額から、その当該課税期間において行った売上げに係る対価の返還等の金額に係る消費税額の合計額を控除することをいいます。

　ここで、どういう場合に授業料等の減免が行われるのでしょうか。

　学校法人委員会報告30号によれば、「授業料等の減免とは、学校法人が行う授業料等の全部又は一部の免除」をいうとされており、会計処理上、減免額控除前の金額を学生生徒等納付金収入に計上し、減免額の見合いの支出科目として教育研究経費に「奨学費支出」を計上することとされています。また、学校法人会計問答集（Ｑ＆Ａ）第1号によれば、①技術優秀なスポーツ部員に対して入学金、授業料等の減免を行った場合、②経済的に就学の困難な学生に対して授業料等を減

免した場合、③兄弟姉妹で就学しているため、一方の授業料等を減免した場合、④海外の提携校（姉妹校）から交換学生を受け入れたため、これらの学生にかかる授業料等納付金を減免した場合等について、減免額の見合いの支出科目として教育研究経費に「奨学費支出」を計上するとされています。

このように多種多様な授業料等の減免として計上される「奨学費支出」について、消費税法上の法令・通達等において明確な判断基準が示されていないため、消費税実務上どのように対応してよいか判断に迷う方も多いかと思われます。この点、消費税法上の処理方法が不明なため、消費税の計算に関係させない「不課税支出」として処理する事例も見受けられますが、当該学校法人会計問答集を援用し、消費税法上の「売上げに係る対価の返還等」として当該奨学費支出を処理する実務が多数であると思われます。また、当該学校法人会計問答集では、全ての奨学費支出について消費税法上の「売上げに係る対価の返還等」であると判定せずに減免規程に準拠したものだけがこれに該当するとし処理上の明確性を求めています。すなわち、「減免規程によらない奨学金の支出額は対価の返還とは異なるので、同額の学納金は当然収入があったものとして取り扱われます。」としているのです。

それでは、減免後の金額が消費税法上の「学納金」として取り扱われると、どのような影響が生じるのでしょうか。

消費税法上、学納金は非課税とされているため、減免後の金額が課税売上割合の分母に算入されると減免前よりも課税売上割合が高くなり、個別対応方式（課非共通部分）又は一括比例配分方式により按分算定される仕入控除税額が増加し、一見計算上有利に働きそうな感じではありますが、一方で、調整割合も高くなり、調整前仕入控除税額から控除される税額が増加するので、この点においては計算上不利に働きます。したがって、有利に働くか不利に働くかは、個々の事例により異なるものと思われます。興味のある方は、本書の設例を利用して、どれだけの影響額が出るか試算してみると面白いかもしれません。

・・

第4部

その他の税

77. 法人住民税

> **Q** 学校法人における法人住民税の取扱いについて教えてください。

 学校法人は原則として非課税であり、収益事業を行う場合にだけ、法人税割と均等割が課されます（地法25①二、地法51、地法52、地法296①二、地法312、地法314の４、地令47）。

また、学校法人又は私立学校法第64条第４項の法人（専修学校又は各種学校の設置のみを目的とする法人）が行う事業で、所得の金額の100分の90以上の金額を当該法人が行う私立学校、私立専修学校又は私立各種学校の経営（法人税法上の収益事業に該当する事業を除く。）に充てているもの（その所得の金額がなく当該経営に充てていないものを含む。）については、法人税割、均等割ともに非課税とされています（地令７の４）。

● ───── **解　説** ───── ●

法人に課される道府県民税と市町村民税を総称して法人住民税といい、法人税額を課税標準とする法人税割と均等割があります。東京都特別区（23区）の場合は、道府県民税と市町村民税を併せて都民税といいます（地法734②）。

学校法人の申告に際しては、当該非課税の要件を満たしているかの判断に資するため、各都道府県税事務所に対し、「課税・非課税の判定票」を地方税の確定申告書（第６号様式）に添付して提出する必要があります。

なお、学校法人が行う収益事業が非課税の要件を満たさない場合に課される法人税割及び均等割は以下のとおりとなります。

	法人税割	均等割
市町村民税	6.0%（制限税率8.4%）	50,000円
道府県民税	1.0%（制限税率2.0%）	20,000円
都　民　税	7.0%（制限税率10.4%）	70,000円

（注）　標準税率は各都道府県の標準となる税率であり、各都道府県は制限税率を上限として、それ

ぞれ税率を定めることができます（地法51、地法314の４、地法734②）。標準税率を超えて課税することを超過課税といいます。この場合、超過税率が適用されます。

78. 法人事業税

> **Q** 学校法人における法人事業税の取扱いについて教えてください。

A 学校法人は原則として、法人事業税については非課税です。収益事業を営む場合にだけ、収益事業に係る所得金額を課税標準とする事業税が課されます（地法72の５、地令15）。

───────────── **解　説** ─────────────

　事業税は地方税法に基づく税金で、法人の行う事業の所得、資本金等を課税標準とします。事業税の所得金額は原則として法人税の所得金額と同額であり、税率は以下のとおりとなります（地法72の24の７①）。

学校法人の場合の税率表

区　分	所得区分	税率区分	標準税率
所得金額 課税法人	所得のうち年400万円以下の金額	①	3.5%
	所得のうち年400万円を超え800万円以下の金額	②	5.3%
	所得のうち年800万円を超える金額、清算所得等	③	7.0%

　一般に、３以上の都道府県に事務所等を設置し、資本金等が1,000万円以上の法人は軽減税率不適用法人となりますが、学校法人は軽減税率不適用法人になりません。

　法人事業税について超過課税を採用している都府県の実施状況は以下のとおりです。

令和 3 年 4 月 1 日現在

都府県	税率区分	所得区分等
宮城県	① 3.75% ② 5.665% ③ 7.48%	所得4,000万円以下の場合は標準税率
東京都	① 3.75% ② 5.665% ③ 7.48%	所得2,500万円以下の場合は標準税率
神奈川県	① 3.71% ② 5.618% ③ 7.42%	所得 1 億5,000万円以下の場合は標準税率
静岡県	① 3.75% ② 5.665% ③ 7.48%	所得3,000万円以下の場合は標準税率
愛知県	① 3.65% ② 5.519% ③ 7.288%	所得5,000万円以下の場合は標準税率
京都府	① 3.75% ② 5.665% ③ 7.48%	所得4,000万円以下の場合は標準税率
大阪府	① 3.75% ② 5.665% ③ 7.48%	所得5,000万円以下の場合は標準税率
兵庫県	① 3.75% ② 5.665% ③ 7.48%	所得7,000万円以下の場合は標準税率

（注）　資本金（出資金）及び収入金額基準は、学校法人であるため省略

79. 特別法人事業税

Q 学校法人の特別法人事業税の取扱いについて教えてください。

 収益事業を営む学校法人は、所得割額によって法人の事業税を課される法人として扱われます。地方税の規定によって計算した法人事業税における所得割額（基準法人所得割額）が課税標準となり、税率は37％です（特別法人事業税及び特別法人事業譲与税に関する法律 6 、 7 ）。

基準法人所得割額 × 37% ＝ 所得割に係る特別法人事業税額

解　説

　特別法人事業税は、法人事業税が課される法人に課されます。国税ですが、都道府県に法人事業税と併せて申告納付します。

　平成31年度（令和元年度）税制改正により、令和元年10月1日以降に開始する事業年度から法人の事業税の税率が引き下げられ、特別法人事業税が創設されることとなりました。これにより、地方法人特別税が廃止されました。

　特別法人事業税は、地方法人課税における税源の偏在を是正するため、法人事業税の一部を分離して導入されました。法人事業税と併せて納付された特別法人事業税は、都道府県から国に対して払い込まれ、特別法人事業譲与税として各都道府県に再配分（譲与）されます。

　税負担については、地方法人特別税廃止による復元後の法人事業税の所得割・収入割の標準税率を引き下げ、引き下げ後の法人事業税と特別法人事業税を合わせた税負担が、地方法人特別税廃止による復元後の法人事業税の税負担及び現行の法人事業税と地方法人特別税を合わせた税負担を上回らないように特別法人事業税の税率を設定しているため、特別法人事業税の導入に伴い、税負担が増えることはありません。(※1)

　法人の事業税に係る税額の算出において標準税率以外の税率が適用される法人が、特別法人事業税の課税標準となる基準法人所得割額又は基準法人収入割額の計算を行う場合には、第6号様式別表14「基準法人所得割額及び基準法人収入割額に関する計算書」を作成し、申告書（第6号様式）に併せて提出します。

(※1)　「特別法人事業税の創設について」東京都主税局ホームページ　https://www.tax.metro.tokyo.lg.jp/kazei/tokubetsu_houjin.html

80. 事業所税

> **Q** 学校法人の事業所税の取扱いについて教えてください。

A 学校法人が事業所等で行う事業のうち、収益事業^(※1)以外の事業に係る床面積及び従業者給与総額に対しては、事業所税は非課税とされています（地法701の34②）。

また、学校教育法第124条に規定する専修学校又は同第134条第１項に規定する各種学校において直接教育の用に供する施設に係る事業所等において行う事業については、課税標準の２分の１を控除します（地法701の41①）。

解　説

事業所税は、指定都市等が、都市環境の整備及び改善に関する事業に要する費用に充てるために課する目的税です（地法701の30）。全ての市町村が課するものではなく、課税団体は、指定都市等に限られます。

指定都市等となるのは、次に掲げる課税団体です。なお、東京都の場合、特別区の存する区域においては、東京都が事業所税を課することとされています。

事業所税の課税団体（地法701の31①一、地法735）

⑴　東京都（特別区の区域に限る。）

⑵　地方自治法第252条の19第１項の政令指定都市

⑶　⑵以外の市で、首都圏整備法第２条第３項に規定する既成市街地を有する市又は近畿圏整備法第２条第３項に規定する既成都市区域を有する市（三鷹市、武蔵野市、川口市、東大阪市、守口市、尼崎市、西宮市、芦屋市）

⑷　⑵及び⑶以外の市で人口30万以上の市のうち政令で指定する市

人口は、最近の１月１日現在において住民基本台帳法に基づき住民基本台帳に記録されているものの数をいいます（地令56の14）。政令で指定する市については、地方税法施行令第56条の15で規定されています。

　事業所税は、当該指定都市等において事業所等を設けて事業を行う者に資産割額及び従業者割額の合算額によって課されます。

　税率及び免税点は以下のとおりです（地法701の43①）。

	税率	免税点
資産割	１㎡当り600円	1,000㎡
従業者割	従業者給与総額の0.25%	100人

（※１）　当該収益事業には、学校法人（私学法64④の法人を含む。）が学生又は生徒のために行う
　　　　　事業を含みません（地令56の22）。

81. 法人事業税の計算と法人住民税の「課税・非課税の判定票」

> **Q** 法人事業税の計算と法人住民税の「課税・非課税の判定票」の記載について、学校法人の場合を例に具体的な計算過程を示して説明してください。

A 以下設例を用いて法人事業税の計算過程と法人住民税の「課税・非課税の判定票」の記載例を解説します。

―――――――――――― 解　説 ――――――――――――

　学校法人東京会第三学園の令和２年４月１日から令和３年３月31日までの当事業年度における納付すべき事業税額を計算します。

【前提条件】

(1)　法人税別表四「所得金額又は欠損金額」の金額　　　　50,000,000円

(2)　収益事業から収益事業以外の事業に支出した金額　　100,000,000円

(3)　寄附金の損金算入限度超過額　　　　　　　　　　　　50,000,000円

(4)　所得の金額の90％以上の金額を学校法人の経営に充てているため、法人住民税法人税割額及び均等割額ともに非課税です。

(5)　法人税別表四において加減算された申告調整項目はありません。また、損金算入された事業税はありません。

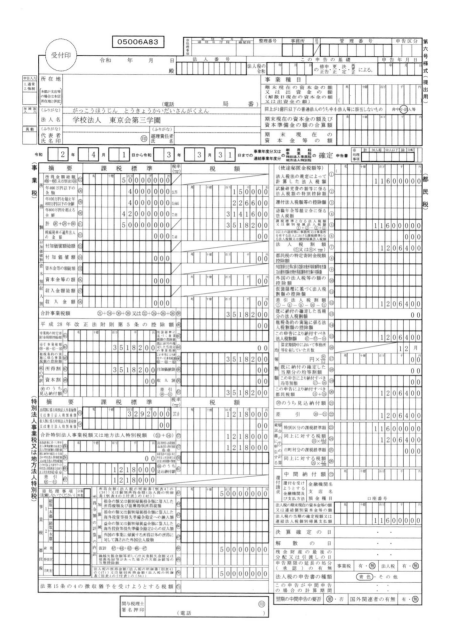

250

※処理事項	整理番号	事務所	管理番号	申告区分
	法人番号			

法　人　名　学校法人　東京会第三学園

事業年度	令和 2 年 4 月 1 日から
	令和 3 年 3 月 31 日まで

第六号様式別表十四（提出用）

基準法人所得割額及び基準法人収入割額に関する計算書

1. 基準法人所得割額の計算

	摘要		所得割の課税標準	税率(100分)	基準法人所得割額
所得割	所　得　金　額　総　額	①	5,000,000,000		
	年 400 万 円 以 下 の 金 額	②	4,000,000	3.5	140,000
	年 400 万円を超え年 800 万円以下の金額	③	4,000,000	5.3	212,000
	年 800 万 円 を 超 え る 金 額	④	4,200,000,000	7.0	294,000,000
	計　　②＋③＋④	⑤	5,000,000,000		329,200,000
	軽 減 税 率 不 適 用 法 人 の 金 額	⑥	0,0	7.0	0,0

2．基準法人収入割額の計算

	摘要		収入割の課税標準	税率(100分)	基準法人収入割額
収入割	収　入　金　額　総　額	⑦			
	収　　入　　金　　額	⑧	0,0		0,0

法人都民税の課税・非課税の判定票

法 人 名	学校法人　東京会第三学園
事業年度	令和2年　4月　1日から 令和3年　3月　31日まで

収益事業から生じた所得金額の計算	法人税の課税標準となる所得金額 （法人税明細書別表四（48）「所得金額又は欠損金額」欄）			1	50,000,000
	加算欄	収入不算入したとされた金額で益金算入されたもの	収益事業から収益事業以外の事業に支出した金額	2	100,000,000
			受取配当金で益金とされなかった金額	3	0
			還付法人税額等	4	0
				5	
				6	
				7	
		加算欄計（2＋3＋4＋5＋6＋7）		8	100,000,000
	減算欄	支出不算入したとされた金額で損金算入されたもの	寄附金の損金算入限度超過額	9	50,000,000
			法人税明細書別表四において損金不算入とした法人税額	10	0
			法人税明細書別表四において損金不算入とした附帯税額	11	0
				12	
				13	
				14	
		減算欄計（9＋10＋11＋12＋13＋14）		15	50,000,000
	収益事業から生じた所得金額（1＋8－15）			16	100,000,000
課非の判定	(16)×$\frac{90}{100}$			17	90,000,000
	当期中において収益事業から収益事業以外の事業に支出した金額			18	100,000,000
	(18)の金額が(17)の金額	以上である場合………………非課税 未満である場合………………課　税			
添 付 書 類	1．決算書　　　　　　　　　　4．法人税明細書別表十四（二） 2．法人税申告書別表一　　　　5． 3．法人税明細書別表四　　　　6．				

この判定票は、申告書（第6号様式又は第6号様式（その2））に添付して提出してください。

都・法　20120-255

東京都の「法人都民税の課税・非課税の判定票」をもとに、加工して作成

82. 固定資産税

> **Q** 学校法人の保有する固定資産に固定資産税は課税されますか。

A 学校法人の場合、下記の固定資産については、固定資産税は課されません（地法348②九、348②十の四）。

・学校法人等が設置する学校において直接保育又は教育の用に供する固定資産

・学校法人等がその設置する寄宿舎で学校教育法第１条の学校又は同第124条の専修学校に係るものにおいて直接その用に供する固定資産

・学校法人、社会福祉法人その他政令で定める者が就学前の子どもに関する教育、保育等の総合的な提供の推進に関する法律第２条第６項に規定する認定こども園の用に供する固定資産

―――――――――――― **解　説** ――――――――――――

毎年１月１日現在で、土地、家屋及び償却資産を保有している場合、その保有者に対して固定資産税が課税されます。

「直接保育又は教育の用に供する」とは、教科の履修その他学校教育の目的とする教育活動が実施されることを常態とすることをいい、単に教育の用に供されることがあるというだけではこれに該当しない旨の判例があります。

なお、当該資産について非課税の適用を受けようとする場合、各自治体に対して固定資産税非課税申告書（東京23区の場合[※1]）を提出する必要があります。

また、固定資産税の賦課期日は毎年１月１日であるため、その時点で教育の用に供していることが必要であることに留意が必要です。

校内に設置した自動販売機やATMについて、設置する土地や建物の賃貸借契約を外部業者と締結している場合には、当該土地、建物を直接教育の用

に供しているとはいえないとして固定資産税が課税されたケースがあります。また、コンビニエンスストアに土地を賃貸している場合や、OB会、後援会等に会員室を提供しているような場合にも固定資産税が課税されたケースがあります。

　固定資産税の課税対象となるかどうかは各自治体に判断が委ねられていますので、事前に確認をしておく方がよいと思われます。

　なお、平成26年度の税制改正により、認定こども園の用に供する固定資産、小規模保育事業の用に供する固定資産、社会福祉事業として行われる病児保育事業及び子育て援助活動支援事業の用に供する固定資産に係る固定資産税及び都市計画税について、非課税とする措置が講じられています。

（※1）　自治体によって「固定資産税非課税規定適用申告書」の場合もある。

第142号様式（第12条の14、第13条等関係）

固定資産税・都市計画税非課税申告書					

<table>
<tr><td rowspan="2">土地</td><td>所在地・地番</td><td>地　目</td><td colspan="2">地　　　　　積</td><td>用　途</td><td>非課税の用に供し始めた年月日</td></tr>
<tr><td></td><td></td><td colspan="2">平方メートル</td><td></td><td>年　月　日</td></tr>
</table>

<table>
<tr><td rowspan="2">家</td><td>所　在　地</td><td>種　　類</td><td colspan="2">床　面　積</td><td>非課税の用に供し始めた年月日</td></tr>
<tr><td></td><td></td><td colspan="2">平方メートル</td><td>年　月　日</td></tr>
<tr><td>屋</td><td>家　屋　番　号</td><td colspan="2">構　　　　　造</td><td>用　　途</td><td></td></tr>
</table>

<table>
<tr><td rowspan="2">償却資産</td><td>所　在　地</td><td>種　類</td><td>数　量</td><td>用　途</td><td>非課税の用に供し始めた年月日</td></tr>
<tr><td></td><td></td><td></td><td></td><td>年　月　日</td></tr>
</table>

設　立　年　月　日	年　　　　月　　　　日

摘要	

上記のとおり別紙関係書類を添付して申告します。

　　　　年　　　月　　　日

　　　　　　　　所　有　者

　　　　　　　　　住所(所在地)

　　　　　　　　　氏名(名　称)

都税事務所長　あて

（日本産業規格A列4番）

備考 1　非課税の適用を受ける事由を証明する書類及び土地にあつては地籍図、家屋にあつては平面図を添付すること。
　　 2　非課税規定の適用を受けようとする土地、家屋及び償却資産を無料で使用させている場合には、その事実を証明する書類を添付すること。
　　 3　土地については1筆、家屋、償却資産については種類ごとに記入し、細目書を添付すること。
　　 4　第15条の規定による申告については、この様式を準用すること。この場合において、「非課税の用に供し始めた年月日」とあるのは「用途変更等を行った年月日」と読み替えるものとする。

255

83. 不動産取得税

 学校法人が不動産を取得したとき、不動産取得税は課税されますか。

A 学校法人（専修学校、各種学校の設置のみを目的とする法人を含む。）が、不動産を以下に使用する目的で取得した場合には、不動産取得税は課されません（地法73の4③、地法73の4①三、地法73の4①四の四）。

・学校法人等が設置する学校において直接保育又は教育の用に供する不動産

・学校法人等がその設置する寄宿舎で学校教育法第1条の学校又は同第124条の専修学校に係るものにおいて直接その用に供する不動産

・学校法人、社会福祉法人その他政令で定める者が就学前の子どもに関する教育、保育等の総合的な提供の推進に関する法律第2条第6項に規定する認定こども園の用に供する不動産

―――――――――――――― 解　説 ――――――――――――――

不動産を取得した場合、その取得者に対して不動産取得税が課税されます。不動産取得税は、不動産所在の都道府県において課される都道府県民税です。

当該不動産の取得について非課税の適用を受けようとする場合、各都道府県に対して不動産取得税非課税申告書を提出する必要があります。

◆ 東京都

都税条例施行規則
第50号様式（第12条の３関係）

（提出用）

受付印

不 動 産 取 得 税 非 課 税 申 告 書

東京都　　　　都税事務所長　宛　　　　　　　　年　　月　　日
　　　　　　　　支 庁 長

　　　　　　　　取得者 住　　　所

　　　　　　　　　　　ふ り が な
　　　　　　　　　　　氏名(名称)

　　　　　　　　　　　電 話 番 号　　　（　　　）

　　　　　　第73条の４第　項第　　号
　　　　　　第73条の５
　　　　　　第73条の６第　項
地方税法　　第73条の７第　　号　　　　　に規定する不動産を取得したので、
　　　　　　第73条の28第２項
　　　　　　附則第10条第　項
　　　　　　附則第41条第７項

東京都都税条例施行規則第12条の３の規定により、別紙書類を添付して
申告します。

土地	所　　在	地　番	地目	地　　　積	取 得 年 月 日
				㎡	年　　月　　日

家屋	所　在　地	家屋番号	種類	構造	床 面 積	取 得 年 月 日
					㎡	年　　月　　日

摘要	

備考　1　この申告書を提出する場合は、非課税となる事実を証明する書類を添付してください。
　　　2　控に受付印が必要な方は、切手を貼った返信用封筒を添えて提出してください。

リサイクルに適さない資材を使用しております。

257

84. 登録免許税

 Q 学校法人が不動産を取得し、登記した場合、登録免許税は課税されますか。

A 学校法人（専修学校、各種学校の設置のみを目的とする法人を含む。）が、以下の登記を行う場合に、所轄庁発行の使用証明書を添付すれば登録免許税は課されません（登法4②別表第三）。

・校舎、寄宿舎、図書館その他保育又は教育上直接必要な附属建物の所有権の取得登記

・校舎等の敷地、運動場、実習用地その他の直接に保育又は教育の用に供する土地の権利の取得登記

・自己の設置運営する児童福祉法（昭和22年法律第164号）第39条第1項（保育所）に規定する保育所若しくは同法第6条の3第9項（定義）に規定する家庭的保育事業、同条第10項に規定する小規模保育事業若しくは同条第12項に規定する事業所内保育事業の用に供する建物の所有権の取得登記又は当該建物の敷地その他の直接に保育の用に供する土地の権利の取得登記

・自己の設置運営する認定こども園（就学前の子どもに関する教育、保育等の総合的な提供の推進に関する法律（平成18年法律第77号）第2条第6項（定義）に規定する認定こども園をいう。）の用に供する建物の所有権の取得登記又は当該建物の敷地その他の直接に保育若しくは教育の用に供する土地の権利の取得登記

━━━━━━━━━━━━━━ **解　説** ━━━━━━━━━━━━━━

不動産を取得し登記をした場合は登録免許税が課税されますが、公共法人等が受ける登記等については、その公益性等にかんがみ、一定の要件を備えた場合に非課税措置が講じられています。学校法人については、登録免許税

法の別表第三（非課税の登記の表）の中に、規定があります。

また、所有権には賃借権を含みます。取得登記とは権利の保存、設定、転貸又は移転の登記をいうとされています。

85. 収用等の課税の特例

> **Q** 学校法人が土地等を取得する場合に、譲渡者が受けられる税務上の特例はどのようなものですか。

A 学校法人に土地等を譲渡した者は、一定の要件を満たすことを条件に、①譲渡所得から代替資産の取得価額相当分の控除又は②最大限5,000万円の特別控除を受けることができます。

譲渡者が個人の場合については租税特別措置法第33条から第33条の6に、譲渡者が法人の場合については租税特別措置法第64条から第65条の2に規定されています。

--- **解　説** ---

1．不動産を売却した場合の譲渡所得課税の原則と特例

不動産を売却した場合、原則としてその売却益（個人であれば譲渡所得、山林所得）に対して所得税や法人税が課税されます。

しかし、公共事業や学校法人等のような公益性の高い事業に供するため、土地等の所有者の意思に関係なく強制的に不動産等を取得する必要性が高い場合があります。そこで、一定の要件を満たすことを条件に所有者側において税制上の優遇措置を享受できるものとされています（収用等の場合の課税の特例）。

2．土地収用制度

道路、河川、空港、学校、公園などの公共事業のために土地を必要とする場合においては、土地収用法の手続をとることにより、土地所有者や関

係人に適正な補償をしたうえで、土地を取得（収用）することができます。

　土地収用制度の対象となる事業は、土地収用法第3条に定められています。学校法人については、「学校教育法第1条に規定する学校又はこれに準ずるその他の教育若しくは学術研究のための施設に関する事業（土地収用法第3条第1項第二十一号）」が掲げられており、学校用地の取得のために、土地収用制度の適用を受けることができるとされています。

3．学校法人の土地等の買取りと特例の適用

　土地収用法第3条に掲げる事業のための土地等の買取りに係る収用等の課税の特例の適用については、その事業について土地収用法の事業認定を受けているものだけに限りません。土地収用法第3条に掲げる施設のうち、その施行場所や区域が制約されるもの及びその事業の公益性が極めて高く、その事業の早急な施行を必要とする特定のものについては、租税特別措置法施行規則第14条第5項第三号イに掲げるいわゆる特掲事業として、土地収用法の規定による事業認定がなくても、収用等の課税の特例の適用を受けることができます。

　学校法人については、特掲事業として、土地収用法第3条第1項第二十一号のうち「私立学校法第3条に規定する学校法人の設置に係る幼稚園及び高等学校の施設に関する事業」が挙げられています。幼稚園（学校法人の設置に係る幼保連携型認定こども園を含む。）及び高等学校は、私立学校への依存度が高く、その公益性が極めて高いとされていることにより特掲事業とされています。これに該当する場合には、国土交通大臣又は都道府県知事に対する事業認定申請手続は不要となります。

　一方、小、中学校は、義務教育であり、設置主体として私立学校を想定しておらず、また、短大、大学、大学院等は、土地取得の目的が多様であるため、特掲事業には該当せず、収用等の課税の特例の適用を受けるためには土地収用法の事業認定を受けることが必要とされます。

特掲事業とされる	幼稚園、高等学校
特掲事業に該当しない	小学校、中学校 短大、大学、大学院等

4．税務署との事前協議

　収用等の課税の特例の適用を受けようとするときは、土地売買契約を締結する以前に、買取り等を予定している資産の所在地を所轄する税務署との間で事前協議を行い、その後、税務署長の確認を得てから、契約等を行うことが必要となります。

86．学校法人における印紙税の取扱い

> **Q** 学校法人における印紙税の取扱いについて教えてください。

　学校法人においても、通常印紙税は課税されます。ただし、学校法人特有の取扱いがあります。

　学校法人は印紙税法上定められている非課税法人には該当しません。よって、印紙税法別表第一の課税物件に係る文書については印紙税が課せられることになります。学校法人特有の取扱いは、解説をご参照ください。

──── 解　説 ────

1．印紙税は不動産や物品又は有価証券の譲渡契約書、約束手形、賃貸借契約書、金銭又は有価証券の受取書等を作成、交付するに当たって課税されるものです。

　　印紙税が課税される文書は印紙税法別表第一に示されていますが1番から20番まであり、課税標準又は税率、非課税物件も同表に明示されています。

2．学校法人特有の取扱い

(1) 学校法人が作成する領収書

　　一般に学校法人は営業を目的としないため学校法人の活動に伴って受領した金銭の受取書（領収書）は、「営業に関しない受取書」に該当することから、印紙税は課税されません（印紙税法別表第一課税物件表第17号文書の非課税物件欄2）。また、公益法人が作成する受取書は、収益事業に関して作成するものであっても営業に関しない受取書に該当すると認定され非課税となります。

(2) 教職員等に対する講演謝金の領収書

　　高校の教師等が講演について謝金を受け取る行為そのものは、営業に関するものとは認められませんので、教師等に対する講演謝金の領収書は課税文書に該当せず、印紙税は課税されません。

(3) 委託研究契約書

　　まず、委任契約書は、印紙税の課税文書に該当しません。ここで、研究を委託する契約書は、委任契約であるため、委託研究契約書は課税文書に該当せず、印紙税は課税されません。ただし、報告書等の完成が目的となっているものは第二号文書に該当し、課税されます。

(4) 学生・生徒の身元引受契約書

　　印紙税法の別表第一、課税物件表第13号「債務の保証に関する契約書」の非課税物件欄に、「身元保証に関する法律に定める身元保証に関する契約書」とあり、印紙税法基本通達第13号文書4において、「「身元保証に関する契約書」には、入学及び入院の際等に作成する身元保証書を含むものとして取り扱う。」と規定されています。

　　したがって、学生・生徒の身元引受誓約書は課税文書に該当せず、印紙税は課税されません。

(5) 公認会計士の監査契約書

　　公認会計士との監査契約書は、会計監査と監査報告書の作成という業務に対して報酬が支払われる請負契約であり、第2号文書の課税文書に該当（印基通第2号文書14）し、印紙税は課税されます。

⑹　学校債

　　学校が設備拡充の資金を借り入れる際に発行する学校債券が、印紙税
　法上の課税文書であるかどうかは、学校債券の券面の文言によって判断
　することになります。有価証券（財産的価値あるいは権利を表章する証
　券で、その権利の移転、行使が証券をもってなされることを要するもの）
　に該当する場合は、課税されません。印紙税法上の有価証券には該当せ
　ず、金銭の借入れを目的として作成された文書の場合は、印紙税法基本
　通達別表第１第１号の３（消費貸借に関する契約書）の課税文書に該当
　します。

⑺　授業料納入袋

　　金銭の受領事実を付け込み証明する目的で作成する受取通帳は、第19
　号文書に該当し課税対象です。ただし、私立学校法第２条に規定する私
　立学校又は各種学校若しくは学習塾等がその学生、生徒、児童又は幼児
　から授業料等を徴するために作成する授業料納入袋、月謝袋等又は学生
　証、身分証明書等で、授業料等を納入の都度その事実を裏面等に連続し
　て付け込み証明するものは、課税しないこととされています（印基通別
　表第１第19号文書６）。

87. 個人立幼稚園等の教育用財産を相続又は遺贈により取得した場合の課税の特例

Q 幼稚園等事業を学校法人ではなく個人立で経営している場合、その経営者に相続が発生したときは、その個人立幼稚園等の土地・建物等幼稚園等で使用している財産（教育用財産）も相続財産として課税対象となりますか。

なお、「幼稚園等」とは、私立の幼稚園及び幼保連携型認定こども園を含みます。

A 個人立幼稚園等の土地・建物等幼稚園等で使用している財産（以下「教育用財産」とします）はその経営者の所有に属することになりますので、その経営者に相続が発生したときは、原則として、その教育用財産も相続財産として課税対象となります。ただし、その幼稚園等の承継者となった相続人が相続又は遺贈により取得した教育用財産に対しては、一定の要件を満たした場合、相続税が非課税となる規定が設けられています。

————————— **解　説** —————————

1．教育用財産を相続又は遺贈により取得した場合の課税の原則と特例

　　幼稚園等事業を学校法人ではなく個人立で経営している場合、その個人立幼稚園等の教育用財産はその経営者の所有に属することになり、その経営者に相続が発生したときは、原則として、その教育用財産も相続財産として課税対象となります。ただし、その幼稚園等の承継者となった相続人が相続又は遺贈により取得した教育用財産に対しては、一定の要件を満たした場合、相続税が非課税となる規定（相令附則④、相法12①三）が設けられています。

2．非課税の適用を受けるための要件

　　個人立幼稚園等を設置、運営する事業を相続により承継した者で、次の

264

要件に該当する場合には、相続税法施行令第2条「相続又は遺贈に係る財産につき相続税を課されない公益事業を行う者の範囲」の規定にかかわらず、その事業の用に供される相続財産は非課税とされます（相令附則④、相規附則）。

⑴ 相続人等は、被相続人に係る相続開始の年の5年前の1月1日から引き続いて行われてきた幼稚園等の事業で、その被相続人の死亡により継承し、かつ、その事業に係る教育用財産として被相続人の所得税の納税地の所轄税務署長に届け出ている財産を、その被相続人からの相続又は遺贈により取得して、これをその事業の用に供する相続人で、その相続開始の年以後も引き続いてその事業を行うことが確実と認められるものであること（相規附則③）。

⑵ その事業及びその経理が適正に行われていると認められること。

　幼稚園等事業が適正に行われていることとして、相続開始の年の5年前から、次の要件を満たしている必要があります（相規附則⑦）。

① 事業経営者の家事充当金が当該事業に係るその者の所得税の納税地の所轄税務署長の認定を受けた金額を超えていないこと。

② 事業経営者の親族等である従業員の給与の金額が労務の対価として相当であると認められるものであること。

③ 事業経営者は、無申告加算税、重加算税、不納付加算税を徴収されたことがないこと。

④ 事業経営者は、各年分の所得税につき連続して青色申告書を提出していること。

⑤ 事業経営者は、幼稚園等事業に係る収入金額及び費用の額とその他の収入金額及び費用の額とを明確に区分して経理しており、かつ、当該事業につき帳簿書類を備え付けて、これに当該事業に係る収入金額及び費用の額、資産、負債及び資本に係る一切の取引等を記録し、保存していること。

⑥ 事業経営者は、幼稚園等会計から幼稚園等事業のための支出（税務

署長の認定を受けた金額の範囲内における当該事業に係る事業経営者の家事に充てるための支出を含む。）以外の支出をしていないこと。

⑦　事業経営者は、幼稚園等事業に係る施設について、当該事業以外の事業並びに当該事業に係る事業経営者及びその者と特別関係がある者の用に供しておらず、かつ、当該事業のための担保以外の担保に供していないこと。

3．教育用財産の届出

教育用財産を取得した幼稚園等の経営者は、その財産を幼稚園等の教育の用に供した日から4か月以内に、一定の事項を記載した届出書を当該個人の所得税の納税地の所轄税務署長に提出しなければならないとされています（相規附則④）。また、その財産を幼稚園等の教育の用に供しなくなった場合も同様に規定されています（相規附則⑤）。なお、これらの届出書の提出をすることに代えて、各年分の所得税の期限内申告書にその年12月31日（その者が年の中途で死亡した場合には、その死亡の日）における教育用財産の明細、その用途及び所在地又は所在場所等を記載した書類を添付して提出することができます（相規附則⑥）。

Column　大学入試センター試験実施経費の取扱い

　入学試験に大学入試センター試験（以下「センター試験」という。）を利用した場合、独立行政法人大学入試センター（以下「センター」という。）から実施経費を受け取ります。この収入の会計上の取扱いについては、大科目「手数料（収入）」に小科目「大学入試センター試験実施手数料（収入）」を設けて表示[※1]することとされています。

　それでは、法人税法上、また消費税法上、この収入はどう取り扱われるのでしょうか。

　センター試験は「各大学がセンターと協力して、同一の期日に同一の試験問題により、共同して実施するもの」（独立行政法人大学入試センターに関する省令第18条第2項）、つまり、センターと各大学の共同事業です。センターの「実施経費支出（配分）基準」によれば、この共同で行うセンター試験業務のうち、各大学が行うセンター試験業務に係る経費について積算基準により算出した額を配分することになっています。一方で、このセンター試験の検定料はセンターが徴収します（同第3項）。

　つまり、収入はセンターが一括徴収したうえで、業務量に応じて各大学にその収入を配分しているのが実態だといえます。こうした観点にたてば、大学入試センター試験実施手数料はセンター試験を利用した入学試験に伴う共同事業の収入であり、法人税法上の収益事業にはあたらないと考えられます。しかし、その取扱いが通達等で明確になっているわけではないため、「請負業」として収益事業に含めているケースもあるようです。例えば、税務調査において「請負業」に該当するとして修正を求められた事例や、所轄税務署に相談したところ収益事業に含めるよう指導を受けた事例が聞かれます。

　さらに難しい問題となるのが消費税の取扱いです。「入学又は入園のための試験に係る検定料」については、消費税は非課税とされています（消令14の5①四）。法人税法上収益事業か否かと関係なく、もし、この収入が「入学試験に係る検定料」とみなせるならば非課税売上に、そうでなければ課税売上になることになります。実態的には、大学入試センター試験は当該大学の実施する入学試験の一部なのですから、その収入も「入学試験に係る検定料」として非課税売上と考えることもできそうですが、取扱いは明確になっていません。

　仮にこの収入を法人税法上の収益事業に含めても全体で課税所得が赤字であれば、

法人税での影響は小さいですが、消費税申告上非課税売上とするか課税売上とするかでは税額へ直接影響することになります。

　読者の皆さんは、この問題についてどうお考えでしょうか。

注：令和3年1月実施テストから、大学入試センター試験に代わるものとして「大学入学共通テスト」を実施することになりました。

（※1）　日本私立学校振興・共済事業団私学経営情報センター編「学校法人の経営に関する実務問答集《第3次改訂版》」「21 大学入試センターからの「試験実施経費」の受入れと支出」

第 **5** 部

学校法人への寄附

（「寄附金」表記と「寄付金」表記）

　税法上の表記は「寄附金」ですが、学校法人会計基準、及び日本私立学校振興・共済事業団の受配者指定寄付金は「寄付金」と表記します。これに従い、該当するQ92・Q93では「寄付金」表記を用いています。

　事業団の解説ページ等では「付」で統一されています。

　考え方としては、

・税法の内容……「附」

・事業団及び会計上の説明……「付」

として使い分けています。

88. 学校法人への寄附税制

Q 学校法人への寄附には税制上様々な優遇措置がありますが、優遇措置を講ずる根拠はどこにありますか。

A 私立学校振興助成法において定められています。

────────────── **解　説** ──────────────

　私立学校振興助成法第15条において、税制上の優遇措置として「国又は地方公共団体は、私立学校教育の振興に資するため、学校法人が一般からの寄附金を募集することを容易にするための措置等必要な税制上の措置を講ずるよう努めるものとする」と定められています。

89. 特定公益増進法人に対する寄附金

Q 学校法人に対する寄附は、どのような優遇措置がありますか。

A 普通法人への寄附に比べ、広い優遇措置が認められています。個人については寄附金控除が認められ、法人については一般の寄附金に比べ損金算入限度額が倍に増加します。

　なお、個人については所得控除である寄附金控除に代えて税額控除を選択することも可能です。詳細は次のQで解説します。

────────────── **解　説** ──────────────

　特定公益増進法人に対する寄附金とは、教育又は科学の振興、文化の向上、社会福祉への貢献、その他公益の増進に著しく寄与する法人の主たる目的である業務に関連する寄附金をいいます。

学校法人は、公益法人の中でも特に公益の増進に著しく寄与する特定公益増進法人の一つとされており、学校法人に対する寄附者については、通常よりも広く優遇措置が認められています。

・学校法人、及び専修学校・各種学校を設置する準学校法人が特定公益増進法人の証明を所轄庁（文部科学大臣又は都道府県知事）から取得している場合に利用可能（証明書の有効期間は5年間）です。なお、学校法人に対する全ての寄附が優遇措置を受けられるということではありません。学校法人が特定公益増進法人の証明を受けるためには、寄附金の募集目的及び使途が教育研究に直接かかわる募集であることが必要です。使途が、記念式典の経費、記念品購入等その他教育研究に直接的にかかわらない事業の用（主に管理経費）に供される場合は、当該寄附金は優遇措置の対象と認められません。

・金銭による寄附だけでなく、現物寄附も対象となります。寄附物件の評価額は時価となります。ただしその寄附につき譲渡所得非課税とする国税庁長官の承認を受けた場合は時価ではなく寄附財産の取得費が寄附金控除の対象となります。

　法人が寄附金として支出したものであっても、法人の役員等が個人として負担すべき性格を持つ支出は、その者に対する給与となります（法基通9-4-2の2）。

① 個人

所得控除額 ＝ ⓐとⓑのうちいずれか少ない方の金額 − 2,000円

　ⓐ：その年中に支出した特定寄附金の額の合計額

　ⓑ：その年分の総所得金額等の40％相当額

（所法78①）

② 法人

損金算入限度額

$$= \left(\begin{array}{c} \text{期末の} \\ \text{資本金等の額} \end{array} \times \frac{\text{当期の月数}}{12} \times 0.375\% + \text{所得金額} \times 6.25\% \right) \times \frac{1}{2}$$

（法令77の2）

・一般の寄附金の限度額とは別枠の限度額となります。

・特定公益増進法人に対する寄附金のうち損金に算入されなかった金額は、一般の寄附金の額に含めます。

90. 公益社団法人等に対する特定寄附金

Q 学校法人に対する寄附金が公益社団法人等に対する特定寄附金に該当する場合の優遇措置とは、どのようなものですか。

A 個人が学校法人へ寄附金を支出した場合には所得控除である寄附金控除が適用できますが、個人が一定の要件を満たした学校法人へ寄附金を支出した場合、当該寄附金について税額控除を選択することができます。

━━━━ **解　説** ━━━━

個人が支払った特定寄附金のうち、学校法人に対するもので一定の要件を満たすものについては、支払った年分の所得控除として寄附金控除の適用を受けるか、又は税額控除の適用を受けるか、いずれか有利な方を選択[※1]します。

・所得控除に比べ、小口の寄附支出者への減税効果が高くなります。

・学校法人は、所轄庁から公益社団法人等としての認定を受けなければなりません。

税額控除制度が適用される対象法人となるためには、実績判定期間において以下の二つの要件のうち、いずれかを満たす必要があり、かつ、NPO法人の認定要件と同程度の情報公開を行っていることが求められます。

要件① 実績判定期間（過去5年度）に3,000円以上の寄附金を支出した者（判定基準寄附者数）が平均して年に100人以上いて、かつ、寄附金額が年平均30万円以上あること。ただし、以下のA、Bのいずれかの場合には、判定基準寄附者数の数え方はそれぞれA、Bのとおり緩和されます。（A、Bのいずれにも該当する場合は、いずれか多い判定基準寄附者数を利用することができます。）

A　実績判定期間内に、設置する学校等^{（※2）}の定員等^{（※3）}の総数が5,000人未満の事業年度がある場合、当該事業年度の判定基準寄附者数は次のとおり計算して100人以上いること。

判定基準寄附者数 ＝ 実際の寄附者数 × 5000 ÷ 定員等の総数（当該定員等の総数が500未満の場合は500）

B　実績判定期間内に、公益目的事業費用等の額の合計額（学校法人会計基準の事業活動収支計算書のうち、「事業活動支出」と「事業活動外支出」の決算額の合計額）が1億円未満の事業年度がある場合、当該事業年度の判定基準寄附者数は次のとおり計算して100人以上いること。

判定基準寄附者数 ＝ 実際の寄附者数 × 1億 ÷ 公益目的事業費用等の額の合計額（当該事業費用の合計額が1千万円未満の場合は1千万）

要件② 経常収入金額に占める寄附金等収入金額の割合が5分の1以上であること。

（※1）　詳細については文部科学省ホームページ「学校法人に対する個人からの寄附に係る所得税の税額控除について」を参照。https://warp.ndl.go.jp/info:ndljp/pid/12165357/www.mext.go.jp/a_menu/koutou/shinkou/07021403/1311465.htm
　　　また、各都道府県及び日本私立大学連盟のウェブサイトも参照のこと。
（※2）　上記の「学校等」とは、学校、認定こども園、専修学校、各種学校、保育所等をいいます。
（※3）　上記の「定員」とは、収容定員、利用定員、入所定員、入居定員及び委託児童の定員をいいます。

91. 個人が支払った公益社団法人等に対する特定寄附金等の計算例

> **Q** 個人（Bさん）が支払った公益社団法人等に対する特定寄附金等の計算の例示を申告書等の形式で示してください。

【前提条件】

令和2年分の所得税及び復興特別所得税の確定申告書様式を用いて示します。

・給与収入　5,000,000円（給与所得金額3,560,000円）

・所得控除は基礎控除のみで480,000円

・源泉徴収税額214,900円（年末調整済）

・C学校法人への公益社団法人等の寄附金の額　100,000円

・D学校法人（特定公益増進法人）への寄附金額　50,000円

・どちらの寄附金も住民税の控除対象可能と仮定

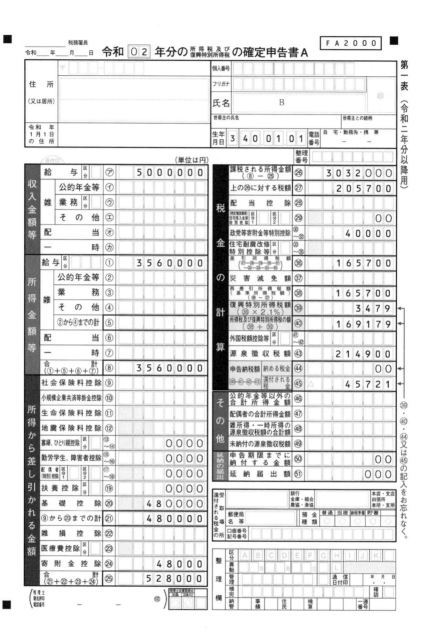

税務署長

令和___年___月___日　令和 0 2 年分の 所得税及び復興特別所得税 の確定申告書A　　FA2000

第一表（令和二年分以降用）

住所（又は居所）	〒	
令和　年1月1日の住所		

個人番号

フリガナ

氏名　B

世帯主の氏名　　世帯主との続柄

生年月日 3 4 0 0 1 0 1　電話番号 自宅・勤務先・携帯

整理番号

（単位は円）

収入金額等

			区分	
給与		⑦		5000000
雑	公的年金等	⑦		
	業務	⑦	区分	
	その他	①		
配当		⑦		
一時		⑦		

所得金額等

給与		①	区分	3560000
雑	公的年金等	②		
	業務	③		
	その他	④		
	②から④までの計	⑤		
配当		⑥		
一時		⑦		
合計（①+⑤+⑥+⑦）		⑧		3560000

所得から差し引かれる金額

社会保険料控除	⑨		
小規模企業共済等掛金控除	⑩		
生命保険料控除	⑪		
地震保険料控除	⑫		
寡婦、ひとり親控除	⑬～⑭		0000
勤労学生、障害者控除	⑮～⑯		0000
配偶者（特別）控除 区分1 区分2	⑰～⑱		0000
扶養控除 区分	⑲		0000
基礎控除	⑳		480000
⑨から⑳までの計	㉑		480000
雑損控除	㉒		
医療費控除 区分	㉓		
寄附金控除	㉔		48000
合計（㉑+㉒+㉓+㉔）	㉕		528000

税理士署名押印　電話番号　－　－

税金の計算

課税される所得金額（⑧－㉕）	㉖		3032000
上の㉖に対する税額	㉗		205700
配当控除	㉘		
住宅借入金等特別控除 区分 区分2	㉙		00
政党等寄附金等特別控除	㉚～㉜		40000
住宅耐震改修特別控除等 区分	㉝～㉟		
差引所得税額（㉗－㉘－㉙－㉚－㉝）	㊱		165700
災害減免額	㊲		
再差引所得税額（基準所得税額）（㊱－㊲）	㊳		165700
復興特別所得税額（㊳×2.1%）	㊴		3479
所得税及び復興特別所得税の額（㊳＋㊴）	㊵		169179
外国税額控除等 区分	㊶～㊷		
源泉徴収税額	㊸		214900
申告納税額 納める税金	㊹		00
（㊵－㊶－㊸） 還付される税金	㊺	△	45721

その他

公的年金等以外の合計所得金額	㊻		
配偶者の合計所得金額	㊼		
雑所得・一時所得の源泉徴収税額の合計額	㊽		
未納付の源泉徴収税額	㊾		
申告期限までに納付する金額	㊿		00
延納届出額	51		000

㊴・㊵・㊹又は㊺の記入をお忘れなく。

還付される税金の受取場所	銀行・金庫・組合・農協・漁協		本店・支店出張所本所・支所
郵便局名等	預金種類 普通 当座 納税準備 貯蓄		
口座番号記号番号			

整理欄	区分 異動	A B C D E F G H I J K		
	管理		L	
	補完		通信日付印 年 月 日	確認
	納税	事類 住所 検算	一連番号	

令和 02 年分の所得税及び復興特別所得税の確定申告書A

管理番号

FA2100

住　所	
フリガナ 氏　名	B

○ 所得の内訳 （所得税及び復興特別所得税の源泉徴収税額）

所得の種類	種目	給与などの支払者の 名称・所在地等	収入金額	源泉徴収税額
給与			円 5,000,000	円 214,900
		㊸源泉徴収税額の合計額		円 214,900

○ 一時所得に関する事項 （⑦）

収　入　金　額	支　出　金　額	差　引　金　額
円	円	円

○ 本人に関する事項 （⑬〜⑯）

寡婦		寡夫	勤労学生
□死別　□生死不明 □離婚　□未　帰還		□年調以外かつ □専修学校等	

○ 寄附金控除に関する事項 （㉔）

寄附先の 名　称　等	D学校法人	寄附金	円 50,000

○ 保険料控除等に関する事項 （⑨〜⑫）

	保　険　料　等　の　種　類	支払保険料等の計	うち年末調整等以外
⑨ 社 会 保 険 料 控 除		円	円
	合　　計		
⑩ 小規模企業共済等		円	円
	合　　計		
⑪ 生 命 保 険 料 控 除	新生命保険料	円	円
	旧生命保険料		
	新個人年金保険料		
	旧個人年金保険料		
	介護医療保険料		
⑫ 地震 保険 料控 除	地　震　保　険　料	円	円
	旧長期損害保険料		

○ 雑損控除に関する事項 （㉒）

損　害　の　原　因	損害年月日	損害を受けた資産の種類など
	・　・	

損害金額	円	保険金などで 補塡される 金　　額	円	差引損失額の うち災害関連 支出の金額	円

○ 特例適用条文等

措法41の18の3

○ 配偶者や親族に関する事項 （⑯〜⑲）

氏　　名	個　人　番　号	続柄	生　年　月　日	障害者	国外居住	住民税	その他
		配偶者	明・大 昭・平　・　・	障 特障	国外 年調	16 別居	調整
			明・大 昭・平・令　・　・	障 特障	国外 年調	16 別居	調整
			明・大 昭・平・令　・　・	障 特障	国外 年調	16 別居	調整
			明・大 昭・平・令　・　・	障 特障	国外 年調	16 別居	調整
			明・大 昭・平・令　・　・	障 特障	国外 年調	16 別居	調整

○ 住民税に関する事項

住 民 税	非上場株式の 少額配当等を含む 配当所得の金額	非居住者	配当割額控除額	給与、公的年金等以外の 所得に係る住民税の徴収方法		都道府県、市区町村 への寄附 （特例控除対象）	共同募金、日赤 その他の寄附	都道府県 条例指定寄附	市区町村 条例指定寄附
				特別徴収	自分で納付			150,000	150,000

上記の配偶者・親族のうち 別居の者の氏名・住所	氏 名		住 所	

一連番号

公益社団法人等寄附金特別控除額の計算明細書

氏　名＿＿＿＿＿＿B＿＿＿＿＿＿＿＿＿

　この明細書は、本年中に支出した公益社団法人等に対する寄附金で一定のもの（以下「公益社団法人等寄附金」といいます。）があり、その寄附金について公益社団法人等寄附金特別控除の適用を受ける場合に、公益社団法人等寄附金特別控除額を計算するために使用します（詳しくは、**裏面の「公益社団法人等寄附金特別控除を受けられる方へ」**を読んでください。）。

　また、本年中に入場料等払戻請求権を放棄した場合に、特定放棄払戻請求権相当額について公益社団法人等寄附金特別控除の適用を受ける場合にも使用します。

　申告書第一表の「税金の計算」欄の（特定増改築等）住宅借入金等特別控除までの記入が終わったら、まず、「**1　寄附金の区分等**」欄に必要事項を記入し、次に、「**2　公益社団法人等寄附金特別控除額の計算**」欄で公益社団法人等寄附金特別控除額の計算をします。

　なお、公益社団法人等寄附金特別控除のほか、認定ＮＰＯ法人等寄附金特別控除又は政党等寄附金特別控除の適用も受ける方は、この計算明細書の計算の次に、それぞれ順に『**認定ＮＰＯ法人等寄附金特別控除額の計算明細書**』又は『**政党等寄附金特別控除額の計算明細書**』により計算を行います。

1　寄附金の区分等

寄附金の区分等	公益社団法人等寄附金の額	①	100,000 円
	①以外の寄附金の額	②	50,000
	①　＋　②	③	150,000
所 得 金 額 の 合 計 額		④	3,560,000
④　×　40%		⑤	1,424,000

公益社団法人等寄附金の額の合計額を書いてください。特定放棄払戻請求権相当額の合計額を太線の欄に書いてください。
（公益社団法人等寄附金、特定放棄払戻請求権相当額の内訳）

寄 附 先 の 名 称	寄附年月日	金　　　　額
C学校法人	2・12・1	100,000 円
	・　・	
	・　・	

申告書第二表の「寄附金控除に関する事項」欄の寄附金の金額を転記してください。

申告書第一表の「所得金額等」欄の合計を転記してください。
(注)次の場合には、それぞれ次の金額を加算してください。
・退職所得及び山林所得がある場合……その所得金額
・ほかに申告分離課税の所得がある場合……その所得金額（特別控除前の金額）
なお、損失申告の場合には、申告書第四表（損失申告用）の「4　繰越損失を差し引く計算」欄の㉚の金額を転記してください。

2　公益社団法人等寄附金特別控除額の計算

⑤　－　②	⑥	（赤字のときは0）　　円 1,374,000
① と ⑥ の い ず れ か 少 な い 方 の 金 額	⑦	100,000
2 千 円 － ②	⑧	（赤字のときは0） 0
（ ⑦ － ⑧ ） × 40%	⑨	（100円未満の端数切捨て） 40,000
令 和 2 年 分 の 所 得 税 の 額	⑩	205,700
⑩ × 25%	⑪	（100円未満の端数切捨て） 51,400
公益社団法人等寄附金特別控除額 （⑨と⑪のいずれか少ない方の金額）	⑫	40,000

申告書A第一表は㉗の金額、**申告書B第一表**は㉛の金額を転記してください。

申告書第一表の「税金の計算」欄の政党等寄附金等特別控除（申告書Aは㉚～㉜欄、申告書Bは㉟～㊲）に転記してください。
ほかに、認定ＮＰＯ法人等寄附金特別控除又は政党等寄附金特別控除の適用を受ける場合には、『**認定ＮＰＯ法人等寄附金特別控除額の計算明細書**』の⑬の金額又は『**政党等寄附金特別控除額の計算明細書**』の⑫の金額と合計し、その合計額を申告書第一表の政党等寄附金等特別控除に記入してください。

※　肉用牛の売却による農業所得の課税の特例を受ける所得のある方は、税務署にお尋ねください。

○　この計算明細書を使った方は、**申告書第二表**の「**特例適用条文等**」欄に「措法41の18の3」と書いてください。

02.11

92. 受配者指定寄付金

> **Q** 日本私立学校振興・共済事業団を通じて行う受配者指定寄付金とは、どのようなものですか。

A 受配者指定寄付金は、私立学校の教育研究の発展に寄与するために、日本私立学校振興・共済事業団を通じて寄付者（企業等）が指定した学校法人へ寄付を行う制度で、寄付した寄付者に対して税制上の優遇措置が設けられています。

――― **解　説** ―――

受配者指定寄付金とは、企業等の寄付者が、学校法人（専修学校を設置する法人を含み、各種学校のみを設置する法人を含みません。）を指定して日本私立学校振興・共済事業団（以下「事業団」という。）に寄付をし、その寄付金を当該学校法人に配付する制度をいいます（寄付の募集期間については、期限を制限せず常時受入れが可能です）。なお、個人からの寄付金については受配者指定寄付金と同様の税の優遇措置を受けることができる制度（特定公益増進法人に対する寄付金）があるため、原則として事業団では取り扱わないものとされています。

・事業団に届け出が必要となります。

・以下の要件を全て満たす必要があります（詳細については、事業団のホームページを参照してください）。

① 広く一般に募集され、次のいずれの要件をも満たし、公益性の観点から問題がないこと。

　ａ．寄付者が当該寄付により特別な利益を受けていないこと（ただし、原則として施設・設備・寄付講座等に寄付者名を付したことで、寄付者が特別の利益を受けることには該当せず）。

　ｂ．寄付者が税制上の不当な軽減を企図したものではないこと。

c．寄付者の子弟等の入学に関するものではないこと。

②　教育の振興、その他公益の増進に寄与するための支出で、緊急を要するものに充てられることが確実であること。

③　税制上の優遇措置を必要としない者からの寄付金ではないこと。

④　すでに事業が終了している事業に充てる寄付金でないこと。

⑤　原則として、一口の寄付金額が、2,000円以上であること。

⑥　事業団が定める「対象となる寄付事業等」に掲げる事業のための寄付金であること。

・各種学校や、学校法人立でない学校（例：医療法人立、株式会社立）は対象となりません。

・金銭による寄付のみならず現物寄付も可能です。教育研究に直接必要な現物で、寄付者への直接の反対給付を図るものでなければ、受配者指定寄付金の対象となります。

・法人の場合は、支出額の全額が損金算入となります（法法37③ニ）。

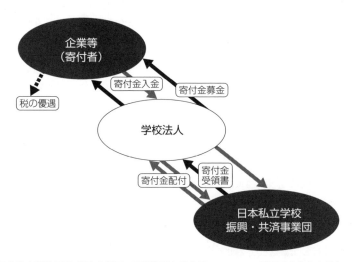

出典：日本私立学校振興・共済事業団　私学振興事業本部ホームページ「受配者指定寄付金について」

93. 受配者指定寄付金の会計処理

> **Q** 受配者指定寄付金の会計処理はどのようになりますか。

A
1. 企業から学校法人へ寄付金の入金
　受配者指定寄付金を利用する寄付金が企業から学校法人の口座に振り込まれた時、「特別寄付金」とせずに「預り金」とします。
　（借方）　現金預金　200　　（貸方）　預り金受入収入　200

2. 事業団への送金時
　事業団の口座に寄付金を振り込む時は、「預り金」の支出となります。
　（借方）　預り金支払支出　200　　（貸方）　現金預金　200
　なお、事業団が学校法人から送金された寄付金を保管している間は、事業団の資金となりますので、学校法人が配付決定の通知を受けるまでは、未配付の寄付金を決算時において、「未収入金」等のいかなる科目でも計上することができません。

3. 事業団から学校法人へ受配者指定寄付金の配付時
　受配者指定寄付金の配付を受けた時は、「特別寄付金」として処理します。なお、事業団から配付の決定通知を受理した時点で、通知日の属する会計年度の「特別寄付金」とします。
　（借方）　現金預金　200　　（貸方）　特別寄付金（収入）　200

94. 一般寄附金の優遇税制

 一般寄附金の優遇税制とはどのようなものですか。

A 1. 個人
　　寄附金控除制度（優遇措置）はありません。

　2. 法人
　　損金算入限度額

$$= \left(\begin{matrix} 期末の \\ 資本金等の額 \end{matrix} \times \frac{当期の月数}{12} \times 0.25\% + 所得金額 \times 2.5\% \right) \times \frac{1}{4}$$

（法令73①）

　法人が寄附金として支出したものであっても、法人の役員等が個人として負担すべき性格を持つ支出は、その者に対する給与となります（法基通9-4-2の2）。

95. 寄附金の損金不算入額の計算

 一般法人（Ａ株式会社）の場合の寄附金の損金不算入額の計算を法人税申告書別表十四（二）で示してください。

A 以下の前提条件に基づいて説明します。
　【前提条件】

　事業年度（自令和２年４月１日　至令和３年３月31日）

期末の資本金等の額	10,000,000円
所得金額仮計	10,000,000円
指定寄附金等の金額	60,000円
特定公益増進法人等に対する寄附金額	400,000円
その他の寄附金額（一般寄附金）	50,000円

③ 寄附金の損金算入に関する明細書

事業年度	令和 2・4・1 令和 3・3・31	法人名	A株式会社

別表十四(二) 令二・四・一以後終了事業年度分

公益法人等以外の法人の場合

			金額
一般寄附金の損金算入限度額の計算	支出した寄附金の額	指定寄附金等の金額 (41の計)	1	60,000円
		特定公益増進法人等に対する寄附金額 (42の計)	2	400,000
		その他の寄附金額	3	50,000
		計 (1)+(2)+(3)	4	510,000
		完全支配関係がある法人に対する寄附金額	5	
		計 (4)+(5)	6	510,000
	所得金額仮計 (別表四「25の①」+「26の①」)	7	10,000,000
	寄附金支出前所得金額 (6)+(7) (マイナスの場合は0)	8	10,510,000
	同上の 2.5/100 相当額	9	262,750
	期末の資本金等の額 (別表五(一)「36の④」)(マイナスの場合0)	10	10,000,000
	同上の月数換算額 (10)×12/12	11	10,000,000
	同上の 2.5/1,000 相当額	12	25,000
	一般寄附金の損金算入限度額 ((9)+(12))×1/4	13	71,937
特定公益増進法人等に対する寄附金の特別損金算入限度額の計算	寄附金支出前所得金額の 6.25/100 相当額 (8)×6.25/100	14	656,875
	期末の資本金等の額の月数換算額の 3.75/1,000 相当額 (11)×3.75/1,000	15	37,500
	特定公益増進法人等に対する寄附金の特別損金算入限度額 ((14)+(15))×1/2	16	347,187
特定公益増進法人等に対する寄附金の損金算入額 ((2)と((14)又は(16))のうち少ない金額)	17	347,187
指定寄附金等の金額 (1)	18	60,000
国外関連者に対する寄附金額及び本店等に対する内部寄附金額	19	
(4)の寄附金額のうち同上の寄附金以外の寄附金額 (4)-(19)	20	510,000
損金不算入額	同上のうち損金の額に算入されない金額 (20)-((9)又は(13))-(17)-(18)	21	30,876
	国外関連者に対する寄附金額及び本店等に対する内部寄附金額 (19)	22	
	完全支配関係がある法人に対する寄附金額 (5)	23	
	計 (21)+(22)+(23)	24	30,876

公益法人等の場合

			金額
損金算入限度額の計算	支出した寄附金の額	長期給付事業への繰入利子額	25	円
		同上以外のみなし寄附金額	26	
		その他の寄附金額	27	
		計 (25)+(26)+(27)	28	
	所得金額仮計 (別表四「25の①」)	29	
	寄附金支出前所得金額 (28)+(29) (マイナスの場合は0)	30	
	同上の □/100 相当額 (50/100相当額が年200万円に満たない場合(当該法人が公益社団法人又は公益財団法人である場合を除く。)は、年200万円)	31	
	公益社団法人又は公益財団法人の公益法人特別限度額 (別表十四(二)付表「3」)	32	
	長期給付事業を行う共済組合等の損金算入限度額 ((25)と損金額の年5.5%相当額のうち少ない金額)	33	
	損金算入限度額 (31)、((31)と(32)のうち多い金額)又は((31)と(33)のうち多い金額)	34	
	指定寄附金等の金額 (41の計)	35	
損金不算入額	国外関連者に対する寄附金額及び完全支配関係がある法人に対する寄附金額	36	
	(28)の寄附金のうち同上の寄附金以外の寄附金額 (28)-(36)	37	
	同上のうち損金の額に算入されない金額 (37)-(34)-(35)	38	
	国外関連者に対する寄附金額及び完全支配関係がある法人に対する寄附金額 (36)	39	
	計 (38)+(39)	40	

指定寄附金等に関する明細

寄附した日	寄附先	告示番号	寄附金の使途	寄附金額 41
・ ・				60,000円
計				60,000

特定公益増進法人若しくは認定特定非営利活動法人等に対する寄附金又は認定特定公益信託に対する支出金の明細

寄附した日又は支出した日	寄附先又は受託者	所在地	寄附金の使途又は認定特定公益信託の名称	寄附金額又は支出金額 42
・ ・				400,000円
計				400,000

その他の寄附金のうち特定公益信託(認定特定公益信託を除く。)に対する支出金の明細

支出した日	受託者	所在地	特定公益信託の名称	支出金額
・ ・				円

96. 個人が学校法人に対して行う財産の寄附

Q 個人から学校法人に対して行われる財産の寄附に関する課税関係及び特例とはどのようなものでしょうか。

A 個人が学校法人に対して、譲渡所得の基因となる資産（土地、建物、美術品、株式、著作権など）を現物寄附した場合、時価により譲渡があったものとみなされ、財産の取得時から寄附時までの値上がり益に対して所得税が課税されます（所法59①）。

ただし、その寄附について国税庁長官の承認を受けたものは、譲渡所得がなかったものとみなされ、非課税とする制度が設けられています（措法40）。

解　説

1．みなし譲渡所得課税

土地や建物をはじめとする資産を譲渡する場合、その資産を取得した時の価額から現在の価額への値上がり益（譲渡所得）に所得税が課税されます。これは、資産を保有している間にその資産が値上がりした場合に本来かかるべき税金を、所有者が譲渡する機会を捉えて課税するものです。

売買等の取引によって資産が移転した場合に課されるのが通常ですが、法人に対する贈与等については、譲渡所得があったものとみなされて課税されることから「みなし譲渡所得課税」と呼ばれます。

2．国税庁長官の承認を受けた寄附の非課税制度

国税庁長官の承認を受けた寄附については、1のみなし譲渡所得課税が適用されず、非課税とされます（措法40①）。国税庁長官の承認を受けるためには、次の全ての要件を満たす寄附であることが必要です（一般特例）。

(1) 寄附が教育又は科学の振興、文化の向上、社会福祉への貢献その他公益の増進に著しく寄与すること。

(2) 寄附財産が、その寄附日から2年以内に寄附を受けた法人の公益を目

的とする事業の用に直接供され、又は供される見込であること。

⑶　寄附により寄附した人の所得税の負担を不当に減少させ、又は寄附した人の親族その他これらの人と特別の関係がある人の相続税や贈与税の負担を不当に減少させる結果とならないこと。

　上記の一般特例の他に、承認特例対象法人に財産を寄附した場合の譲渡所得等の非課税の特例（承認特例）があります。これは、承認特例対象法人に財産を寄附した場合に、寄附をした人が寄附を受けた承認特例対象法人の役員等に該当しないことなどの要件を満たすものとして非課税承認を受けたときは、この寄附に対する所得税を非課税とする制度です（措令25の17⑦〜25の17⑧）。

　承認までに比較的長期間を要する一般特例に対し、承認特例の場合は申請書を提出した日から１か月（寄附財産が株式等である場合には３か月）以内にその申請について非課税承認がなかったとき、又は承認しないことの決定がなかったときは、その申請について非課税承認があったものとみなされます。

　承認特例の対象となる学校法人は、私立学校振興助成法第14条第１項に規定する学校法人で同項に規定する文部科学大臣の定める基準（学校法人会計基準）に従い会計処理を行う学校法人です。以前は私立大学のみが対象でしたが、平成29年度税制改正において対象が広げられ、高等学校以下の学校のみを設置する都道府県知事所轄学校法人についても承認特例が認められることとなりました。

　承認特例に係る非課税承認を受けるためには、承認特例対象法人に対する財産の寄附で、その寄附について次の①から③までに掲げる全ての要件を満たすことが必要です（措令25の17⑦、措規18の19⑦）。

①　寄附をした人が寄附を受けた承認特例対象法人の役員及びこれらの人と親族等に該当しないこと

②　寄附財産が、寄附を受けた法人の財政基盤の強化を図るために、学校

法人会計基準第30 条第1項第一号から第三号までに掲げる金額に相当する金額を同項に規定する基本金に組み入れる方法により管理されていること

③　寄附を受けた承認特例の対象となる学校法人の理事会その他これに準ずる機関において、寄附の申出を受け入れること及びその寄附を受けた財産について基本金に組み入れる方法により管理することが決定されていること

　非課税の承認を受けるためには、原則として寄附の日から4か月以内に「租税特別措置法第40条の規定による承認申請書」（以下「承認申請書」）及び必要な添付書類を寄附者の所轄税務署に提出します。

　提出する申請書は次のとおりです。

一般特例の場合

1．承認申請書第1表から第17表（うち第11表から第16表までは受贈法人が行っている公益目的事業ごとにそれぞれ該当する様式を使用。学校法人等用は第11表）

2．承認申請書及び添付書類の記載事項が事実に相違ない旨の確認書

3．承認申請書添付書類チェックシート

4．上記承認申請書各表における必要な書類

承認特例の場合

1．承認申請書第1表から第3表（承認特例用）、第5表、第6表

2．承認申請書及び添付書類の記載事項が事実に相違ない旨の確認書

3．贈与又は遺贈をした者が法人の役員等及び社員並びにこれらの者の親族等に該当しない旨の誓約書、贈与又は遺贈をした者が法人の役員等及び社員並びにこれらの者の親族等に該当しないことを確認した旨の証明書

4．寄附を受けた承認特例対象法人から交付を受けた次の書類

  A 寄附を受けた承認特例対象法人の理事会等において、上記承認要件の③に掲げる決定をした旨及びその決定をした事項の記載のある議事録その他これに相当する書類の写し

  B Aの決定に係る財産の種類、所在地、数量、価額などの事項を記載した書類

5．上記承認申請書各表における必要な書類

・この特例の適用を受けた場合、譲渡所得（値上がり益）分の価額については寄附金控除は受けられません。贈与等を行った財産の取得費が寄附金控除の対象となります（措法40⑭）。

 取得費がわからない場合、所得税の譲渡所得の取扱いに準じた取扱いとなると考えられます。所得税法上、取得費が不明の場合の譲渡所得は売却価額の5％を取得費相当額とすることができますが（措法31の4、措通31の4-1）、この取扱いに準じますと譲渡資産の時価の95％が値上がり益としてみなし譲渡課税の対象となりますので、残額である取得費相当額5％が寄附金控除の対象となります。国税庁長官から非課税承認の取消しがあった場合、寄附した人又は受贈法人（学校法人を個人とみなす）に対して、原則として、非課税承認の取り消された日の属する年の所得として所得税が課税されます。この場合、寄附した人の寄附金控除は、譲渡益相当額を含めた時価全額が寄附金控除の適用対象額になります。

・平成30年4月1日以後にされる財産の贈与又は遺贈について、承認特例の対象資産から株式等（株式、一定の法人の出資者等の持分、一定の優先出資、特定受益証券発行信託の受益権、社債的受益権、新株予約権付社債及び一定の匿名組合契約の出資の持分をいいます。）を除外する要件が撤廃されました。

・国税庁長官の承認につき必要な手続・要件等の記載については国税庁ホームページにて解説されています。承認申請書の記載については同ホームページより『「租税特別措置法第40条の規定による承認申請書」の記載のし

かた』がダウンロードできますので参照してください。

97. 公益法人等に財産を寄附した場合の譲渡所得等の非課税の特例

 Q 財産の寄附について、寄附された財産を譲渡する場合でも非課税承認が継続される特例とはどのようなものでしょうか。

A 「買換特例」と「特定買換資産の特例」（平成30年創設）の二つの非課税特例が設けられています。

──────── **解　説** ────────

Q96にて、個人が学校法人に対して行う財産の寄附に関するみなし譲渡所得課税と、国税庁長官の承認を受けた場合にはこれが非課税となる制度について解説しました。

非課税の要件には、寄附財産をそのまま利用し公益目的事業に利用することが挙げられていますので、寄附財産を譲渡してしまうとこの要件を満たさなくなるため非課税承認が取り消されてしまいます。

租税特別措置法第40条では、寄附財産を譲渡する場合でも非課税承認が継続できる制度を定めています。

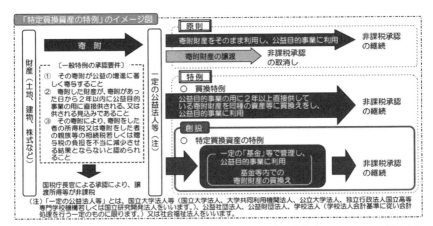

「公益法人等に財産を寄附した場合の譲渡所得の非課税の特例」の税制改正のあらまし（平成30年
4月　国税庁リーフレット）
https://www.nta.go.jp/publication/pamph/pdf/h30kouekihoujin_01.pdf

1．買換特例（措法40⑤）

　公益目的事業の用に2年以上直接供している寄附財産を同種の資産等に買
換えをし、公益目的事業に利用する場合に非課税承認が継続する制度です。
　買換特例の適用条件は以下のとおりです。

(1)　譲渡する寄附財産が、学校法人の公益目的事業の用に2年以上直接供
　　しているものであること

(2)　買換資産は、譲渡による収入金額の全部に相当する金額をもって取得
　　する、公益目的事業の用に供することができる譲渡財産と同種の資産、
　　土地及び土地の上に存する権利であること

(3)　買換資産を、譲渡の日の翌日から1年を経過する日までの期間内に公
　　益目的事業の用に直接供すること

(4)　非課税承認に係る学校法人が、譲渡の日の前日までに、譲渡の日など
　　の事項を記載した届出書を所轄税務署長に提出すること

2．特定買換資産の特例（措法40⑤二）

　非課税承認に係る贈与等を受けた学校法人が、一定の要件を満たして取得

した特定買換資産については、その贈与等を受けた財産と同様に取り扱われる代替資産の範囲に含まれ、その特定買換資産を学校法人会計基準の基本金に組み入れる方法により管理することにより、引き続き本非課税制度の適用を受けることができることとされました。

買換特例については、前述のとおりその公益目的事業の用に2年以上直接供していることが要件とされており、①寄附を受け入れる側において検討に時間を要し、その間に寄附者が申出を取り下げたり、申出者が亡くなり寄附を取りやめたりすること、②原則として寄附された株式の配当金を当該年度中に全額費消（例えば、奨学金に充てること。）されなければ承認取消し事由に該当することから、寄附の受け入れを断念する、等の事例がありました。また買換資産の特例は買換資産がその財産と同種の資産、土地及び土地の上に存する権利に限られていますが、特例の適用を受けた株式を他の資産に買い換えることを認めてほしいという声もありました。

このようなニーズに応え、寄附された財産を公益目的の事業に一層柔軟に活用できるようにする観点から、特定買換資産の特例が設けられました。

特定買換資産とは、承認特例を活用せずに租税特別措置法第40条第1項後段に係る国税庁長官の承認を受けた財産で基本金として管理しているもの（譲渡財産）を譲渡した場合において、当該譲渡による収入金額の全部に相当する金額をもって取得した当該財産に代わるべき資産として取得した資産について、学校法人が当該資産を基本金として管理することを理事会において決定し、その取得した資産を引き続き基本金として管理する場合の、当該取得した資産をいいます。

特定買換資産の特例の適用要件は次のとおりです。

① 学校法人会計基準に従い会計処理を行う学校法人であること

② 寄附を受けた法人の財政基盤又は経営基盤の強化を図るために、学校法人会計基準第30条第1項第一号から第三号までに掲げる金額に相当する金額を基本金に組み入れる方法により管理している寄附財産を譲渡したこと

③ 上記②の譲渡による収入金額の全部に相当する金額をもって買換資産
を取得し、これを上記②の方法で管理すること

④ 非課税承認に係る学校法人が、上記②の譲渡の日の前日までに、寄附
財産の上記②の管理方法などの一定の事項を記載した届出書及び譲渡財
産が上記②の方法で管理されたことを確認できる書類の写しを所轄税務
署長に提出すること

98. 個人からの相続財産の寄附

> **Q** 個人の相続財産の寄附とはどのようなものですか。

 親族の死亡により財産を取得した人や、親族以外の人の遺言により財
産を取得した人で、相続税法に定められた要件に当てはまる場合のみ、
相続税が課税されますが、財産取得者が相続税の申告期限までに学校法人
に対して贈与（寄附）をした場合、その贈与（寄附）した財産の価額は、
相続税の課税価格から除外され、非課税となります（措法70①）。

───────────── **解　説** ─────────────

1. 学校法人への贈与（寄附）が相続税の課税価格から除外されるためには、
次の要件全てに当てはまることが必要です。
  (1) 寄附した財産は、相続や遺贈によって取得した財産であること
  (2) 相続財産を相続税の申告期限までに寄附すること
  (3) 寄附した先が国や地方公共団体又は教育や科学の振興などに貢献する
    ことが著しいと認められる特定の公益を目的とする事業を行う特定の法
    人であること
    ・特例の適用にあたっては、相続税の申告書に寄附又は支出した財産の
    明細書や一定の証明書類を添付することが必要です。相続税の申告書

の第14表が寄附又は支出した財産の明細書になっています。所定の手続については、国税庁ホームページを参照してください。また、寄附した財産が譲渡所得の基因となる財産の場合、「租税特別措置法第40条の規定による承認申請書」を所轄税務署に提出します。

・この寄附によって寄附者本人やその親族等にかかる相続税や贈与税が結果的に不当に軽くなっていると認められる場合や、寄附のあった日から2年を経過した日までに、当該財産を受けた学校法人の公益を目的とする事業の用に供されないか、又は供される見込みでない場合を除きます。

2．贈与する資産が株式であった場合について、贈与の2年後までの間に配当を受けたことがない場合には公益を目的とする事業の用に供されていない場合に該当し相続税の非課税特例の適用を否認するという判例が出ています。

判例を一部抜粋しますと、「措置法第70条第1項及び第2項の規定は、相続又は遺贈によって取得された財産に対し、相続税が課されない例外を加えるものと解される。その立法趣旨は、公益目的を持つ法人で、教育又は科学の振興等に著しく貢献するものに対する寄附を促進し、もって我が国における教育又は科学の振興を図ろうとするところにある。したがって、そのような立法趣旨を実現することができない場合には、非課税とする理由はなく、原則に戻って相続税を課すべきである。

相続税の課税原則、一定財産に対する非課税制度の趣旨・目的、措置法第70条第1項及び第2項の内容、構造等にかんがみると、措置法第70条第2項にいう「公益を目的とする事業の用に供していない場合」とは、租税回避行為のほか、当該贈与の対象となった財産をその性格にしたがって当該事業の用に供するために実際に収益処分していない場合をいうものと解するのが正当である。

本件の場合、財団法人Aは、平成6年11月16日に本件寄附を受けたが、その後2年間を経過した日まで本件株式について配当を受けたことがない

ほか、これを使用収益処分したことがないものと認められる。したがって、措置法第70条第1項にいう公益を目的とする財団法人Aが「当該贈与により取得した財産（本件株式）を同日において、なお公益を目的とする事業の用に供していない」と認められる。（京都地裁平成12年11月17日判決（平成11年（行ウ）第18号）、大阪高裁平成13年11月1日判決（平成12年（行コ）第111号））」とされています。

　株式を贈与する場合には、贈与対象株式銘柄の配当状況を確かめておく必要があります。

99. 個人住民税の寄附金控除

> **Q** 個人住民税の寄附金税制（地法37の2、地法314の7）とはどのようなものですか。

 学校法人に対する寄附金で、都道府県・市区町村が条例により指定したものについては、寄附金を支出した翌年度に個人住民税において寄附金税額控除を受けることができます。

──────── **解　説** ────────

　所得税の控除対象寄附金のうち、都道府県・市区町村が条例により指定した寄附金が対象となります（したがって、必ず控除となるとは限りません）。

・所得税の確定申告をすれば、住民税の申告は不要です。

　　　控除額 ＝（寄附金[※1] － 2千円）× 10%[※2]

・寄附した個人の住所地の都道府県が指定した寄附金→4％

・寄附した個人の住所地の市区町村が指定した寄附金→6％

　（寄附した個人の住所地の都道府県と市区町村双方が指定した寄附金→10％）

（注）　平成30年度分以後の個人住民税において、指定都市に住所を有する者は、次の率により算出

・寄附した個人の住所地の都道府県が指定した寄附金→2％
・寄附した個人の住所地の市区町村が指定した寄附金→8％
（寄附した個人の住所地の都道府県と市区町村双方が指定した寄附金→10％）

（※1）　総所得金額等の30％を限度
（※2）　条例で指定する寄附金の場合、次の率により算出

巻末付録

裁決事例・判例集

※事例によりTAINS（日税連税法データベース）の検索コードを概要
の後に付しているので、TAINSに会員登録している方はぜひご活用
ください。

※枠囲いにしている事例は、国税不服審判所のホームページより転載
しています。

　本書の利用者の研究並びに実務において参考になると思われる国税不服審判所の裁決例及び裁判例を巻末付録として収録しました。

　なお、裁決・判決は、争点が同一あるいは類似する事件であっても、それぞれの事件においてどのような事実関係が生じていたか、それらが裁判所においてどう判断されたかについては必ずしも一様ではありません。ここに掲げるものは利用者の便を考慮し、その概要を簡潔にまとめた、言わば「検索用」とも言えるものですので、研究や実務において利用される場合は、国税不服審判所並びに裁判所のホームページ等で、必ず裁決全文・判決全文を確認してください。

　また、利用者の検索作業の便を考慮し、出典元の掲載様式や文体、文章構成について可能な限り原文で収録することとしました。そのため、出典元及び掲載時期等の違いによって収録事例の様式等が異なることをあらかじめご了承ください。

①　【法人税：スクールバスの運行事業】

支部名	関東信越	裁決年月日	平161104	裁決結果	棄却
争　点	公益法人の収益事業（運送業）の範囲				
裁決要旨					

　本件スクールバスの運行は、利用料金を徴収して、原則として請求人の運営する学校の学生及び生徒等を輸送するためのものであると認められるところ、本件バスの利用料金は、運営費用として受託先に支払う費用を前提として、学生及び生徒等の利用状況から採算が取れるような見込みの下に設定されるようなものではなく、本件バスの運行に係る収支が支出超過の状況であるにもかかわらず、利用料金を値下げするなど、利用する学生及び生徒の利便性などを考慮して、一般路線バスの価額よりも低額になるように設定され、請求人は学校全体のイメージを優先させて料金を設定しており採算性を考慮していないことが認められる。そして、本件バスの運

行に係る収支は、本件バスの運行を開始して以来、大幅な支出超過の状況が続いており、本件バスの運行に係る支出超過分は学校会計から補てんすることを予定しているものと認めざるを得ない。そうすると、本件バスの運行は、請求人の学校教育活動と密接に関連し、あるいは付随して行われているものと認められ、非収益事業からの一種の補助金の受領を前提として行われているものであるから、独立した事業としての実態を有しているものとは認められず、非収益事業である学校教育活動の一部を構成しているものと認められることから法人税法第2条第13号に規定する収益事業に該当しないと認めるのが相当である。

② 【法人税：不動産貸付業の未収賃料】

支部名	大阪	裁決年月日	平110708	裁決結果	棄却
争　点	賃貸料等収入の益金の額の範囲及び計算				
裁決要旨					

　請求人は、幼稚園等の私立学校を経営するほか不動産貸付業を営む学校法人であるが、A法人との間で、請求人が所有する土地をA法人が営む保育園等の事業用地として賃貸する旨の土地賃貸借契約を締結し、その未収賃料（以下「本件賃料」という。）を請求しているのであるから、本件賃料は、その支払期日の属する事業年度の益金の額に算入すべきである。また、A法人が本件賃料の支払を拒否する理由として、上記契約による賃料の減額を請求しているとしても、請求日が平成10年1月30日であるから、本件賃料の額に影響するものではない。なお、請求人は、本件事業年度の収益事業に係る確定決算において、本件賃料の額を収益事業以外の事業に支出したとする経理をしていなかったのであるから、原処分庁がこれを法法第37条第4項に規定する「みなし寄附金」の額として、所得金額を計算したのは誤りであり、当審判所において、所得金額及び納付すべき税額を

計算したところ、いずれも更正処分の額を上回ることとなるから、原処分は適法である。

③ 【法人税：他の学校法人の行う講習会等への施設の貸し付け】

支部名	不明	裁決年月日	平021121	裁決結果	棄却
争　点	公益法人の収益事業（席貸業）の範囲				

裁決要旨

　収益事業から除外されるべきものとして法人税法施行令第5条第1項第14号ロ(3)に規定する「学校法人等がその主たる目的とする業務に関連して行う席貸業」とは、専ら学生、生徒や教職員が自ら行う教育、研究、研修等、あるいは、地域住民等が自ら行う社会教育、スポーツ、文化活動等に使用される場合のように、本来の公益的活動を支援し、推進するための席貸業をいうものと解すべきであって、学校法人等がその所有する講堂、体育館等の施設をその所有目的に沿って使用するために行う席貸業であっても、その施設を使用して営利事業その他の事業活動を行うためのものは、ここにいう収益事業たる席貸業から除かれるものには該当しないものと解すべきである。

　請求人は、他の学校法人が行う講習会等のためにその所有する施設を貸し付けて対価を得ているところ、当該他の学校法人が行う講習会等の業務は収益事業を含む事業活動として行われるものであるから、その貸付けは、収益事業たる席貸業から除外されるものには該当しない。

④ 【法人税：学校法人の収益事業の範囲】

平成21年3月19日判決　　　　　【税務訴訟資料　第259号−50（順号11163）】
　　　　　　　　　　　　　　　　　　　　　　【税務大学校ホームページ】

判　示　事　項

(1)　法人税法2条13号は、「収益事業とは、販売業、製造業その他の政令で
　定める事業で、継続して事業場を設けて営まれるものをいう」として、課
　税の対象となる収益事業を具体的に定めることを政令に委任している。原
　告（学校法人）は、収益事業の内容は法律によって定められることを要し、
　これを政令に委任している法人税法2条13号は憲法29条及び84条に違反す
　ると主張する。

(2)　しかし、法人税法2条13号は、「収益事業」の意義について、「販売業、
　製造業」を示した上で、その他の事業の内容を具体的に規定することを政
　令に委任するものであるから、委任の目的等は限定されている。そして、
　収益事業の文理及び収益事業に課税する目的からすれば、「収益事業」は、
　収益を上げる事業のうち、公益法人以外の法人でも行うことができる事業
　で、これらの法人の事業と競合するものに限られることは明らかである。
　したがって、同法2条13号は、政令に対する委任の目的、内容、程度等を
　限定し、委任の範囲を明らかにしていると解されるから、租税法律主義に
　反するものではなく、憲法29条及び84条に違反するとはいえない。

(3)　原告が行う本件各事業のうち、食堂等賃貸借契約、電柱敷地賃貸借契約
　及び基地局敷地賃貸借契約が不動産貸付業に、自動販売機設置契約及びポ
　ロシャツ販売契約が仲立業に、保険金集金事務委託契約が請負業（事務処
　理の委託を受ける業を含む）に、それぞれ該当することは明らかである。

(4)　「継続して事業場を設けて営」む（法人税法2条13号）との要件は、臨
　時的、一時的にのみ行われる事業を収益事業から除外する趣旨で定められ
　ていると解される。そうすると、「事業場を設け」るとは、その事業の拠
　点となる物的施設を設けていることをいい、当該収益事業のために特別に
　物的施設を設けることを要するものではなく、公益事業を行っている施設

300

を収益事業の拠点として使用していれば、当該施設の設置をもって、「継続して事業場を設けて営」むとの要件を充たすものと解すべきである。

⑸　原告は、C高校、B中学・高校の校舎等の施設を有しているところ、本件各事業に係る事務等は、これらの校舎等において行われているものであるから、原告は、本件各事業を、「事業場を設け」て営んでいるというべきである。

⑹　被告は、原告が収益事業から生じる所得の経理を、収益事業以外の事業（教育事業）から生じる所得に関する経理と区分していなかったことから、収益事業から生じる損金（費用）の一部について、推計する方法をとっている。原告は、収益事業による収入に、収入全体に占める人件費比率を乗じることにより算出するのが合理的であると主張する。しかし、人件費全体の額が約20億円であるのに対し、教員人件費が15億円余であり、人件費比率を収益事業の経費の算定に用いることは不合理である。

⑺　被告は、収益事業に係る収入金額から、収益事業の直接経費及び間接経費を差し引いた金額、すなわち収益事業による利益の全てを寄附金とみなし、損金不算入額については、法人税法37条3項及び同法施行令73条1項3号イに定めるところにより計算しており、本件各決定処分における寄附金額の算定に違法は認められない。

⑻　調査官が、原告に収益事業による収入があることを発見したのは、所得税の源泉徴収に関する調査を行っている際、その調査に伴って当然調査すべき帳簿を閲読し、その過程において発見したものと認められる。したがって、調査官が、法人税の調査を行う意図を有しながら、これを秘し、所得税の源泉徴収には関係のない帳簿を見て収益事業の有無を調査したとは認められない。

判決年月日　H21-03-19

国税庁訴資　Z259-11163（TAINS検索コード）

⑤ 【法人税：みなし寄附金の認定】

みなし寄附金の支出は単なる振替処理では認められず、収益事業から公益事業への区分経理をする必要があるとされた事例（平8．4．1～9．3．31事業年度法人税に係る更正処分等・棄却・平12-03-07裁決）

【裁決事例集第59集143頁】

〔裁決の要旨〕

法人税法第37条第4項に規定するいわゆるみなし寄附金の場合、収益事業から公益事業への資産の支出とは、現に収益事業に属する資産を公益事業に支出してこれにつき明確に区分経理をし、かつ、その資産がその公益法人等の本来の事業のための資金として使用されることをいうものと解されるから、収益事業から公益事業へ資産を支出したとしても、直ちにその支出した資産の額に相当する金額を元入金として公益事業から収益事業に受け入れた場合には、法人税法第37条第4項にいう支出には当たらず、また、これにつき明確に区分したことにはならないから、本件における当該収益事業から公益事業への支出額（公益事業から収益事業への元入金）は、みなし寄附金には該当しない。

裁決年月日　H12-03-07

裁決事例集　J59-3-14（TAINS検索コード）

⑥ 【法人税：徴収権の消滅時効／偽りその他不正の行為】

審査請求人の元理事長の普通預金口座に振り込まれた金員は、退職金及び旅費交通費とは認められず元理事長に対する給与に該当するが、審査請求人がその金員を退職金及び旅費交通費としたことにつき、「偽りその他不正の行為」であるとまではいえないとして、納税告知処分等が取り消された事例（平成21年7月7日付でされた平成15年6月分の源泉徴収に係る所得税の納税告知処分及び重加算税の賦課決定処分・全部取消し・平22-12-17裁決）

【関裁（諸）平22-38】

【情報公開法第9条第1項による開示情報】

〔裁決の要旨〕

(1) 審査請求人の元理事長は、本件第一金員（退職金）を利得した平成15年
　6月30日時点において請求人の理事長として登記されており、同日時点で
　既に校長職を退職し、平成15年6月30日前後を通じて実質的な経営判断を
　元理事長の息子に一任していたことが推認できること等からすると、同日
　を境に元理事長が請求人を退職した事実はなかったと認められる。そうす
　ると、本件第一金員は、元理事長が請求人の理事長の地位にあったことを
　理由に支払われたというべきである。よって、本件第一金員は、役員とし
　ての役務を提供する地位に基づき支給されたものといえるから、給与の支
　払に当たるというべきである。

(2) 請求人は、本件第二金員を平成15年6月30日に請求人が元理事長名義の
　普通預金口座に振り込むとともにこれを旅費交通費として支出したと認め
　られるところ、本件第二金員が旅費交通費に当たると認めるに足りる証拠
　はなく、本件第二金員の支払もまた、本件第一金員と同様に給与の支払に
　当たるというべきである。

(3) 通則法第72条第1項は、国税の徴収権は、その法定納期限から5年間行
　使しないことによって、時効により消滅する旨規定し、他方、通則法第73
　条3項では偽りその他不正の行為によりその全部又は一部の税額を免れた
　国税に係るものの時効は、その国税の法定納期限から2年間は進行しない
　旨規定しているところ、ここでいう偽りその他不正の行為とは、税の賦課
　を不能又は著しく困難ならしめるような何らかの偽計その他の工作を行う
　ことをいい、納税者が名義の仮装、二重帳簿の作成等の不正の行為をし、
　正当に納付すべき税額を免れたときなどがこれに当たり、「偽りその他不
　正の行為」の典型的なものが「隠ぺい仮装」であると解される。

(4) 請求人は、税知識の欠如により、元理事長が実質的に請求人の経営から
　退いていたこと、及び、校長という学校法人における一つの重要な役職か
　ら退くことをもって元理事長の退職があったものと誤認して本件第一金員
　を退職金と認識し、退職所得の受給に関する申告書の提出を行ったものと

認められ、ほかに、請求人が、税の賦課を不能又は著しく困難ならしめる
ような何らかの偽計その他の工作を行ったことを裏付ける証拠はない。し
たがって、請求人が本件第一金員を退職金としていたことは、本件第一金
員の評価を誤ったに過ぎず、これを偽りその他不正の行為であるとまでい
うことはできない。

(5)　元理事長の出張の事実の有無を確認することのできる証拠はないのであ
るから、本件第二金員を旅費交通費として総勘定元帳に計上したからとい
って、その行為が税の賦課を不能又は著しく困難ならしめるような何らか
の偽計その他の工作であるとまでいうことはできず、当審判所の調査の結
果認定できる全ての事実によっても、請求人において、旅費交通費である
ことを証する原始記録を破棄した、又は、元理事長が出張した事実を作出
したなどの行為まで推認することはできないところ、ほかに偽りその他不
正の行為があったと認めるに足りる証拠もない。したがって、本件第二金
員について、偽りその他不正の行為があったと認めるに足る証拠はない。

(6)　本件納税告知処分の基礎とすべき給与の支給については、いずれも、請
求人に偽りその他不正の行為があったということはできず、本件において
通則法第73条第3項は適用されないというべきであるから、本件納税告知
処分は、通則法第72条第1項の徴収権を超えてなされた違法な処分であり、
取り消されるべきである。

(7)　本件納税告知処分は、上記のとおりその全部を取り消すべきであるから、
これに伴って本件重加算税賦課決定処分についてもその全部を取り消すべ
きである。

裁決年月日　H22-12-17

コード番号　F0-2-391（TAINS検索コード）

⑦　【法人税：製薬会社から学校法人への寄附金】

東京地方裁判所平成8年（行ウ）第41号法人税更正処分等取消請求事件
（一部取消し）

（控訴）

国側当事者・板橋税務署長

平成15年5月15日判決　　　【税務訴訟資料　第253号　順号9343】

【訟務月報51巻7号1926頁】

【収益事業／治験等に係る役務提供の対価】

判　示　事　項

(1)　学校法人である原告法人が、製薬会社等から受領した奨学寄附金等の寄附金は、原告法人において会計処理上、一貫して寄附金として扱われ、製薬会社等との間の寄附の合意に基づき、寄附金であるという認識の下に金員の授受が行われているのであるから、治験等の役務提供の対価ではなく、全て純粋な寄附に当たるとの原告法人の主張が、個々の寄附金の支払が治験等の対価の性格を有すか否かは、いかなる名目で支払われたかという形式的な面だけではなく、当該金員が支払われた諸般の事情を総合考慮して判断することが相当というべきであり、前記寄附金の中には、治験等に係る役務提供の対価として支払われた金員が存在するとして排斥された事例

(2)　営利企業である製薬会社等は、治験等の対価として寄附を行うのであれば経済的合理性が認められるのであり、治験等の依頼とは無関係と認めるに足りる特段の事情がない限り、治験等に係る役務提供の対価と推認されるとの課税庁の主張が、多数の製薬会社等が、原告法人に対し、反復して多額の奨学寄附金を支払っていることからすれば、これを何らの対価性のない無償の金員の交付と見ることには、経済的合理性の観点から疑問の余地がないとはいえないが、本件寄附金の中には、治験等との直接的な関連性が窺われない寄附金も存在しており、特定の教授への祝金や、診療材料又は診療機器の使用に対する返礼の趣旨で寄附が行われるなど、治験等の対価以外の趣旨で寄附が行われることについて、合理的な理由が認められる場合があることにも照らせば、課税庁主張のように、製薬会社等から原告法人に対し、奨学寄附金の名目で金員が支払われたということから、直ちに当該金員が治験等に係る役務提供の対価であることが推認されるとま

でいうことは相当ではないとして排斥された事例

(3) 収益事業における「請負業」の意義

(4) 医療機関が製薬会社等の委託を受けて治験を実施し、その役務提供の対価を収受する場合、医療機関が行うこのような治験に係る行為は、法人税法施行令5条1項10号に規定する請負業に該当するものと解するのが相当であるとされた事例

(5) 医療機関等が、製薬会社等から新薬等の開発過程で必要とされる研究や情報の提供等の委託を受けて、これらの委託に係る役務を提供し、その対価を収受する場合、医療機関等が行うこのような委託研究等に係る行為も、法人税法施行令5条1項10号に規定する請負業に該当するというべきであるとされた事例

(6) 製薬会社の委託に基づいて行う治験は、患者に対する医療行為と製薬会社等に対する結果報告とが一体となったものであって両者は不可分であり、その性格は医療行為であるとして、治験の対価としての金員の授受を、医療行為の対価として捉えるべきであるとの原告法人の主張が、治験においては、医療機関が、患者に対する医療行為の対価として、患者又は保険から代金を収受しているのとは別に、治験の実施に係る契約に基づいて、臨床試験を実施し、その試験結果を収集、整理して提供する対価として、製薬会社等から金員を収受しているのであるから、両者を区別することは可能であり、製薬会社等から支払われた金員を医療行為の対価と解することはできないとして排斥された事例

(7) 治験に係る経費認容額の計算においては、薬品費及び給食材料費の医療経費を含めるべきであるとの原告法人の主張が、薬品費や給食材料費は、疾病の治療に際し、治験を実施するか否かにかかわらず支出するものであるから、治験収入の経費から除外することが合理的であるとして排斥された事例

(8) 原告法人は、出入業者に対し、コンタクトレンズを必要とする患者を紹介することにより、コンタクトレンズの注文のあっせんを行い、その手数

料という趣旨で、奨学寄附金の名目で金員を受領していたものと認めることができるから、原告法人が行った上記の行為は、法人税法施行令 5 条 1 項19号に規定する仲立業に該当するとされた事例

(9)　原告法人の貸付金に係る未収利息について、貸付先が債務超過に陥っていること、その他相当の理由により当該事業年度の益金の額に算入しなかったものであるとの原告法人の主張が、本件貸付先に上記の事由に該当する具体的な事実を認めるに足る証拠はないとして排斥された事例

(10)　原告法人が、「本件土地を賃貸していることを認める」との陳述後、この自白は真実に反し、錯誤に基づくものであるからこれを撤回するとの原告法人の主張が、証拠及び弁論の全趣旨によれば、原告法人の自白が真実に反するものと認めることはできず、原告法人の本件土地賃貸の自白の撤回は認められないとして排斥された事例

判決年月日　H15-05-15　（H16-03-30）

国税庁訴資　Z253-9343　（Z254-9615）（TAINS検索コード）

⑧　【法人税：収益事業に属する資産のうちから公益事業のために支出した金額】

東京地裁昭和31年（行）第25号審査決定取消請求事件

昭和34年 6 月18日判決

【裁判所ホームページ】

争点及び判決要旨

　渋谷税務署長が行った、学校法人である原告の収益事業が公益事業に支出した版権使用料及び借室料を寄附金とみなして損金不算入額に計上した再更正及び更正処分に対して被告に各審査の請求をしたところ、被告は右審査請求を棄却したため、原告がその取消を求めたものであり、公益法人が収益事業に属する資産のうちから公益事業のために支出した金額は全て法人税法第 9 条第 4 項の規定により寄附金とみなされるかについて争われた事件である。

法人税法第5条第2項の規定は、法人税法上の目的にかんがみ、公益法人という一個の企業体の事業所得に関してこれを収益事業と公益事業とに区分するというにとどまる。右経理の区分に伴い、おのずから収益事業に属する資産と公益事業に属する資産とが存在するわけであるが、資産又はその処分の主体とてしては当該公益法人一個が存在するのみであり、法人税法が経理を区分するよう定めたからといって、公益事業と収益事業との部門が独立した別個の企業体としての地位を認めたとは考えられないのであるから、収益事業と公益事業との間に相互に資産の移動があっても、それは賃借その他の取引をもって目すべきものがあったとみる余地はない。

　そこで問題は、収益事業に属する資産から、公益事業に対して金銭が支出された場合その資産の移動を課税の対象としてどのように捉えるかである。法人税法第9条第4項は、公益法人が収益事業に属する資産のうちから、公益事業のために支出した金額は寄附金とみなし、その金額につき一般の法人のそれと同様に扱うこととしている。この立法趣旨をどのように解すべきかは法人税法上の目的に照らしかつその規定の位置及び文言に照らし総合して判断しなければならないところ、法人税法が公益法人の経営する収益事業につき他の一般法人との権衡を保つことを主眼としそのために公益法人に対し経理を区分することを命じてその所得を適確に把握し課税の適正を図ろうとするとともに、収益事業から公益事業への支出金額については当該法人の内部の移動ではあるけれどもこれを一般法人が他の主体に対してする寄附金と同様に扱いこれに関する同法第9条第3項の規定を適用しているものであって、もしそうでないと、法人税法は公益法人の経営する公益事業には課税しないこととしているので、もともと収益事業の所得は通常結局において当該法人の公益事業に注入せられる関係上、収益事業の所得に対する課税は実質上無意味となり、前記税法上の目的は画餅に帰することとなるのであって、しかもその規定は単に「収益事業に属する資産のうちから収益事業以外の事業のために支出した金額」とあってその間なんらの限定のないことを考え併せれば、収益事業から公益事業に対する支出はその名目いかんを問わず、全

てこれを寄附金とみなして一般法人の寄附金に関する法人税法上の処理に服
せしめることにあると解するのを相当とする。

　公益法人が収益事業に属する資産のうちから公益事業のために支出した金
額は収益事業の遂行のための必要経費と認められない限り全てこれを法人税
法第9条第4項の規定により寄附金とみなされるものと解するのを相当とす
るのであって、原告の公益事業に属する資産である版権及び室が、原告主張
のように公益事業に属する資産であるとしても、支払われた版権使用料及び
室賃借料は法人税法第9条第4項の適用上寄附金であるとみなすのが相当で
あるから、原告の収益事業につき右版権使用料及び室賃借料を寄附金とみな
して損金不算入額に計上し、所得金額及び法人税額を算出した渋谷税務署長
の更正及び再更正処分と原告の審査請求を棄却した本件審査決定もまた適法
である。

⑨　【所得税：不適格退職年金制度の廃止に伴い支払われた分配金の所得区分】
　大阪地方裁判所平成21年（行ウ）第78号源泉所得税納税告知処分取消等請
求事件（棄却・確定）
　国側当事者・国（処分行政庁　門真、枚方、宇治、旭税務署長）
　平成22年11月18日判決　　　【税務訴訟資料　第260号-203（順号11559）】
【源泉徴収義務】
【税務大学校ホームページ】

判　示　事　項

⑴　本件は、学校法人である原告が、その運営していた退職年金制度を廃止
　したことに伴い、同制度の加入者である原告職員に対し合計24億2,369万
　8,832円の分配金を支払ったところ、各処分行政庁が、当該分配金のうち
　加入者拠出金の累計額に相当する部分を除いた部分が加入者の給与所得に
　該当し、原告には源泉徴収義務があるとして、原告に対し源泉所得税の納
　税告知処分及び不納付加算税の賦課決定処分をしたことから、原告がこれ
　らの処分の取消しを求めた事案である。

(2) 原告は、昭和43年2月28日、E銀行等との間で、原告を委託者とし、E銀行等を共同受託者として、委託者である原告が本件規約に基づきその職員に年金及び一時金を支給するために必要な拠出金をE銀行等に信託することを約する旨の本件信託契約及びその実施細目に係る協定を締結した。本件信託契約は、法人税法等が規定する国税庁長官の承認を受けておらず、適格退職年金契約に該当しない。

(3) 本件の争点は、本件分配金の給与所得該当性及び収入すべき時期についてである。

(4) E銀行等が原告に対してする信託財産の運用報告によれば、信託財産の運用益については原告拠出金に対応する部分と加入者拠出金に対応する部分とを区分して計算ないし管理されていなかったことが認められる。そうすると、これらは一体として受益者である原告に帰属しており、本件退職年金制度の廃止に伴い本件信託解約金を原資として原告から加入者らに支払われたものということができるから、雇用関係ないし勤務関係を基礎とし、従業員の過去の労務提供がなければ支払われることのなかった金員であるといえ、労務の対価であることを否定することはできないというべきである。

(5) 年金契約に基づいて支給を受ける一時金に関しても、所得税法等が退職所得に該当する所得を限定して規定していること、他方、給与所得に区分される所得が、給付時又はこれと近接する時期に提供された労務の対価に限られ、過去に提供された労務の対価が含まれないとする根拠も見当たらないことにかんがみれば、毎月の掛金拠出時に原告が従業員に対して負担した金額（月額基本給に1.1％を乗じた金額）についてその月々において課税せず分配時に一時に課税することをもって、給与所得とは別に退職所得という所得区分を設けている所得税法の趣旨に反するとまではいえない。

(6) 原告は、本件退職年金制度は不適格退職年金制度であるから、所得税法施行令65条1項2号によれば、原告拠出金は掛金の拠出時において給与所得として課税されるべきものであり、分配時に給与所得として課税する余

地はないと主張する。しかしながら、本件信託契約においては、受益者が
原告とされているから、退職年金に関する信託契約において受益者を使用
人とすることを前提とする同令同号が適用されることはない。

(7)　源泉徴収制度の仕組みにおいては、国と直接に法律関係を有するのは支
払者のみであり、受給者は、制度上も法律上も国と直接の関係に立つもの
ではないから、源泉徴収義務者である支払者の源泉所得税に係る納税義務
と受給者の申告所得税の納税義務とは、別個・独立のものとして成立・確
定し、かつ、並存するものである。

(8)　源泉徴収制度の仕組み及び支払者の源泉所得税に係る納税義務と加入者
の申告所得税に係る納税義務との関係にかんがみれば、本件分配金の支払
と同時に成立し、確定した原告の源泉所得税に係る納税義務が加入者の一
時所得の申告の存否等に影響されることはなく、また、本件分配金が所得
税法28条１項の給与所得に該当する限り、本件分配金について加入者が一
時所得として確定申告をしていることをもって、本件納税告知処分により
二重に課税が行われると評価する余地はない。

判決年月日　H22-11-18

国税庁訴資　Z260-11559（TAINS検索コード）

⑩ 【所得税：学校法人理事長の校長退職、学長就任に伴い支払われた金員】

大阪地方裁判所平成17年（行ウ）第102号納税告知処分取消等請求事件（全部取消し）（確定）（納税者勝訴）

国側当事者・国（門真税務署長）

平成20年2月29日判決　　　　　【税務訴訟資料　第258号−51（順号10909）】

【判例タイムズ1268号164頁】

【退職所得】

判　示　事　項

(1)　退職所得に他の給与所得と異なる優遇措置を講じている趣旨

(2)　所得税法30条1項（退職所得）に規定する「退職所得」の判断基準

(3)　原告法人理事長の大学学長就任後の職務は、高校校長在職時の職務に比べ、その量において相当軽減されたものであるだけでなく、勤務形態自体が異なるとともに、その内容、性質においても、学校の代表者、最終責任者としての職務という点では本質的な違いはないものの、具体的な職務内容や自らのかかわり方については相当程度異なるところがあり、また、大学学長としての職務に対する給与は、高校校長としての職務に対する給与に比べて、約30パーセント減少し、給与面にも職務の量、内容、性質の変動が一応反映されていることからすれば、原告法人理事長の高校からの退職、大学学長への就任という勤務関係の異動は、社会通念に照らし、単に同一法人内における担当業務の変更（単なる職務分掌の変更）といった程度のものにとどまらず、これにより、同理事長の勤務関係は、その性質、内容、処遇等に重大な変更があったといわなければならず、以上に加えて、原告法人理事長が2回の定年延長を経て52年間もの長期間にわたって高校に教員として勤務し、高校校長の職を退いたときの年齢が74歳と高齢であったこと、同理事長が、今後、大学学長を退職する際には、学長就任から退職までの期間のみが退職金算出の基礎とされ、高校における勤続期間は加味されない予定であることなども併せかんがみれば、同理事長の大学学長就任後の勤務関係を、その校長在職時の勤務関係の単なる延長とみるこ

とはできず、よって、退職金として支給された金員については、「退職す
なわち勤務関係の終了という事実によって初めて給付されること」との要
件を満たすとまでいうのは困難であるとしても、実質的にみて、このよう
な要件の要求するところに適合し、少なくとも、課税上、これと同一に取
り扱うのが相当というべきであるとされた事例

(4)　原告法人理事長は、高校校長退職の前後において、理事長及び学園長と
して原告法人の経営上の最上位の地位にあり、法的にも最高責任を負う立
場にあって、原告法人を代表し業務一切を総括する広範な権限を有してお
り、高校校長を退職しても、高校及び中学の運営に関する職務を行わなく
なったわけではないとの国の主張が、原告法人理事長が原告法人における
中心的、象徴的存在として原告法人との間の法律関係を維持持続している
からといって、直ちに退職金として支給された金員を「退職所得」として
扱うのが相当でないということはできず、そもそも、学校法人における理
事及び理事長の権限は、当該学校法人の組織及び運営の基本的事項に関す
るものにとどまり、教育に関してはその設置する各学校の校長ないし学長
にその多くがゆだねられている上、原告法人理事長の場合、理事長として
の職務が高校校長在職時の理事長の職のうちのごく一部に過ぎないところ、
学校教育法、私立学校法等の定めや職務内容の変動等に照らせば、原告法
人理事長は、高校校長退職後、理事長として学校法人の運営に関する方針
決定等をするほかは、高校及び中学の校務に関する権限を失ったものとい
わざるを得ず、少なくとも、社会通念上は、高校及び中学における教育の
現場から引退したというほかないから、国の主張は、少なくとも本件にお
いては、退職金として支給された金員に係る所得が退職所得に該当しない
ことの根拠としては当を得ないとして排斥された事例

判決年月日　H20-02-29

国税庁訴資　Z258-10909（TAINS検索コード）

⑪ 【所得税：理事長が不正経理によりねん出した金員】

支部名	札幌	裁決年月日	平120131	裁決結果	棄却
争　点	給与所得に該当するか否かと源泉徴収義務の有無				
裁決要旨					

　学校法人である請求人は、元理事長のAが経理を操作し不正にねん出した金員（以下「本件金員」という。）は、請求人からAへの貸付金でありその返還を求めていることから、Aの給与等に該当しない旨主張する。しかしながら、①Aは、請求人を代表する理事長として請求人の経営全般にわたる責任者であったこと、②請求人は、Aの指示に基づき、人件費等を架空に計上することにより、本件金員をねん出していたこと、③本件金員は、Aが管理していた個人預金口座へ入金されていたこと、及び④当該金員が請求人の事業遂行のために使用したとする証拠もないことからすれば、本件金員は、Aが支配管理し、個人的に費消していたものと認められ、これらの事実からすると、本件金員は、Aに支払われた給与等に該当すると認めるのが相当である。そして、給与等の源泉所得税の納税義務はその支払の時に成立し、同時にその税額が確定するのであるから、給与等と認定された金員を後日貸付金として処理し、その返還を求めても、その支払時点における給与等との認定を覆す理由にはならない。

⑫ 【所得税：校長職の辞職に伴い理事長に支給された金員】

支部名	東京	裁決年月日	平200116	裁決結果	棄却
争　点	退職所得の範囲				
裁決要旨					

　学校法人である請求人は、理事長に対してその使用人身分である校長職の辞職に伴い支払った金員は所得税法第30条第1項の退職所得であると主張する。しかしながら、同理事長は、形式上、校長職の辞職に伴い理事の資格も一旦喪失しているが、辞職した翌日の理事会で理事長に再任され、従前と変わりなく請求人の代表者である理事長として職務を遂行しており、請求人との間で勤務関係の終了又はそれと同様の事情があったとは認められない。したがって、当該金員は、校長職の職責遂行の対価として支給されたものとみることが相当であるから、退職所得であるとする請求人の主張は採用できない。

⑬　【所得税：学校法人が理事長に支払った金員は給与所得】

　学校法人が理事長の使用人身分である校長職の辞職に伴い支給した金員は給与所得（賞与）であるとされた事例（平成17年4月及び平成18年4月の各月分の源泉徴収に係る所得税の各納税告知処分及び不納付加算税の各賦課決定処分・棄却・平20-01-26裁決）

【東裁（諸）平19-94】
【情報公開法第9条第1項による開示情報】

〔裁決の要旨〕

(1)　本件は、学校法人である請求人が理事長甲に対して支払った金員について、原処分庁が同金員は甲の給与所得（賞与）に該当するとして源泉所得税の納税告知処分等を行ったのに対し、請求人が、同金員は使用人身分の校長職の辞職に伴って支払われたものであるから退職所得であるとして、同処分の一部の取消しを求めた事案である。

(2)　所得税法上の退職所得は一般の給与所得に比して優遇されているのであるから、退職所得に当たるというためには、一定の要件を備えていることが必要である。

(3)　甲は、校長職を辞任している平成17年4月1日以降も理事長としての職

務を従前と何ら変わることなく遂行しており、実質的には、請求人との勤務関係が終了したと同様の事情は認められず、同日以降も継続して理事長としての職務に従事しているといわざるを得ない。そうすると単に形式上の退任という事由をもって、直ちに退任と同視し得る状況にあるとはいい難く、理事長又は理事の職務に係る勤務関係が終了したということはできない。

(4) 甲は、昭和31年7月21日に、請求人の前身校の校長に就任し、平成17年3月31日に校長を退いたが、請求人が学校法人となった当初から理事長として、学校法人たる請求人の業務執行機関の最上位の地位にあって、同人の職務の執行に対し直接指揮命令する者は組織上存在しなかったものと認められ、このような職制上の地位にあった甲については、同人の行為自体が学校法人たる請求人の行為と同視することができ、同人が単に使用人としての地位を兼務していたということはできない。むしろ、形式的には校長に就任していることにより理事の資格を得、理事会において選任された上で理事長に就任したことになるが、実質的には、学校法人たる請求人の理事長という組織全体の長であることを前提に、その業務の一環として、校長という請求人の教学部門における職務に従事してきたものということができる。

(5) そうすると、甲が教学部門の校長職を辞任したとしても、請求人の代表者である理事長の職に引き続き就いている以上、上記2の一定の要件に適合した事実が発生したとはいえないため、勤務関係の終了又はそれと同様の事情があるとは認められず、また、引き続き代表者たる理事長として勤務しているのであるから、通達に定める①使用人から役員になった者、②その職務の内容又はその地位が激変した者等に該当するとも認められない。

(6) よって、本件支給金は、退職所得として取り扱うことはできず、甲の校長職の職責遂行の対価として支給されたものとみるのが相当であるから、本件支給金に係る所得は、所得税法第28条第1項に規定する給与所得（賞与）に該当すると認められる。

(7)　請求人は、甲は、使用人身分の校長を退職し、校長としての勤務関係が
　　終了している旨、また、校長を退職したことにより理事を自動的に失職し、
　　再び請求人の理事に選任される確証はなかった旨主張するが、甲は、結果
　　として平成17年４月１日以降も請求人の代表者である理事長に再任されて
　　いることなどからすれば、引き続き請求人との間に理事長として勤務関係
　　を有しているというべきである。

　裁決年月日　　H20-01-16

　コード番号　　F0-2-346（TAINS検索コード）

⑭　【所得税：寄附行為無効確認請求】

　最高裁平成４年（行ツ）第102号寄附行為無効確認請求上告事件（棄却）
（確定）

【税務訴訟資料第192号115頁】

判　示　事　項

　措置法40条１項（国等に対して財産を寄附した場合の譲渡所得等の非課
税）に基づく国税庁長官の承認は、所定の要件を満たした財産等につき譲渡
所得等の所得が生じなかつたものとして、所得税を軽減する法律上の効果を
有するに過ぎないものであつて、当該贈与等の私法上の効力等に何ら影響を
及ぼすものではないから、本件承認処分の法律上の効果として、納税者の権
利等が侵害され又は侵害される恐れがないことは明らかであり、国税庁長官
に対する本件承認処分の無効確認を求める訴えは不適当であるとして却下し
た原審の判断は正当であるとされた事例

　判決年月日　　H04-07-17（H03-07-10）（H04-02-24）

　国税庁訴資　　Z192-6943（Z188-6833）（Z188-6852）（TAINS検索コード）

⑮　【所得税：給与所得の源泉徴収】

　（給与所得の源泉徴収）　請求人の元理事長らが不正行為により流用等した
金員等は、当該元理事長らに対する給与所得又は退職所得として、請求人は

源泉徴収義務を負うと認定した事例（平成5年3月、同年8月、平成6年8月、同年11月、平成7年2月、同年5月、同年6月、同年8月、同年9月、平成8年3月、同年4月の各月分の源泉徴収に係る所得税の各納税告知処分等・棄却・平11-06-17裁決）

【裁決事例集第57集192頁】

〔裁決の要旨〕

　請求人の元理事長が請求人の営む事業に係る人件費及び給食材料費等を架空又は水増し計上するなどの方法によりねん出した資金を簿外口座預金に預け入れた後、当該口座から元理事長名義預金に入金した金員、並びに元理事長の個人的費用に充てるための資金を立替金勘定に計上した後、雑費勘定に振替計上した金員について、請求人は、元理事長がその地位を利用して請求人の資金を不正に引き出したものであり、請求人が賞与として支給したものではない旨主張する。

　さらに請求人の元専務理事が、転換社債等を換金して同人名義の預金口座に入金した金員について、請求人は、元専務理事が請求人の資金を不正に引き出したものであるから、請求人が退職金として支給したものではない旨主張する。

　しかしながら、元理事長は請求人の設立者として理事長に就任し、退任後も自ら会長と称していたこと、また、自らの親族等を理事長等の役員に就任させていたことからすれば、設立以来、請求人の全運営についての権限を有しその地位等を利用してねん出した簿外資金を簿外口座で管理し、本件簿外口座から元理事長名義預金口座に入金した金員について、元理事長個人の借入金の返済資金等に支出されたと認められるほか、請求人の事業遂行のために使用されたとする証拠もないことからすれば、これを個人的費用に費消していたと認められる。また、雑費勘定に振替計上した金員は、元理事長が個人的な目的のために費消していたことは明らかである。仮に、本件金員及び本件立替金が不正に引き出されたとしても、所得税基本通達36-1が給与所得として収入すべき金額は、その収入の基因となった行為が適法であるかど

318

うかを問わない旨定めており、その取扱いが相当であること、返還義務があるとしても所得税法上の所得とは、これを専ら経済的面から把握すべきであると解されるところ、実際に返還されない限り本件金員及び本件立替金は所得を構成するのであるから、この点に関する請求人の主張には理由がない。

　そうすると、これらの金員は所得税法第28条に規定する給与（賞与）所得と認められるので、請求人は、同法第183条第1項に規定する所得税の源泉徴収義務がある。

　また、請求人の元専務理事は、①平成5年3月31日に請求人を退職したこと、②長年にわたり請求人において理事として経理責任者であったこと及び③転換社債等を換金した金員を一時金として退職日の直前に受け取っていたことが認められるから、当該金員は退職所得に該当し、当該所得に対する源泉徴収義務者は請求人であると認定するのが相当である。

　そして、仮に転換社債等を換金した金員が不正に引き出されたとしても、元専務理事が現実に支配管理しているのであるから、所得税基本通達36-1が退職所得の金額の計算上収入すべき金額は、その収入の基因となった行為が適法であるかどうかを問わない旨定めているのであるから、請求人の主張には理由がない。

　そうすると、これらの金員は所得税法第30条に規定する退職所得と認められるので、請求人は、同法第199条第1項に規定する所得税の源泉徴収義務がある。

　裁決年月日　H11-06-17
　裁決事例集　J57-2-15（TAINS検索コード）

⑯　【所得税：退職の事実／学校法人の理事長に支払った退職金】
　理事長は、引き続いて実質的に学校法人の経営実権を有していたと認められ、学校法人を退職した事実があったとは認められないから、退職金名義の金員は給与所得に該当するとした事例（○○までの各月分の源泉徴収に係る所得税の各納税告知処分及び不納付加算税の各賦課決定処分・棄却・平19-

11-19裁決)

【大裁（所）平19-22】
【情報公開法第9条第1項による開示情報】
〔裁決の要旨〕

(1) 本件は、学校法人である請求人が、創設者甲に対して退職金・功労金と
して支給した本件金員について、原処分庁が、給与所得（賞与）に該当す
るとして源泉徴収に係る所得税の納税告知処分等を行った事案であり、争
点は、所得税法30条（退職所得）1項に規定する「退職」の事実の有無で
ある。

(2) 請求人は、甲は、平成15年12月31日に全ての権限を予定どおり後継者に
譲り、請求人の運営・経営、教務上のトップ及び学校責任者から退いたこ
とから、「退職」の事実があり、請求人が甲に退職金を支払うのは、無給・
無報酬の理事長職の退職に対してではなく、学院長及びA校校長の退職に
対してであるから、甲が、理事長にとどまっていたか退任していたかは退
職金の支払とは別問題である旨主張する。

(3) しかし、甲は、請求人の理事長、学院長及びA校校長の職にあったもの
であるが、本件金員の支払者は請求人であり、かつ、寄附行為において、
理事長が請求人を代表する旨定めていることからすれば、本件で退職、す
なわち、甲が請求人との勤務関係を終了したかどうかを判断するについて
は、基本的には、請求人の経営実権を有し、請求人を代表する立場である
理事長の職を退職したかどうかを検討すべきである。

(4) 甲は、私立学校法の改正に伴い開催された理事会においても、従来どお
り理事長として議決され、その旨の登記がされていること、理事会の議長
を務め議案の説明を行っていること、入学案内やホームページにおいて理
事長として掲載されていること等からすると、甲は単に登記上の形式のみ
の理事長にとどまらず、実質的な権限を有する理事長であったものと認め
られる。そうすると、甲は、昭和61年11月から平成18年6月まで引き続い
て、理事長として内部及び外部に対して、実質的に請求人の経営実権を有

し、また、請求人を唯一代表する立場にあったと認めるのが相当である。

(5)　甲が学院長として行っていた学校運営等の権限が統括本部に完全に移譲されたとしても、同人は、理事長の業務の一環として、当該権限を移譲した後もなお学院長として残された業務を含め請求人の学校教育に係る業務について、請求人から委任を受けて引き続いて行っていると認められるから、当該学校運営等の権限の移譲は、請求人に対する委任内容の変更にとどまるものというべきであり、これをもって学院長を退職したとはいえない。

(6)　請求人は、甲がA校校長を辞任し、嘱託職員としてITセンター長に就任した旨主張するが、雇用契約書の作成時期に疑問がある上、仮にITセンター長に就任していたとしても、甲は、引き続いて請求人の理事長であり、理事長の業務の一環として、請求人の学校教育に係る業務に従事していたことには変わりはなく、A校校長の辞任も請求人における職務分掌の変更にとどまるというべきであるから、これをもって請求人を退職したことにはならない。

(7)　以上のとおり、甲は、引き続いて請求人を代表する理事長であり、かつ、職務の内容に変更はあるものの、理事長として学院長及びA校校長の職務を行っていたと認めるのが相当であり、平成15年12月31日において、請求人を退職した事実があったとは認められない。

裁決年月日　H19-11-19

コード番号　F0-1-458（TAINS検索コード）

⑰　【所得税：退職の事実／学校法人理事長退職金の源泉所得税】

学校法人の理事長に対し退職金として支払われた金員について「退職」の事実がなく、勤務関係は終了したということはできないとされた事例（平成14年6月分の源泉徴収に係る所得税の納税告知処分及び不納付加算税の賦課決定処分・棄却・平17-09-22裁決）

〔裁決の要旨〕

(1) 学校法人と私立学校とが同一法人における組織全体とその組織内の教学部門という関係にある以上、学校法人は理事長甲について、所得税法30条第1項に規定する退職すなわち勤務関係の終了という事実の存否を判断するに当たっては、請求人の一教学部門であるG高校の職務だけではなく、請求人（組織全体）及びその設置する学校（教学部門）において甲が担当する全ての職務を総合的に勘案するべきものと解するのが相当であるから、G高校の職務のみで判断すべきとする請求人の主張は採用できない。

(2) 寄附行為の文理上は、請求人の主張するとおり、甲は平成14年3月31日にG高校の校長を退いたことにより、請求人の理事の在任資格を失い、一旦、理事を退任したとみることもできる。しかしながら、甲は、平成14年4月1日に、F大学の学長に就任することによって、同日、請求人の理事に就任しており、甲は、請求人における同日付辞令発令の承認を行ったほか、同年5月25日の平成14年度第1回理事会では、理事長選任手続を経ることなく、議長として議案を審議するなど、同年4月1日以後も従前と変わりなく、請求人の理事長としての職務を遂行していたものと認めることができ、請求人から甲に対して支払われた役員報酬の金額に異動は認められない。

(3) また、平成13年度第4回理事会で甲をF大学の次期学長に選任する旨の決議が満場一致で行われ、同人が校長を退職した後においても、甲に係る理事の変更登記は行われず、対内的あるいは対外的行為を行いさらに理事会において甲を次期理事長に再任するという決議まで行い、平成16年10月2日の理事会に至ってようやく理事長選任手続を失念していたことに気付き、これを追認する決議がされたものであって、甲については、請求人の勤務関係がそのまま継続していたものというべきであるから、形式上平成14年3月31日をもって、理事又は理事長の職務に係る勤務関係が終了したというのは相当でない。

(4) 甲は、形式的には、校長任用契約又は学長任用契約の締結により理事の

322

資格を得、理事会において選任された上で理事長に就任したことになるが、実質的には、学校法人たる請求人の理事長という組織全体の長であることを前提に、その業務執行の一環として、請求人の教学部門における職務に従事しているものということができる。

(5)　甲が、平成14年3月31日の前後を通じて、学校法人たる請求人の理事長、N幼稚園の園長及び学園長という地位にあり、その上で平成14年3月31日にG高校の校長を退き、同年4月1日にF大学の学長に就任したことは、その各報酬額が一応区分されているものの、飽くまでも請求人における職務分掌の変更にとどまるものというべきである。上記検討したところによれば、請求人における甲の勤務関係は、同人の理事長としての固有の職務からみても、その担当する教学部門における職務からみても、終了したということはできない。

　　裁決年月日　　H17-09-22

　　コード番号　　F0-2-289（TAINS検索コード）

⑱　【所得税：収入金額】

　被扶養者の入学金及び授業料等を減額免除されたことによる学費免除相当額は給与所得の収入金額に該当するとした事例（棄却）（昭54年分、昭55年分所得税、昭57-01-14裁決）

〔裁決の要旨〕

　請求人（大学教員）の長男の入学金及び授業料等につき、大学に設けられている学費減免規程に基づき、減額免除されたことによる利益は、使用者である同大学から勤労者の地位にある請求人が受けた経済的利益であるから、当該経済的利益に係る所得は、所得税法第28条第1項にいう給与所得に該当する。

　　裁決年月日　　S57-01-14

　　裁決事例集　　J23-2-03（TAINS検索コード）

⑲　【所得税：更正処分取消請求】

　神戸地裁昭和49年（行ウ）第24号、同年（行ウ）第29号所得税更正処分取消請求事件（一部取消し）（確定）

判　示　事　項

⑴　所得税法（昭和48年法律第8号による改正前のもの）59条1項（贈与等の場合の譲渡所得等の特例）にいう「その譲渡の時における価額」の意義

⑵　譲渡土地の地上権割合が、1）50年の存続期間経過後では同一期間の更新請求権が認められ、地代も無償となつており、地上権者に有利となつていること、2）地上権設定時以後、当該土地を学校用地として開発した者が地上権者であること、3）相続税の評価基準及び国土庁の標準住宅地の借地権割合などは50％となつているが、当該賃貸借による借地権は当該地上権とは、その内容において異なつていること等の事実から70％と認定された事例

⑶　資産の譲渡による収入金額の権利確定の時期

⑷　譲渡資産の時価が譲渡価額の2倍を超えないことは明らかであるとして、所得税法（昭和48年法律8号による改正前のもの）59条1項2号（法人に対する低額譲渡の場合の譲渡所得の特例）及び同法施行令169条の適用はないとされた事例

　判決年月日　S59-04-25

　国税庁訴資　Z136-5335（TAINS検索コード）

⑳　【所得税：非課税承認取消処分取消請求】

　東京高等裁判所平成15年（行コ）第59号非課税承認取消処分取消請求控訴事件（棄却）（確定）

　国側当事者・国税庁長官

　平成15年7月16日判決　　　　　　　　【税務訴訟資料　第253号　順号9394】

　　　　　　　　　　　　　　　　　　　【措置法40条／非課税承認取消処分の適否】

判 示 事 項

(1)　租税特別措置法40条1項後段の特例（国等に対して財産を寄附した場合の譲渡所得等の非課税）の趣旨（原審判決引用）

(2)　納税者から土地の贈与を受けた学校法人において、その運営が、寄附行為に基づいて適正に行われているということはできないから、処分の時点において、同学校法人の運営組織は適正でなかったというべきであるし、また、同学校法人の理事長に在職していた甲（納税者の弟）は、同学園の資金を私的に費消し、同学校法人の財産の運用及び事業の運営に関して特別の利益を受けていたものであり、さらに、これらの事実は、同学校法人について公益に反する事実が存在するものと評価すべき事柄であるとも認められることから、本件贈与については、措置法施行令25条の17第3項所定の各要件のうち、第1号、第2号及び第4号の要件を欠くに至ったことが明らかであり、贈与者である納税者の所得に係る所得税の負担を不当に減少させる結果とならないとの同条2項3号所定の要件に該当しなくなる事実が生じたというべきであるから、本件贈与については、その受益者である同学校法人において、措置法40条2項に規定する取消事由が存することが認められるとされた事例（原審判決引用）

(3)　非課税承認取消処分は、贈与の時から15年以上も長期間を経過していることなどの事実からすれば、取消事由が存したとしても、権利の濫用に当たるとの納税者の主張が、措置法40条1項後段の特例に係る承認の取消は、贈与から約15年、同特例に係る承認が行われてから約11年を経過した後に行われたものであるが、同特例に係る承認の通知書において、一定の事由が生じた場合に同特例に係る承認が取り消される旨記載されており、納税者も同特例に係る承認が取り消される可能性が存することを十分了知できたことを考慮すれば、上記期間の経過をもって、同特例に係る承認を取り消すことが権利の濫用に当たるということはできないとして排斥された事例（原審判決引用）

(4)　租税特別措置法40条1項後段の特例に係る承認の取消しが、国税の徴収

権と同様の時効により消滅すると解すべきであるとの納税者の主張が、同特例に係る承認の取消しは、当該承認の後に生じた事情に基づいて当該承認によって生じた法律関係を将来に向かって消滅させる処分であり、既に租税債務が存在することを前提とする国税の徴収権とは異なるものであるから、同特例に係る承認の取消しについて、国税の徴収権の消滅時効に関する規定を適用することはできないとして排斥された事例（原審判決引用）

判決年月日　H15-07-16（H15-02-13）（H16-01-20）

国税庁訴資　Z253-9394（Z253-9282）（Z254-9516）（TAINS検索コード）

㉑　【所得税：寄附行為無効確認請求】

　東京地裁平成3年（行ウ）第105号寄附行為無効確認請求事件（却下）（原告控訴）

【税務訴訟資料第188号1頁】

判　示　事　項

　措置法40条1項（国等に対して財産を寄附した場合の譲渡所得等の非課税）に基づく国税庁長官の承認は、所定の要件を満たした財産の贈与等につき譲渡所得等の所得が生じなかつたものとして、所得税を軽減する法律上の効果を有するに過ぎないものであつて当該贈与等の私法上の効力等に何ら影響を及ぼすものではないから、本件承認処分の法律上の効果として、納税者の権利等が侵害され又は侵害される恐れがないことは明らかであり、国税庁長官に対する本件承認処分の無効確認を求める訴えは不適法であるとして却下された事例

　判決年月日　H03-07-10（H04-02-24）（H04-07-17）

　国税庁訴資　Z188-6833（Z188-6852）（Z192-6943）（TAINS検索コード）

㉒　【所得税：分掌変更と退職所得の要件】

　京都地方裁判所平成20年（行ウ）第23号　納税告知処分等取消請求事件（第1事件、認容）、平成20年（行ウ）第37号　過誤納金返還請求事件（第2

事件、一部認容、棄却）（確定）

　国側当事者・国

　平成23年4月14日判決　　　【税務訴訟資料　第261号−79（順号11669）】

【裁判所ホームページ下級審裁判例集】

【情報公開法第9条第1項による開示情報】

【税務大学校ホームページ】

判　示　事　項

⑴　原告は、原告の理事長、かつ、原告の設置するA・R校の校長の地位に
　あった乙が、平成15年12月末日付けでR校の校長及びAの学院長の地位を
　辞したとして、乙に対し退職金として3億2,000万円を支給し、本件金員
　が退職所得であることを前提とした源泉所得税5,251万500円を納付したと
　ころ、処分行政庁は、乙が引き続き原告の理事長の地位に就いており、乙
　が原告を退職した事実は認められず、本件金員は賞与たる給与所得に当た
　るとして、原告に対し、給与所得に対する源泉所得税額と退職所得に係る
　源泉所得税額の差額について納税告知処分等を行った。原告は各納税告知
　処分等の取消しを求めるとともに、自主納付した源泉所得税に係る過誤納
　金、還付加算金の支払を求めたという事案である。

⑵　乙は、平成15年11月29日に開催された原告の理事会において理事らに対
　し、古希を迎えA創立40周年記念式典及び祝賀会を終えたのを機に、平成
　15年末をもってR校校長を退職し、学院長としての権限を後任に譲り現役
　を引退する意思を表明した。乙は引退後もAの対外的な信頼を維持するた
　めに乙の学院長としての地位は名目的なものとして残すこと、学院長の職
　務を遂行するCEO（最高経営責任者）として甲をR校の校長として推薦
　することなどにつき説明し、理事会は全員一致で承認した。

⑶　ある金員が、「退職手当、一時恩給その他の退職により一時に受ける給
　与」に当たるというためには、それが、①退職すなわち勤務関係の終了と
　いう事実によって初めて給付されること、②従来の継続的な勤務に対する
　報償ないしその間の労務の対価の一部の後払いの性質を有すること、③一

時金として支払われること、との要件を備えることが必要であり、また、「これらの性質を有する給与」に当たるというためには、それが形式的には上記①〜③の要件の全てを備えていなくても、これらの要件の要求するところに適合し、課税上「退職により一時に受ける給与」と同一に取り扱うことを相当とするものであることを必要とすべきであり、具体的には、退職金支給制度の実質的改変とか、勤務関係の重大な変動などの特別の事実関係があることを要する。

(4)　学院長及び学校運営組織は、Aの設置主体間による合意により形成された地位及び組織であり、原告が、乙の学院長の職務の対価を負担することについても同設置主体間の明示又は黙示の合意があったことが推認されるから、原告が乙の学校運営組織における学院長の職務に対する報償ないし対価の後払いとして、退職金等を支給することに法的な根拠がないということはできないし、原告を退職したと同視し得る事情の有無の判断において、学院長の地位ないし職務にかかる変動を判断要素として考慮することも許されるというべきである。

(5)　以上によれば、平成15年12月末日の前後において、乙の勤務関係は、学院長及びR校校長からの退職並びに再定義後の学院長及びセンター長への就任により、その性質、内容、労働条件等において重大な変動があったということができる。

(6)　以上により、第1事件については、本件金員は退職所得に当たり、処分行政庁が平成18年5月31日付けで原告に対してした各納税告知処分等をいずれも取り消すのが相当であるから原告の請求を認容し、第2事件については、源泉所得税の還付を求める部分並びに過誤納金に対する還付加算金の支払を求める部分については理由があるから認容し、自主納付分源泉所得税に係る過誤納金に対する還付加算金の支払を求める部分には理由がないから棄却する。

判決年月日　H23-04-14

国税庁訴資　Z261-11669（TAINS検索コード）

㉓　【所得税：賞与認定／学校法人理事長の不正行為／源泉徴収義務の存否】

　　さいたま地方裁判所平成13年（行ウ）第22号源泉所得税の納税告知処分及び重加算税の賦課決定処分取消請求事件（棄却）（確定）

　国側当事者・浦和税務署長

　平成15年8月27日判決　　　　　【税務訴訟資料　第253号　順号9417】

　　　　　　　　　　判　示　事　項

(1)　学校法人の元理事長は、原告学校法人から金員を取得したことにより、経済上の利得を得たことは明らかであるから、課税庁との間の課税関係においては、同金員は所得税法上の所得に該当し、元理事長の所得として課税対象となるとされた。

(2)　課税の所得の対象となるべき所得を構成するか否かは、必ずしもその法律的性質によって決せられるものではない（最高裁昭和46年11月9日判決参照）ことからすれば、仮に原告学校法人から同学校法人元理事長への金員の移動が不法、違法な利得であっても、また、その原因となった法律行為が無効であっても元理事長の所得として課税対象となるとされた。

(3)　学校法人の元理事長は、原告学校法人設立以来代表理事を務め、他に代表権を持つ理事はおらず、理事会も業務決定機関としての機能を果たしておらず、元理事長が唯一圧倒的な権力者として原告学校法人の業務を独断的に専行し、原告学校法人の経営を掌握・支配していたものであるから、元理事長が原告学校法人の会計担当者に指示し、原告学校法人の口座から元理事長に本件金員を送金させたことは、原告学校法人が原告学校法人の意思に基づき元理事長に本件金員を支払ったと同視できるというべきであるとされた。

(4)　給与所得の意義

(5)　法人の役員に対し一定の利益が当該法人から支給された場合の給与所得の該当性

(6)　法人の代表者が権限を濫用し、自己の利益を図る目的で法人の資産を横領する等不法行為によって、当該所得を得たことが明らかな場合には、労

務又は役務の提供と対価関係には立たないものであるから、当該代表者の所得は、給与所得には該当しないというべきであるとの原告学校法人の主張が、原告学校法人から元理事長に5,000万円が支出されたのは、まさに元理事長が長年原告学校法人理事長の職にあり、元理事長以外の学校関係者、職員は元理事長の意向に逆らえなかった故であるから、5,000万円の所得は理事長としての職ないし役務に関連し、正規の手続を経ないで行われるいわゆる裏給与ないし裏賞与と同視して差し支えないというべきであり、法人の代表者の行為は包括的に法人の行為とみなされるから、それが法人の代表者の意思に基づく限り、権限濫用又は内部制限の逸脱があったとしても、法人の意思に基づく行為とみるに妨げない（このことは、原告学校法人のように元理事長が原告学校法人の業務を独断専行的に行っていたような場合は、一層言い得ることである。また、原告学校法人が会社などの営利法人でなく学校法人であることを考慮しても上記判断を左右するものではない。）として排斥された。

(7) 法人の代表者が法人の資産を横領するなどした場合、当該法人に源泉徴収義務を課すことの可否

(8) 原告学校法人は、原告学校法人の元理事長に対する金員を支払ったにもかかわらず、いずれも、原告学校法人が訴外会社に対し、土地売却処分の仲介料及び謝礼金として支払ったかのように仮装したものであり、原告学校法人は、これらの仮装行為によって、元理事長に対し、本件金員の経済的利益を供与して賞与を支払った事実を隠ぺいしたものというべきであるから、重加算税賦課決定処分は適法であるとされた。

判決年月日　H15-08-27

国税庁訴資　Z253-9417（TAINS検索コード）

㉔　【消費税：みなし仕入率／学校給食の事業区分】

学校給食費を対価とする役務の提供である事業は、幼稚園における教育の一環として食事の提供を行っているのであって、産業分類上の大分類「サー

ビス業」中分類「教育」の細分類「幼稚園」に分類されると判断された事例
（平成5年4月1日〜平成8年3月31日までの各課税期間消費税の各更正処
分・棄却、平10-07-23裁決）

【情報公開法第9条第1項による開示情報】

〔裁決の要旨〕

　請求人は、幼稚園で実施する給食に係る事業が、教育の一助をなす学校
給食であり、自己において調達した食材を園内の調理場で調理加工（自家
製造）したものを、教室において園児に提供（自家消費）するものであり、
店舗において顧客の注文により飲食物を加工製品化し、飲食場である店（食
堂）において食事のサービス提供を行う飲食店業に該当しないことから、
製造小売業であり第3種事業に該当する旨主張するが、学校給食費を対価
とする役務の提供である本件事業は、園内の施設で調理した給食を単に販
売するものではなく、学校給食法の適用は受けないものの幼稚園における
教育の一環として食事の提供を行っている実態を考慮すれば、産業分類上
の大分類「サービス業」中分類「教育」の細分類「幼稚園」に分類される。

　一方、学校給食業と飲食店業とでは、①注文によるものでないこと、②
教室で飲食させるもので、飲食設備の提供を行っているものではないこと、
及び③これを教育事業から切り離して「飲食店」であるとの考えは実態に
則したものではない。この点は請求人の主張するとおりである。

　幼稚園における給食事業は、学校教育の一環として行われる学校給食事
業よりも教育的要素が強いことから、教育としての非課税的要素や食堂を
設置していないことから、第3種的要素が全くないとはいえないが、請求
人も自認するとおり、教育そのものないしは教育的要素が大きいものであ
り、これを簡易課税制度の事業分類に照らすと、産業分類上の大分類「サ
ービス業」中分類「教育」の細分類「幼稚園」に分類されるものであり、
これは第4種事業となる。

　なお、請求人は、解説書の記述、表示等を総合的に理解しても、本件事
業は第3種事業に該当するものと思考できる旨主張するが、解説書は、例

示する事業内容が簡易課税制度上いずれの事業区分に該当するかを明らか
にしたものに過ぎず、解説書の記述、表示等をもって本件事業が第3種事
業であると解することはできないから、この点に関する請求人の主張は採
用できない。

裁決年月日　H10-07-23

コード番号　F0-5-077（TAINS検索コード）

㉕　【消費税：非課税取引／授業料、入学金等】

予備校の学則の定める教育課程にない講習会で、広く一般に募集して実施
した講習会の授業料は非課税でないとした事例（①平成9年4月1日〜平成
10年3月31日課税期間の消費税及び地方消費税の更正の請求に対してされた
更正をすべき理由がない旨の通知処分、②平成8年4月1日〜平成9年3月
31日課税期間の消費税の更正処分、及び③平成9年4月1日〜平成11年3月
31日の各課税期間の消費税及び地方消費税の各更正処分並びに過少申告加算
税の各賦課決定処分・①②につき棄却、③却下・平13-04-09裁決）

【裁決事例集第61集635頁】

〔裁決の要旨〕

請求人は、本件講習会は本件予備校が設置する課程として行っている授業
の一環であり、専ら本校生徒を対象に行っているので、本校生徒から徴収す
る本件講習料は消費税法に規定する非課税取引に係る対価であると主張する。

しかしながら、本件予備校の学則では教養一般課程に設置された各学科の
教科、科目及び授業時間の定めの中に本件講習会の授業時数が含まれておら
ず、また、休業日の定めの中で教育上必要がありやむを得ない事情があった
場合以外は授業を行わないとし、夏期休業及び冬期休業の期間を具体的に規
定しているにもかかわらず、本件講習会は本件予備校が授業を行わない休業
期間中に開催していること及び受講者を本校生徒に限らず大学入学試験を受
験する者を対象に広く一般に募集していることからして、本件予備校の課程
とは別枠に設置された独立した授業、講習と認められ、消費税法の非課税規

定にある課程における教育としての役務の提供に該当しないから請求人の主張には理由がない。

　　裁決年月日　　H13−04−09

　　裁決事例集　　J61−5−48（TAINS検索コード）

㉖　【附帯税：理事長の行為を学校法人の行為とみなして重加算税を課した事例】

支部名	札幌	裁決年月日	平120131	裁決結果	棄却
争　点	重加算税（隠ぺい、仮装行為）の認定				

裁決要旨
学校法人である請求人は、実際に仮装、隠ぺい行為を行ったのは元理事長のA個人であり、請求人自ら行ったものではないことから、重加算税の課される根拠は存在せず、重加算税の賦課決定処分は違法である旨主張するが、Aは、その当時、請求人の理事長かつ代表者と認められ、法人の代表者の行為は当該法人の行為と同視されるものと解されることから、Aの行為は、請求人の行為と認めるのが相当である。

㉗　【相続税：借地権以上に評価上の減額を認めるべきとする主張が棄却された事例】

支部名	関信	裁決年月日	平120228	裁決結果	棄却
争　点	財産（借地権）の評価				

裁決要旨
請求人らは、A町3丁目2番9所在の土地を相続したが、本件土地は相続開始の時点において学校用地（グラウンド及びテニスコート）として学校法人B学園に無償で貸与されており、被相続人が生前この土地の返還を求めて提訴したが、学校法人B学園に使用借権があるので明渡しを受ける

ことができないこととされたため、本件土地の評価に当たっては、借地権以上の強い権利性を有する使用借権が付着しているとして、少なくとも借地権がある土地と同じ評価をすべきである旨主張するが、本件土地の使用関係は、あくまで使用貸借契約に基づくものであり、その使用権の価額は零と評価すべきところ、本件土地については、公益性の強い学校の敷地としての使用を目的とする使用借権を有していること、学校経営が継続する限りは返還の可能性は当面期待できないことなどの特殊事情を考慮すると、評基通に基づき、貸し付けられている雑種地として評価すべきであり、使用借権については、評基通87の規定を準用して、自用地としての価額から、自用地としての価額に賃借権の残存期間に応じ賃借権が地上権であるとした場合に適用される法定地上権割合の2分の1に相当する割合を乗じて計算した金額を控除することによって評価額を算定した原処分は適法である。

㉘　【相続税：非課税財産／教育用財産】

　相続人甲が個人経営する幼稚園の園舎の敷地及び運動場の用地について、同人の親族に相続税法施行令第2条に規定する「特別の利益」を与えているとして、相続税法第12条第1項第3号に規定する相続税の非課税財産には該当しないとした事例（昭和61年6月30日付でされた昭和○○年○○月○○日相続開始に係る相続税の更正処分及並びに更正の請求に対してされた更正すべき理由がない旨の通知処分・棄却・昭62-10-12裁決）【東裁（諸）62-21】
【情報公開法第9条第1項による開示情報】

〔裁決の要旨〕

(1)　請求人らは、○○○○が相続により取得した本件土地は、幼稚園の園舎の敷地及び運動場の用地として利用している教育用財産であり、これは、相続税法第12条第1項第3号に規定する相続税の非課税財産に当たるから、同土地の価額を相続税の課税価格に算入したのは誤りであると主張する。

(2)　相続税法第12条の規定は、公益事業を行う者が相続により取得した財産

のうち、その公益事業の用に供することが確実なものに限り相続税の課税価格に算入しないこととしている。また、相続税法施行令第2条の規定は、上記の公益事業を行う者について定めており、その者が個人である場合には、親族その他これらの者と特別の関係がある者に対してその事業についての施設の利用、余裕金の運用その他事業に関して特別の利益を与えている事実がない場合に限ることとしている。

(3)　個人の公益事業用財産に対する相続税の非課税について上記のように規定されているのは、公益事業の経営者又は親族等が、その事業運営に関し、上記のような特別の利益を受ける場合には、専ら社会一般の利益を目的とする公益の趣旨に反し、一般の営利企業と何ら異ならないこと及び個人経営の公益事業用の財産は、学校法人等の公益法人に帰属した財産と異なり、個人帰属のものであるから、その公益事業を廃止した場合の財産の使用、収益及び処分がその個人の自由意思にゆだねられていることによるものと解される。

(4)　以上のことから、相続税法施行令第2条に規定する「特別の利益を与えること」とは、親族その他特別の関係にある者が役務の提供をしているか否かにかかわらず公益事業に係る金銭の支給を受けているは場合及びこれらの者が公益事業に関する余裕金を生活資金に利用し又はその施設を居住の用に供している等これらの財産を無償又は有償で私的に利用している場合をいうものと解される。

(5)　以上に基づき判断すると、○○○○が、○○幼稚園を経営するに当たり、同人の長女、次女及び三女を職員として採用し給与を支給するとともに、同人の孫4人を無料で入園させ、さらに幼稚園事業の資金のうちから次女の配偶者及び三女に対して生活費を支出していたという事実は、明らかに、相続税法施行令第2条第1号に規定する「特別の利益を与えること」に当たる。したがって、○○○○は、相続税法施行令第2条に規定する公益事業を行う者に当たらないから、本件土地は相続税法第12条第1項第3号の規定の適用はなく、同土地の価額を相続税の課税価格に算入するのが相当

であると認められるから請求人らの主張には理由がない。

(6) 請求人らは、本件農地は、本件路線の幅員が1.8メートルであるため宅地に転用しても建物の建築許可が受けられないものであり、同路線に付された路線価は近隣の路線に付された路線価からみて、上記の事情を考慮していない不当なものであるから、本件農地の評価に当たっては、その路線価に基づいて評価した価額に、個別評価通達に定める評価方法を適用して算定すべきであると主張するが、原処分庁は、本件路線に付された路線価の評定に当たり、近隣の路線に付された路線価を基としているものの、本件路線の幅員、法的規制等の状況を斟酌している事実が認められ、また、本件路線に面して住宅、アパート等が散在している状況からみて、本件農地だけが一連の宅地の利用状況等に比して、著しく宅地として利用制限を受けるとは認められず、さらに○○○○が本件農地を相続開始から1年3か月後に1平方メートル15万513円の価額で譲渡している事実からみて、原処分庁が評定した本件路線についての路線価11万円は相当であると認められる。

裁決年月日　S62-10-12

コード番号　F0-3-117（TAINS検索コード）

㉙【相続税：相続税の非課税／財団法人・学校法人に対する贈与】
東京地方裁判所平成24年（行ウ）第386号相続税更正処分取消請求事件（棄却）

国側当事者・国（処分行政庁　品川税務署長）

平成25年2月22日判決　　　　【情報公開法第9条第1項による開示情報】

【添付書類の不備】

判　示　事　項

(1) 本件は、原告らが、長女の相続により取得した財産の一部を財団法人（当時）等に贈与したとして、このような法人等に対して相続財産を贈与した場合等の相続税の非課税等について定める租税特別措置法（以下「措置

法」という。)70条1項の規定を適用した内容の相続税の申告をしたところ、品川税務署長から、当該申告に係る申告書に同条5項所定の書類が添付されていなかったから、同条1項の規定の適用はないなどとして、各更正処分等を受けたため、それらの取消しを求めた事案である。

(2)　措置法70条1項の趣旨

(3)　措置法70条5項は、同条1項の規定は、その適用を受けようとする者の当該相続等に係る同項に規定する申告書にその規定の適用を受けようとする旨を記載し、かつ、同項の贈与をした財産の明細書その他財務省令で定める書類を添付しない場合には、適用しない旨を定めており、この「財務省令で定める書類」について、①読み替え後の旧措置法施行規則23条の3第4項〔別紙1「関係法令の定め」2(5)〕は、一定の書類のほか、当該贈与を受けた法人が旧民法法人である場合には、当該法人が旧措置法施行令40条の3第1項3号に掲げる法人に該当するものであることについて旧主務官庁の証明した書類（旧主務官庁の証明書）と定め、②措置法施行規則23条の3第2項〔同別紙3(1)〕は、一定の書類のほか、当該贈与を受けた法人が私立学校法64条4項の規定により設立された法人で専修学校の設置を主たる目的とするものである場合には、当該法人が措置法施行令40条の3第4号に掲げる法人に該当するものであることについて同法4条に規定する所轄庁の証明した書類（所轄庁の証明書）と定めているところ、このように証明書の添付を要することとしたのは、措置法70条1項の規定を適用するためには、当該贈与を受けた法人が同項の規定の適用を受けることができる法人に該当するものであるかの判断を要するが、課税庁にとってその判断は必ずしも容易ではなく、また、同項の規定の統一的な適用を図る必要があることから、上記に述べた同項の規定の趣旨を踏まえ、所定の証明書を相続税の申告書に添付した場合に限り、同項の規定を適用することとしたものと解するのが相当である。

(4)　A財団法人は、本件各贈与の当時、旧民法法人に該当するものであったから、A財団法人に対する贈与については、改正政令附則57条1項の規定

によりなおその効力を有するものとされる旧措置法施行令40条の3第1項3号に掲げる法人に該当する法人に対し贈与をした場合に当たるものとして、改正省令附則30条2項前段の規定により、読み替え後の旧措置法施行規則23条の3第4項の規定がなおその効力を有するものとして適用されるところ、原告らは、本件訂正申告書に同項所定のA財団法人が旧措置法施行令40条の3第1項3号に掲げる法人に該当するものであることについて旧主務官庁の証明した書類（旧主務官庁の証明書）を添付せず、また、本件相続税に係る申告書の提出期限である平成22年2月1日までにこれを提出しなかったものである。

(5) また、B学校法人は、私立学校法64条4項の規定により設立された法人に該当するものであるから、B学校法人に対する贈与については、措置法施行規則23条の3第2項の規定が適用されるところ、原告らは、本件訂正申告書に同項所定のB学校法人が措置法施行令40条の3第4号に掲げる法人に該当するものであることについて所轄庁の証明した書類（所轄庁の証明書）を添付せず、また、本件相続税に係る申告書の提出期限である平成22年2月1日までにこれを提出しなかったものである。

(6) 原告らは、本件相続に係る措置法70条1項に規定する申告書に本件各贈与に係る同条5項所定の書類のうち旧主務官庁の証明書及び所轄庁の証明書を添付しなかったものであり、また、同条1項の規定の適用に当たり、その関係法令において、同項に規定する申告書の提出期限を経過した後に同条5項所定の書類が追完された場合に同条1項の規定の適用を認める旨の規定は見当たらない。そうすると、本件相続に係る相続税の申告において、本件各贈与につき同項の規定を適用することはできないものというべきである。

判決年月日　H25-02-22（H25-07-17）（H26-01-16）
国税庁訴資　Z263-12153（Z263-12259）（Z264-12385）
　　　　　　　（TAINS検索コード）

㉚　【相続税：相続税更正処分等取消請求】

　千葉地裁平成 8 年（行ウ）第 2 号相続税更正処分等取消請求事件（棄却）（原告控訴）

【税務訴訟資料第230号790頁】

【非課税財産／相法12・租法70】

判　示　事　項

(1)　納税者は相続により取得した土地を相続税の申告書の提出期限までに学校法人に贈与しているから、租税特別措置法70条（国等に対して財産を贈与した場合等の相続税の非課税）の適用をうけられるとの納税者の主張が、右土地の贈与は申告書提出期限までに仮登記しかされておらず、また、学校法人は右土地を資産計上せず自ら使用収益をしているとは認められないことなどから、実際の寄附は相続税の申告期限後であり同条の適用は認められないとして排斥された事例

(2)　納税者が相続により取得した土地建物は、幼稚園の園地園舎として納税者の業務に供しているから相続税法12条（相続税の非課税財産）1 項 3 号に該当し非課税であるとの納税者の主張が、納税者は右土地建物に親族を居住させるなどしていることから、相続税法施行令 2 条（相続又は遺贈に係る財産につき相続税を課されない公益事業を行う者の範囲）1 項 1 号に規定する親族等に対して特別の利益を与えた場合に該当し非課税規定の適用は認められないとして排斥された事例

判決年月日　H10-02-25　（H11-01-19）（H11-07-16）

国税庁訴資　Z230-8093（Z240-8317）（Z244-8452）（TAINS 検索コード）

上告審棄却・不受理

㉛　【相続税：使用貸借契約により学校法人に貸し付けた土地の評価／借地権の有無】

　大阪高等裁判所平成17年（行コ）第83号相続税更正請求棄却処分取消、相続税更正処分義務付け請求控訴事件（棄却）（上告）

国側当事者・門真税務署長、国（門真税務署長）

平成18年1月24日判決　　　　【税務訴訟資料　第256号－17（順号10277）】

【情報公開法第9条第1項による開示情報】

判　示　事　項

(1)　相続税法22条（評価の原則）に規定する「時価」の意義（原審判決引用）

(2)　使用借権の目的となっている土地の評価（原審判決引用）

(3)　「使用貸借に係る土地についての相続税及び贈与税の取扱いについて（昭和48年11月1日付直資2－189（例規））」通達の冒頭部分の趣旨（原審判決引用）

(4)　借主が公益法人である場合の法人税基本通達の適用及び使用貸借通達の冒頭部分の解釈について（原審判決引用）

(5)　「使用貸借に係る土地についての相続税及び贈与税の取扱いについて」通達の冒頭部分において、使用貸借契約の当事者の一方が法人である場合のその他方の個人については、法人税の取扱いに準拠することとしていることからすると、本件における土地を評価するに当たっては、法人税の取扱いに準拠し、借地権相当額を控除すべきであるとの納税者の主張が、本件における土地の貸借契約は親族間の人的関係に基づいて締結されたもので、借主の立場は弱く、実際、貸主からの返還要求を受けて、借主が貸借土地の一部を無償で返還していることから、契約終了時に土地を無償で返還することが契約書等から明らかなものというべきであって、同契約は、「その土地の使用が通常権利金の授受を伴わないもの」（法人税基本通達13－1－5）に当たるというべきであり、税務上も使用貸借契約と扱うのが相当であるとして排斥された事例

(6)　法人税基本通達13－1－7（権利金の認定見合せ）の趣旨は、法人が締結した使用貸借契約のうち、契約終了時に無償で土地を返還することが契約書等から明らかである場合については、税務上も使用貸借契約として扱うことにあると解されるところ、納税者らが理事長を務める学校法人に対する土地使用貸借契約は、親族間の人的関係に基づいて締結されたものであ

って、使用目的も一定の公益目的に限定され、使用期間も貸主の必要性に左右されること等に照らすと、契約終了時に無償で土地を返還することが明らかなものであること、並びに同通達13-1-5（通常権利金を授受しない土地の使用）所定の「その土地の使用が通常権利金の授受を伴わないもの」に当たるから、同契約は使用貸借契約として取り扱うのが相当であるとされた事例

(7)　本件の土地使用貸借契約においては、税務署長に対して土地の無償返還届出を行っておらず、法人税基本通達13-1-7（権利金の認定見合せ）が規定する例外に当たらないから、土地は借地権の負担があるものとして取り扱われるべきであるとの納税者らの主張が、同契約については使用貸借通達の冒頭部分がそのまま適用されるものではないこと、相続税法22条（評価の原則）の解釈上、使用借権の財産価値は原則として零とみるべきであることに照らすと、使用貸借の実質を有する同契約について、形式的に同届出がされていないことのみを理由として、税務上借地権の負担があるものとして取り扱うことは、相当ではないとして排斥された事例

判決年月日　H18-01-24（H17-08-18）（H18-06-16）

国税庁税資　Z256-10277（Z255-10101）（Z256-10429）（TAINS検索コード）　上告審不受理・却下

㉜　【地方税：固定資産税／評価基準の一般的合理性と特別の事情】

仙台地裁平成14年（行ウ）第2号審査決定取消請求事件（一部取消し）
（被告仙台市固定資産評価審査委員会控訴）

判　示　事　項

(1)　法349条1項は、家屋に対して課する基準年度の固定資産税の課税標準を、当該家屋の基準年度に係る賦課期日における価格で家屋課税台帳又は家屋補充課税台帳に登録されたものとすると規定し、同項にいう価格について、法341条5号は、「適正な時価」と規定し、「適正な時価」とは、正常な条件の下で成立する当該家屋の取引価格、すなわち、客観的な交換価

値を意味する。

(2)　法は、固定資産の評価の基準並びに評価の実施の方法及び手続を自治大臣の告示である評価基準にゆだね（388条１項）、市町村長は、評価基準によって固定資産の価格を決定しなければならないと規定している（403条１項）が、これは、全国一律の統一的な評価基準による評価によって、各市町村の評価の均衡を図り、評価に関与する者の個人差に基づく評価の不均衡を解消することを目的として、適正な時価を算定するための技術的かつ細目的な基準の定めを自治大臣の告示に委任したものであって、賦課期日における適正な時価を上回る価格を算定することまでもゆだねたものではない。

　　したがって、評価基準は法により許容された唯一の基準であり、評価基準にのっとって算定された価格は適正な時価である旨の被告の主張は、理由がない。

(3)　本件建物の一部は、学校法人の設置する各種学校において直接教育の用に供する固定資産として法348条２項９号の非課税規定を受けていたが、平成10年７月31日付けで各種学校の廃止認可を受けたため、Ｓ市長は、非課税としていた部分に課税するため、平成12年12月11日、本件建物の平成11年度及び平成12年度の価格を評価基準に従い再評価し、それぞれ修正価格（平成11年度15億7,789万3,454円、同12年度15億5,754万7,654円）を台帳に登録したものである。

(4)　評価基準が家屋について再建築価格方式を採用した理由は、再建築価格は、家屋の価格の構成要素として基本的なものであり、その評価の方式化も比較的容易であり、また建築物価等の個別事情による偏差や建築の時点の差異等を取り除き、家屋の資産価値を客観的に把握できること、これに対し、①家屋の取得時における取得価格を基準とする評価方法は、取得価格の形成に取引当事者間の個別事情等の影響があること、在来分家屋においては、取得価格の不明なものが多いと思われたことなどから直ちに取得価格を正常価格とみなすことは難しく、適当でないこと、②類似家屋の売

買実例価格を基準とする評価方法も、売買実例価格に個別的事情が含まれ、③また、家屋が土地と一体となって売買される場合、家屋部分の価格を適正に把握することが困難であることなどから適当ではないこと、さらに④賃貸料等の収益を基準とする方法も、家屋の賃貸料等が借主と貸主との間の個別事情等により価格形成がなされることなどから、賃貸料等を基準として求めた価格が正常価格とみなすことは難しいと考えられたためである。

(5) しかしながら、これらの理由を不動産鑑定評価基準の観点から検討すると、上記①及び②の評価方法における特殊事情は、その特殊事情を考慮して各種の修正を加えることの理由とはなっても、取引事例比較法の採用そのものを否定する理由とはなり得ないものと考えられ、④の評価方法においても同様に収益還元法の採用そのものを否定する理由とはなり得ないと考えられる。③の場合も、家屋と土地の一体としての売買が通常の事態なのであって、家屋だけの公開された合理的な市場を想定することの方が実際的ではない。

(6) 再建築価格方式により算定された価格が不動産鑑定評価基準の観点から見た「適正な時価」を超えていないかについては、疑問が生じる。

(7) 本件建物のうち教室、学生寮及び職員寮については、少なくとも平成10年7月31日の各種学校の廃止認可まで、経年減点補正率規準表の適用において、鉄骨鉄筋コンクリート造の事務所、銀行用建物及び2～7以外の建物と取り扱うことは、合理性に欠ける点がある。

(8) 認定事実からすると、S市長がした平成11年度及び平成12年度における本件建物の評価の方法に一般的な合理性があると認めることはできない。仮に一般的な合理性は認められるとしても、S市長が算出した平成11年度及び平成12年度における本件建物の価格には、評価基準が定める減点補正を超える減価を要する特別の事情があるといわなければならない。

(9) 原告が提出するK鑑定評価書は、本件建物の再建築費23億円に現価率18.9%（70%×27%）を乗じて、平成12年12月時点における本件建物の鑑定価格を4億3,500万円と評価したものであるが、減価等の割合について、

不動産鑑定士の間でも多少のバラツキがあり得ること、本件建物は、各種学校に再度転用が可能であることは、多少とも有利な点として評価すべきであると考えられることからすると、安全率を見込んで、現価率を25％と認めるべきである。

(10)　そうすると、平成12年12月時点における本件建物の価格は、5億7,500万円となり（23億円×0.25）、平成11年1月1日時点における本件建物の客観的交換価値は、6億8,425万円（5億7,500万円×1.19（時点修正率））、平成12年1月1日時点におけるそれは、6億3,825万円（5億7,500万円×1.11（時点修正率））となる。

判決年月日　H16-03-31

コード番号　Z999-8094（TAINS検索コード）

㉝　【地方税：住民訴訟／固定資産税の免除措置】

長野地方裁判所平成18年（行ウ）第4号損害賠償請求権行使請求事件（甲事件）、同年（行ウ）第14号固定資産税減免取消し請求事件（乙事件）（一部却下、一部認容）（控訴）

平成20年2月22日判決　　　　　　　　【判例タイムズ1284号189頁】

判　示　事　項

(1)　本件、長野県松本市民である原告が、松本市による長野A学園に対する補助金（学校校舎等建設費補助金・A学校運営費補助金）の交付が違法であると主張して、被告に対し、長野A学園に3,095万5,000円の損害賠償請求をすることなどを求める（甲事件）とともに、長野A学園が所有する土地並びに建物（本件土地・本件建物）の固定資産税及び都市計画税が非課税となっていること又は免除されたことについて、被告に対し、固定資産税及び都市計画税の賦課又は徴収を怠る事実が違法であることの確認並びに被告が長野A学園に対してした土地及び建物（本件減免対象不動産）についての平成18年7月24日付けの固定資産税免除措置の取消等を求める（乙事件）事案である。

(2) 被告は、長野Ａ学園に対し都市計画税を課しておらず、平成18年7月24日付けで長野Ａ学園に対し本件減免対象不動産の平成16年度ないし平成18年度分の都市計画税の免除措置をしたこともないから、上記免除措置の取消しを求める部分の訴えは不適法である。

(3) 固定資産税及び都市計画税は、学校法人が設置する学校において直接教育の用に供する固定資産に対しては課することができない（地方税法348条2項9号、702条の2第2項）。前提事実並びに証拠及び弁論の全趣旨によれば、本件校舎及び本件校舎を除く本件土地及び本件建物は、いずれもＡ学校により直接教育の用に供されていると認められるので、これらについて固定資産税及び都市計画税を賦課徴収しないことは違法ではない。

(4) 都市計画税は、市街化区域内に所在する土地及び家屋に対して課することができ、市街化調整区域においては特別の事情がある場合には条例で定める区域内に所在する土地及び家屋に対して課することができる（地方税法702条1項）。本件校舎及び本件校舎敷地は市街化調整区域にあることが認められ、また、本件校舎及び本件校舎敷地について特別の事情があるとして条例で都市計画税を課税することを定めているとは認められない。よって、本件校舎及び本件校舎敷地について都市計画税を賦課徴収しないことが違法であるとはいえない。

(5) 平成15年6月に朝鮮総連長野支部が本件校舎を使用し始める前は、本件校舎及び本件校舎敷地は、Ａ学校法人において直接教育の用に供されていたと認められる。よって、平成16年度より前は、本件校舎及び本件校舎敷地について固定資産税を課することはできないから、これらについて平成16年度より前の固定資産税を賦課徴収しないことは違法ではない。

(6) 松本市市税条例65条1項2号の「公益のために直接専用する固定資産」とは、不特定多数の者による使用に専ら供されている施設をいうと解される。

(7) 松本市の調査の結果判明した本件庁舎の使用状況によれば、本件減免対象不動産は朝鮮総連の活動を始めとして在日朝鮮人のための施設として使

用されており、本件校舎内の施設が広く一般住民に開放されてその使用に供されている状況はうかがわれない。よって、本件減免対象不動産が本件条例65条1項2号の「公益のために直接専用する固定資産」に該当するとはいえないから、本件免除措置は取り消されるべきである。

(8) 松本市による長野A学園に対する運営費補助金及び学校校舎等建設補助金の支出交付が違法であるとは認められない。

　判決年月日　H20-02-22

　コード番号　Z999-8275（TAINS検索コード）

㉞　【地方税：固定資産税／直接教育の用に供する固定資産の範囲と地積】

東京地方裁判所平成21年（行ウ）第318号誤納金還付請求事件（棄却）（控訴）

平成22年11月30日判決　　　　　【裁判所ホームページ行政事件裁判例集】

判　示　事　項

(1) 地方税法348条2項本文は、同項各号に該当する固定資産については、固定資産税を課することができない旨定めるところ、このような規定が設けられた趣旨は、公用又は公共の用等に供されている固定資産について、その性格や用途にかんがみ、当該公用又は公共の用等に供する固定資産の確保という政策目的の実現のために、例外的に当該固定資産を非課税とする点にあると解される。

(2) このような規定の趣旨を踏まえ、また、納税義務の公平な分担等も考慮すると、同項9号にいう「学校法人がその設置する学校において直接教育の用に供する固定資産」については、その文理に即して、当該学校において教科の履修その他学校教育の目的とする教育活動が実施されることを常態とする固定資産をいうと解するのが相当である。そして、同項各号所定の固定資産であっても各号に掲げる目的以外の目的に使用する場合においては固定資産税を課する旨定める同条3項の規定に照らすと、そのような固定資産に該当するか否かは、単に私立学校等の校地として所定の届出等

がされているかによってではなく、当該固定資産の使用の実態に基づいて
判断するのが相当である。

⑶　本件土地1のうち本件広場については、例えば、学園祭が開催されてい
る際には、その大部分が行事に使用されており、そのような日以外の日に
おいても、日中の相応の時間は学生の待ち合わせや談笑に使用されている
ものの、本件広場を使用する者は学生や教職員に限られているわけではな
く、本件広場の位置関係やそこに設置されている施設等に照らしても、日
常的に，商業用ビルを利用する者やその他○号線及び×号線を通行する者
が使用していることがうかがわれる。

⑷　本件広場の使用の実態に照らし、本件広場については、そこにおいて学
校教育の目的とする教育活動が実施されることが常態とされていたと認め
ることはできないので、本件広場は、「学校法人がその設置する学校にお
いて直接教育の用に供する固定資産」に該当するとはいえないというべき
である。

⑸　公用又は公共の用等に供されている固定資産につき政策的に固定資産税
の賦課に関する特例を定めた地方税法348条2項本文の規定との関係にお
いては、一般に、家屋の存する土地の用途については、当該家屋の用途に
応じてこれを判断するのが相当と解され、また、同条3項の規定の趣旨に
照らすと、例えば当該家屋が部分により課税の対象とされる用途と非課税
とされる用途とに区分して使用されている場合には、それぞれの用途に使
用されている部分の床面積の割合に応じて当該土地もそれぞれの用途に使
用されていると解するのが相当というべきである。

⑹　本件土地につき被告の採用することとした固定資産税の賦課の方法は、
地下部分の使用の実態をも総合的に考慮すれば理論上は一画地の宅地とし
てその全体にわたって存する本件建物の各部分（教育棟・商業用ビル・駐
車場）の用途に応じて使用されていると評価することも可能であると考え
られる本件土地について、原告側の意向を考慮して、主にその地表部分（教
育棟敷地部分・商業用ビルの敷地部分・本件広場）の使用の在り方を基準

に、これをさらに区分して取り扱うこととしたもので、そのような実際的な取扱いをもって、直ちに違法なものと認めることはできない。

(7) 被告は、教育棟敷地部分について、本件駐車場及び教育棟の課税の対象とされる部分と教育棟の非課税とされる部分との床面積により按分して教育棟敷地部分に係る本件処分をしたものであるところ、家屋の存する土地につきこのように按分の方法により固定資産税を賦課することをもって直ちに違法なものと認めることはできない。

判決年月日　H22-11-30　（H23-10-13）

コード番号　Z999-8299　（Z999-8300）（TAINS検索コード）

㉟　【地方税：固定資産税／直接教育の用に供する固定資産の範囲】

東京地方裁判所平成22年（行ウ）第436号固定資産税賦課処分取消等請求事件（棄却）（控訴）

平成23年10月21日判決

判　示　事　項

(1) 地方税法348条2項9号は、学校法人等が設置する学校において直接教育の用に供する固定資産税については、固定資産税を課することができない旨を定めるところ、このような規定が設けられた趣旨は、学校法人等の有する公の性質及び学校教育において果たす重要な役割に鑑み、学校法人等が教育の用に供する固定資産について、政策的な観点から、例外的に非課税とする点にあると解される。このような規定の趣旨を踏まえ、また、納税義務の公平な分担等も考慮すると、地方税法348条2項9号にいう「学校法人等がその設置する学校において直接教育の用に供する固定資産」については、「直接…供する」とのその文理にも即して、当該学校において教科の履修その他学校教育の目的とする教育活動が実施されることを常態としている固定資産をいうものと解するのが相当である。

(2) 原告は、現実に、平成22年度及び平成23年度の固定資産税等について、被告は本件各土地を非課税としていること等を挙げ、もって、「直接教育

の用に供する固定資産」とは、現実に教育の用に供していなくとも、将来
供することが客観的に明らかであるような固定資産も含むものと解すべき
である旨を主張する。しかし、本件各土地に係る平成22年度及び平成23年
度の固定資産税等が非課税とされたことについては、弁論の全趣旨によれ
ば、被告は、本件各土地が上記の各年度の賦課期日当時において原告の設
置する学校のグラウンドとして使用されていたことを踏まえ、これらが「直
接教育の用に供する固定資産」に当たると判断したものであることが認め
られ、原告の上記の主張は、その前提を欠くものというほかない。

(3)　地方税法348条2項9号にいう「学校法人等がその設置する学校におい
て直接教育の用に供する固定資産」とは、当該学校において教科の履修そ
の他学校教育の目的とする教育活動が実施されることを常態としている固
定資産をいうものと解すべきところ、これを本件についてみると、本件各
土地は、平成21年度の固定資産税等の賦課期日（同年1月1日）当時にお
いて、更地であったというのであり、本件において原告の主張するところ
によっても、本件各土地がその当時において教科の履修等が実施されるこ
とを常態とするものでなかったことは明らかというべきである。

(4)　そうすると、本件各土地が、上記に掲げた地方税法348条2項9号に定
める固定資産に当たるということはできないから、本件各土地を非課税と
しなかった点について、本件処分に違法はないものといわなければならな
い。

判決年月日　H23-10-21　（H24-02-21）

コード番号　Z999-8303　（Z999-8304）（TAINS検索コード）

【参考資料一覧】

・齋藤力夫編著『非営利法人の消費税　学校法人，公益法人，宗教法人，NPO法人等の申告実務（第6版）』中央経済社、2004年9月
・齋藤力夫・伊藤嘉基編著『学校法人会計のすべて　会計基準と税務の詳解（改訂版）』税務経理協会、2011年1月
・築地宏明・平野敦士・佐藤善恵・市口恭司著『詳説　非営利法人の消費税実務』清文社、2008年10月
・中田ちず子著『公益法人等、国・地方公共団体の消費税』税務研究会出版局、2010年12月
・田中義幸著『非営利法人における消費税処理の手引──Q&A　ケーススタディと計算例』新日本法規出版、2012年3月
・日本公認会計士協会東京会編『学校法人会計ハンドブック平成20年版』霞出版社、2008年10月
・日本公認会計士協会近畿会非営利法人委員会学校法人部会『学校法人の税務Q&A』2005年3月
・国税庁パンフレット「国、地方公共団体や公共・公益法人等と消費税」平成27年6月
・金井恵美子著「個別対応方式を導入する事業者への指導のポイント」日本税理士連合会『月刊税理』ぎょうせい、2012年3月号
・加藤伸二著「消費税の留意点−個別対応方式−」『学校法人』学校経理研究会、2011年11月号
・『税理臨時増刊号　Q&A「更正の請求」完全活用マニュアル』ぎょうせい、2012年3月
・村山英政著『学校法人の会計学と税務』特定非営利活動法人学校経理研究会、2011年9月
・村山英政著『Let's Study 学校会計（改訂版）』特定非営利活動法人学校経理研究会、2007年2月
・渡辺淑夫・山本清次編集代表『法人税基本通達の疑問点（四訂版）』ぎょうせい、2009年3月
・森文人編著『法人税基本通達逐条解説（六訂版）』税務研究会出版局、2011年4月
・逸見幸司著『図解地方税（平成25年版）』一般財団法人大蔵財務協会、2013年6月
・佐々木正著『わかるつかえる学校法人の税務実務　ポイントとQ&A』税務経理協会、2013年12月
・日本私立学校振興・共済事業団パンフレット「受配者指定寄付金──寄付金事務の手引──」平成29年8月31日改訂版
・日本私立学校振興・共済事業団助成部寄付金課「受配者指定寄付金制度の概要について」
・国税庁パンフレット「「租税特別措置法第40条の規定による承認申請書」の記

載のしかた」平成30年12月
- ・財務省ＨＰ「平成30年度　税制改正の解説」租税特別措置法等（所得税関係）の改正
- ・国税庁ホームページ　　　　　https://www.nta.go.jp/
- ・東京都主税局ホームページ　　https://www.tax.metro.tokyo.lg.jp/
- ・財務省ホームページ　　　　　https://www.mof.go.jp/
- ・総務省ホームページ　　　　　https://www.soumu.go.jp/
- ・TAINS（日税連税法データベース）ホームページ　https://www.tains.org/

日 本 公 認 会 計 士 協 会 東 京 会
学校法人委員会

委 員 長	小 黒 祐 康
副 委 員 長	宇 都 木　　徹
同	富 川 昌 之
同	平 塚 俊 充
委 員	大 谷 はるみ
同	小 栗 一 徳
同	梶 間 栄 一
同	木 村 昌 幸
同	古 我 宣 久
同	島 田 浩 司
同	杉 山 隆 俊
同	冨 樫 郁 夫
同	中 井 真 人
同	松 井 重 貴
同	望 月　　崇
同	若 槻 康 二

（以上16名）

担当副会長　　　亀 岡 保 夫

学校法人税務の取扱いQ&A　改訂版

2022年6月30日　初版発行

編　集　日本公認会計士協会東京会 ©

発行者　手塚　正彦

発行所　**日本公認会計士協会出版局**

〒102-8264　東京都千代田区九段南4-4-1　公認会計士会館
電話　03(3515)1124
FAX　03(3515)1154
URL：https://jicpa.or.jp/

Printed in Japan 2022

製版：(有)一　企　画
印刷製本：(株)あかね印刷工芸社

落丁、乱丁本はお取り替えします。
本書に関するお問い合わせは、読者窓口：book@sec.jicpa.or.jp までお願い致します。

ISBN 978-4-910136-17-2 C2034